教育部人文社会科学重点研究基地成果
教育部人文社会科学研究青年基金项目成果
国家社科基金项目成果
中国语言文学一流学科建设项目成果

有标假设复句研究

罗进军　著

科学出版社
北　京

内 容 简 介

本书在充分借鉴前贤研究思想的基础上，对汉语中的有标假设复句展开多角度、多层次的探讨，既考察了关系标记的四个句法位置和八个类型参项，又总结了有标假设复句语表、语里、语值特征，既对“前呼型假设句+后应型疑问句”做了深入探究，又对“如果说 p 的话，q”做了详尽的个案考察。与此同时，本书立足本体，面向应用，对有标假设复句层次关系自动识别做了全方位探讨。本书具有一定的理论价值，在实践基础上提出了小句关联理论，为有标复句层次关系信息化研究打下了较为坚实的基础。

本书可供高等院校语言学专业教师使用，也可供相关专业博士生、硕士生、本科生及语言文字工作者参考。

图书在版编目（CIP）数据

有标假设复句研究/罗进军著. —北京：科学出版社，2021.6
ISBN 978-7-03-068995-5

Ⅰ. ①有…　Ⅱ. ①罗…　Ⅲ. ①汉语-复句-研究　Ⅳ. ①H14

中国版本图书馆 CIP 数据核字（2021）第 107807 号

责任编辑：张　宁/责任校对：贾伟娟
责任印制：李　彤/封面设计：蓝正设计

科 学 出 版 社 出版
北京东黄城根北街 16 号
邮政编码：100717
http://www.sciencep.com
北京中科印刷有限公司 印刷
科学出版社发行　各地新华书店经销
*
2021 年 6 月第　一　版　开本：720×1000　1/16
2021 年 6 月第一次印刷　印张：13 1/4
字数：302 000

定价：98.00 元
（如有印装质量问题，我社负责调换）

序

进军的《有标假设复句研究》，是他学术生涯非常重要的一部专著。在语言信息处理日趋重要的时代背景下，该专著以小句中枢说理论、句管控理论、“两个三角”理论为基础，对有标假设复句作了全视域分析，既有宏观的理论阐释，又有微观的深度挖掘，本体研究和应用研究相得益彰，很好地实现了自己预定的研究目标。同时也充分地展现了他作为汉语研究和计算机信息处理研究“两栖学者”的潜力和实力。

进军为人正直，待人诚恳，思想好，能正确处理公与私、个人与集体的关系；进军专业基础扎实，潜心钻研问题，有值得称赞的收获。

总的说来，这部专著有以下优点。

第一，选题范围明确，语法事实的分析反映了多角度验证的特点。不仅从各个角度考察假设关系标记，探究其语表、语里、语值特征，还研讨了有标假设复句层次关系的自动识别。

第二，分析问题点面兼顾。一方面对有标假设复句开展全景式研究，比如对假设关系标记进行多维验察；另一方面又重点深入地“解剖麻雀”，比如分别用专章描述有标假设复句的“前呼型假设句+后应型疑问句”类型和“如果说 p 的话，q”类型，借以深化对语法现象的认识。

第三，重视理论与方法的探索与运用。专著以小句中枢说理论、句管控理论、“两个三角”理论为基本思路，同时又吸取了潜显理论的思想精髓，运用了类型学理论的相关概念。

第四，重视汉语本体研究与中文信息处理研究的结合。专著设立专章，进行面向中文信息处理的研究，提出了有标复句语表序列的提取问题、有标复句表里关联模态的构建问题和有标复句语表序列的聚类问题，相当有启示性，表明了研究工作能够跟上学科发展的时代步伐。

该专著创新之处较多，学术价值主要体现在以下几个方面。

一、研究对象为有标假设复句，但思路和方法不限于此；为汉语复句“本用结合”类研究做了有益尝试，为这一领域的探索提供了良好的理论展望和应用范式，其中的成功做法值得借鉴。

二、对有标假设复句表里值特征作了全方位多层次的描写和分析，其中有关语值的分析很有创意，该部分从说话人显性意图和隐性意图的表达、从句法管控和句域管控的双重视角、从有标假设复句强大的语用功能透视其使用价值，为复句研究的功能转向提供了实践经验。

三、在有标假设复句信息处理实践基础上创建了小句关联理论，探索了小句句法关联、语义关联以及表里关联的一些规律。对于有标假设复句层次关系的自动划分及标注，既有理论建模，又有具体图解；既有分类说明，又有具体示例；充分运用数理统计方法对相关模式予以验证，研究结论可靠，可操作性强。

四、以马克思主义基本原理为指导，结合自己的研究实践，深入思辨语言学理论的哲学意义。如依据小句中枢说理论所强调的“入句考察”和句管控理论所强调的“必须结合具体的句法语义环境观察语言现象并总结归纳句法语义管控机制”，体现出语法研究的“实践观”，依据“两个三角”理论所强调的“动态的多层次的立体考察”，体现了语法研究的“辩证观”，依据大小三角理论分别研究“普、方、古”和“表、里、值”，体现出语法研究的“历史观”和“价值观”。

该专著具有较高的应用价值和良好的社会影响，其中有些成果被《中国社会科学文摘》择要转载。比如，《“如果说 p 的话，q”句式的语值检视》一文转载于《中国社会科学文摘》2009 年第 2 期；《基于句法识别的有标复句层次关系研究》一文转载于《中国社会科学文摘》2009 年第 6 期。有些成果获得了省级奖励，比如，《“如果说 p 的话，q”类有标假设复句检视》一文获得第七届湖北省社会科学优秀成果奖三等奖。

进军 2004 年来到华中师范大学，跟着我攻读博士研究生，2007 年毕业留校，至今已有十多个年头了。不管是求学还是工作，他都没有忘记自己的研究使命，一直在那里默默耕耘。作为他的导师，我希望而且相信，他最终能够把这条学术之路走稳、走好，走出自己的风格。

邢福义

2019 年 1 月 15 日

目　　录

第1章 引　言

1.1 有标假设复句的界定

本书的研究对象是有标假设复句，根据我们的考察，尽管很多学者的研究对象事实上属于我们所说的有标假设复句，但很少有人这样去称谓它，对它作出界定的更是少之又少。因此，在研究之前，有必要了解我们所说的有标假设复句指的是什么。我们从以下三个方面理解有标假设复句。

首先，有标假设复句必须是复句。邢福义（2001a）对复句的界定有三："第一，凡是复句，都包含两个或两个以上的分句。其构成，表现为：分句＋分句（＋分句）。第二，任何一个复句，在口头上都具有'句'的特征。这一特征，书面上有较为明显的反映。复句和单句一样，有一个统一全句的语调，句末有一个终止性停顿。书面上，为了表明终止性停顿，复句也和单句一样，句末往往用句号。有时，还由于表明语气的需要，句末用问号或感叹号。第三，复句的构成单位，从构成的基础看，是小句；从构成的结果看，是分句。"判定一个句子是否属于有标假设复句，首先就要判断它是不是复句，如何判断它是不是复句，就要看它是否同时符合以上三条标准。请看以下两句。

（1）如果你对他好，他就对你更好。

（2）如果你对他好，他就对你更好；如果你对他使坏，他就比你更坏。

前例符合以上三条标准，因此，它是复句。后例的画线部分尽管和前例很相似，但它不符合第二条标准，因此不是复句。

其次，有标假设复句必须是假设复句。也就是说，它的第一层必须是（或者有）假设关系。这也就是说，如果某个复句的第一层不是（或者没有）假设关系，那么它就不是假设复句，也就更不可能是有标假设复句了。请看以下例句。

（3）如果是的话，我拼了这条命也得把他除掉，以免为本帮留下后患；不是的话，我坐视他落在敌人之手，那就非但对不起结义的兄弟，更愧对本帮了。（梁羽生《风云雷电》）

（4）如果他哭闹着不睡，她就把他抱到自己窑里，和他一块玩游戏，给他教简单的英语，认字，读拼音。（路遥《黄叶在秋风中飘落》）

前例中，第一层不是假设关系，而是并列关系，所以此例不是假设复句，当然就更不可能是有标假设复句了。后例中，第一层是假设关系，所以此例是假设复句。

最后，有标假设复句必须有关系标记标示第一层假设关系。

（5）想考名牌大学，既要勤学，又要巧学。

（6）如果想考名牌大学，那既要勤学，又要巧学。

前例中，尽管第一层有假设关系，也就是说它是假设复句，但并没有关系标记标示这层假设关系。“既”和“又”虽然是关系标记，但它们标示的不是假设关系，而是并列关系。后例中，第一层有假设关系，而且有关系标记“如果”“那”标示这层假设关系，因此该例是有标假设复句。

总之，要判断一个句子是否属于有标假设复句，就要看它是否同时满足以上三个条件。也就是说，先要看它是不是复句，如果是，就接着看它是不是假设复句。如果是假设复句，再看有没有关系标记标示第一层假设关系。如果有关系标记标示第一层假设关系，那么就可以最终判断这个句子是有标假设复句。

1.2　有标假设复句的研究现状

任何科学研究都是建立在前人的研究成果之上的，我们对有标假设复句的研究也不例外。根据我们上面对有标假设复句的界定，时至今日，与有标假设复句相关的研究主要有以下几个方面。

其一，有标假设复句的个案研究。即选取某类特定的有标假设复句，从句法、语义、语用、修辞等各个方面进行多角度研究。

舟丹（1958）认为，有一类用“如果”连接起来的复合句算不上“假设”。因为从句并不是“虚拟的条件”、“推想的预测”或“浪漫的设想”，而是众所周知的事实，写作者的意思也是肯定的。同时，主、从句之间并没有明显的条件、因果关系，主句的种种推断并不是立足在从句之上的。另外，舟丹认为“如果说”类句式也可以归入此类。

邢福义（1984）从句式组造、表里关系、语用价值三个方面对“要不是 p，就 q”这种比较特殊的句式展开研究。句式组造部分，邢先生指出：“要不是”在标明关系上起决定作用；与“要不是”呼应使用的“就”有时出现，有时不出现；“要不是”引出的前分句（p），本身可以用肯定形式，也可以用否定形式；“要不是 p”引出的后分句（q），可以是肯定形式，也可以是否定形式；“要不是”偶尔简化为“要不”。表里关系部分，邢先生认为：从语表形式和语里意义的关系看，“要不是 p，就 q”句式是一类具有明显特点的假设句式。这种句式在形式上构成假设复句，在内容上则表达了事物之间事实上或推论上的因果关系。语用价值部分，邢先生认为“要不是 p，就 q”句式是一种具有特殊表达作用的句式。一是反证释因，加强句子的容量和论证性。二是反证强调，突出甲事对乙事的关键性的影响。

邢福义（1986）认为，“如果说 p，那么 q”是假设句式的一种。“那么”有时省略，但可以补上。整个句式所表示的是说法上的假设和结论，它总是以某种说法为假定的前提，引出有关联的某个结论，分句与分句之间具有比较性或解注性。解注性的“如果说 p，那么 q”不具备转折的逻辑基础，因此不能加上转折词“却”。表示类同性的比较的，也不能加“却”，只有表示相对性的比较的才能加上“却”。

张炼强（1990）对前呼句以“时”或“的时候”煞尾的假设句式的结构特点、使用条件和内部分类作出分析，并在此基础上，指出了假设范畴内的时间因素，提出了时间假设从句的概念，强调在假设范畴之类而又需要强化动态的时间观念的语言领域里，这是一种颇有用场的语法形式。

江蓝生（2004）认为，话题标记与假设助词的通用性和一致性是“的话”由话题句扩展到假设句的根本原因。假设分句与话题有同质关系。

此外，黄亚虹（1984）、刘桂芳和沈庶英（1993）、李泉（1993）、黄爱华（1995）、伍人义（1995）、徐阳春（2001）、童肇勤（2005）、马明艳（2005）、高再兰（2006）等研究也可以划入此类。

其二，普通话中有标假设复句的对比研究。又可以细分为两类：一类是将两类语表形式相似的有标假设复句进行比较，从而得知其异同。另一类是将有标假设复句和语表形式相似的其他句式比较。前一类研究情况如下。

周自厚（2001）认为“如果”句式和“如果说”句式都属于假设复句，但二者之间有很大的不同。择其要者有：①“如果说”句式的前分句（主要看前分句）是已然事实，或说写者主观认定的事实，而“如果”句式的前后分句则是假设，真正的假设。②“如果”句式和“如果说”句式，一般不能互相转换。即“如果”句式不能转换为“如果说”句式；“如果说”句式也不能转换为“如果”句式。③有时也有“两可”情况。即有的“如果”句式可以转换为“如果说”句式，有的“如果说”句式可以转换为“如果”句式。④同一句话，在用“如果”或者“如果说”都可以的情况下，用“如果”还是用“如果说”，其表达作用是不同的。⑤“如果”可以省略，而“如果说”则不能。⑥“如果”句式可以只用前分句，不用后分句，而“如果说”句式则不能。⑦“如果”句式前后分句可以倒置，“如果说”句式则不能。

李晋霞和刘云（2003）从“说”的传信义出发尝试解释“如果”句式与“如果说”句式之间的差异。主要考察了以下内容：“如果”句式与“如果说”句式之间的差异；“如果说”中“说”的传信义；表示传信义的“说”的来源及对其传信义的进一步验证；“如果说”的功能扩展；由“说”的传信义引发的“如果说”句式的特殊修辞效果。他们认为，自然语流中，“如果”句式与“如果说”句式在推理类型上各有侧重，前者重在表示逻辑推理，后者重在表示隐喻推理；“如果说”中的“说”是标志言者对所述内容的真实性持弱信任态度的传信标记；这一传信标记的“说”很有可能来自表示间接引语的“说”。

董秀芳（2004）认为，“如果说”与“如果”的语义基本相同，但是，“如果说”所假设的命题多与主观评判有关，也就是说，引进的是一种说法、认知，而“如果”则可以用来假设某种事实的出现。

邝岚（2004）指出“如果”假设句有些表达在“如果”后不能加“说”，有些必须加“说”，有些则可加可不加。该文认为，这受制于所设定的假设条件 p 的真值。p 的真值未定（±p）用“如果”；p 的真值必定为真（＋p）用“如果＋说”。

后一类普通话中有标假设复句的对比研究，将有标假设复句与语表形式相似的其他句式比较研究情况如下。

李晋霞（2005）阐述了假设标记“如果说”和话题标记“如果说”之间的区别与联系。既注意到它们之间的使用差异：词汇意义不同，后附成分的形式类不尽相同，停顿不同，倒置不同；又注意到假设标记“如果说”演变为话题标记“如果说”的语义发展过程及形式途径。该文提到，话题范畴与假设条件范畴之间具有紧密联系，通常在形式标记上二者也呈现出一致性。她随机调查了《人民日报》（1995－2003）中的“如果说”，发现 2062 个“如果说”中，可以视为话题标记的只有 21 个，其他的都是假设标记。因此，她认为，“如果说”用作话题标记在现代汉语里并不突出，充当假设关系词语仍是其主流用法。

其三，有标假设复句的跨类研究。也就是将有标假设复句与其他有标复句进行比较，探讨某种相关性。

邢福义（2001a）将“如果……就……”有标假设复句和“只要……就……”有标条件复句进行比较研究，认为二者都表示假言判断，逻辑基础相同。但是，在语言运用上，它们存在这样那样的区别。具体表现在：首先，语意表达上重点不同，前者重在表明所说的情况仅仅是假设，后者重在表明提出了某种特定条件。其次，正反推论中用法有别，前者可以用于正反两面同时推论，而后者一般不用来同时从正反两面进行推论。最后，前者的使用范围比后者的使用范围要大，在某些格式里，不能改用“只要”。

何锋兵（2004）探讨古代选择复句和假设复句关联词之间的交叉性，指出交叉的条件有三：首先，从语境上看，未定选择和假设运用的场合是类同的。其次，从逻辑上看，未定选择和假设在逻辑上明显具有相通性。最后，从关联词的角度来看，“或”“若”“其”等关联词引导非真实的可能，也就是说，这些关联词是具有传疑性的词语，假设关系和未定选择关系在传疑性这一点上是相通的。

其四，有标假设复句的方言考察。有些学者将研究视野投向了汉语方言，试图从中找到某种答案。比如项梦冰（1994）对新泉方言中充当假设关系标记的“时”

所做的研究，以及王鹏翔（2005）对晋语志延片方言“噻”类语气词作假设关系标记的研究都是属于此类。

其五，有标假设复句的跨语言比较研究。有些研究人员不满足于从方言中寻求答案，进而将研究的触角伸向了汉语以外的语言，如维吾尔语、藏语等。

蒲泉等（1996）将维吾尔语中的条件复句和假设复句作了比较，认为二者无论在句意、内部结构关系及语法形式上都是有区别的，应当将其加以区分、归类，使之标准化、科学化，使其更符合维吾尔语的语言事实，更便于学习和掌握。

凌立（2004）对汉藏假设复句进行了比较，分析了汉藏假设复句的异同，探讨了在汉藏翻译中如何根据汉藏两语的表达习惯，使用恰当的关联词语的问题。

另外，徐李洁（2004）等也属于此类研究。

其六，有标假设复句的历时考察。有的研究人员试图通过历时考察探索有标假设复句的演变规律。

刘潜（2004）以二十余部历代典籍为语料，从句式与关联词语两方面对汉语假设复句的历史演变情况进行了较为全面、系统的描写与分析。该文认为，假设复句在古代汉语中最显著的特点为：句式上，以陈述句构建主、从句是最常见的形式；关联词语上，关联连词、关联副词从单音节词为主逐渐发展到双音节词占据优势，关联助词在这方面特点表现得不明显。关联词语搭配逐渐成为普遍的形式。

何锋兵（2005）探讨了假设复句和假设连词的界定问题，对中古汉语假设连词的使用概况进行了细致的描写和分析，勾勒出当时假设连词的整体面貌，并在此基础上揭示了双音节假设连词内部的结构特点。另外，该文对假设复句句式的特点和“若”等假设连词的位置、假设连词的来源及其语用特点也进行了一番考察。

连佳（2006）选择了中古时期有代表性的文献作为主要的语料来源，并以少量的上古汉语、近代汉语和现代汉语的文献资料做辅助。通过描写和归纳大量的假设复句及其关联词，从而对中古时期的假设复句关联词在形态、特点等各方面进行考察分析。该文旨在通过一定程度上的历时比较分析，考察假设复句关联词在中古时期呈现出来的发展情况及演变规律。

以上各位学者都结合自己的研究实践，对有标假设复句作了一番有益的探索。尽管有些观点不尽相同，但诚如邢福义（2005）所言，学术研究，应该提倡涵容、包容和宽容。能涵容不同的观点，能包容不同说法的长处，对不同意见能采取宽容的态度，认真考虑不同说法的合理性。学者间相互学习，相互补足，相互推动，才能创造出涵容、包容和宽容的学术氛围。

在前贤的启发下，我们将立足本体，面向应用，全方位考察普通话、汉语方言、少数民族语言中的假设关系标记，既观察其句法位置，又总结其类型特征。我们还将从“表—里—值”三个维度探究有标假设复句方方面面的特征，进而为后续信息处理研究打下坚实基础。此外，我们将深入探讨“前呼型假设句+后应型疑问句”，并对“如果说 p 的话，q”类句式做详尽的个案研究。

1.3 有标假设复句的研究背景

1.3.1 时代背景

世纪交替之时，陆俭明（2000）曾对 21 世纪的时代特征有过这么一段论述：“21 世纪将会有什么样的时代特点呢？这只能根据 20 世纪后半叶的发展情况来加以预测。根据 20 世纪后半叶，特别是八九十年代各方面的发展情况，我们大致可以预见到：21 世纪是一个高科技迅速发展的信息时代。这是新世纪的第一个时代特点。人类文明的历史已经经历了两个大的时代：一个是农业时代，一个是工业时代。现在又进入了一个新的时代，那就是高科技迅速发展的信息时代。……而所有高科技研究的进行和开拓，都无不依赖于信息科技，特别是计算机。所以也可以说，21 世纪的高科技将以信息科技为先导，为龙头。”李宇明（2003）对信息时代也有着自己的见解：“人类正在跨入信息时代。对信息时代可以从不同的方面进行描述或定义，就技术角度来看，可以将信息时代定义为‘用数字化技术对信息进行处理的时代’。这里所说的信息处理，指的是利用计算机和互联网对信息进行收集、整理、储存、交换、检索以及各种再加工。数字技术的发明，使大数量、快速度、高质量地处理信息逐渐成为现实，信息将逐渐成为生活的凭借和生产的资本，对人类的生活与生产活动将发挥空前的作用。”

那么，对语言学而言，这样一个时代背景意味着什么？就此，许嘉璐（2000a）认为，“21 世纪前半叶将是中国应用语言学成熟并且腾飞的时代”。许先生当时预言：“我国的应用语言学在 21 世纪初肯定有一次腾飞，到 21 世纪中叶，将出现一个令人鼓舞的巨大发展，由此延伸到整个 21 世纪，中国的应用语言学一定会让世界语言学界刮目相看。这是事物发展的规律所决定的，是中国的未来进程所决定的，是无需置疑的。”

接下来我们要思考的是，作为应用语言学的一个分支，中文信息处理将有着怎样的发展呢？有关中文信息处理的研究现状、发展态势、制约因素及应对策略，许嘉璐（2000b）曾发表过不少真知灼见，对 21 世纪中文信息处理的走向有着重要的指导意义。许先生认为，“中文信息处理技术虽然在有些方面有所进步，但是至今还没有跨上‘语言处理’这个台阶。我们在‘字处理’阶段停留的时间太久了”。尽管中文信息处理呈现出三种风格，或者说是三种思路、三个流派；但从现在不同流派研究的情况看，可以作出这样的判断：“不但任何单位不能独自解决中文信息处理的问题，而且即使是多个单位合作，如果使用单一的方法，也不能达到预期的目的。”因此必须不拘一格，几种风格齐头并进，既相互竞争，又彼此取长补短。针对现代汉语研究滞后已成为中文信息处理的制约瓶颈这一情况，许先生指出，“首要的关键是要汉语言学界和计算机学界两支队伍紧密地结合起来，开展面向中文信息处理的基础研究和应用研究”。

陆俭明（2000）对中文信息处理在 21 世纪的发展也很关注，陆先生认为，中文信息处理在 20 世纪，较好地解决了“字处理”（汉字输入、存储和显示）和“词处理”（中文自动分词、词性标注）的问题（严格说，还是初步的，还不是很完美的）。21 世纪将需要集中解决“句处理”的问题。

由此看来，对于中文信息处理而言，21 世纪是一个充满机遇、充满希望的世纪。但同时我们也注意到，有机遇的地方总是有挑战并存的。因此，我们一方面要满怀革命豪情，投入中文信息处理领域；另一方面也要保持头脑清醒，看清周边形势。诚如陆俭明（2000）所言，“中文信息处理我们还面临着严峻的国际挑战。我们需要清醒地看到，不要以为‘中文信息处理中的句处理’我们一定是大拿，优势一定在我们中国人手里。就目前的形势看，我们只能说‘中文信息处理’中的句处理的优势有可能在我们手里”。

就是在这样一个既充满机遇又充满挑战的信息时代里，我们紧紧围绕有标假设复句展开研究。我们的研究工作既涉及基础研究，又涉及应用研究。这是因为基础研究与应用研究是相辅相成的，割裂二者之间的联系、片面强调任何一个方面都不利于科学研究。基础研究是源，是根。基础薄弱，万事无成。“基础研究”中的“基础”二字已经道明了一切（许嘉璐，2001）。但应用研究也是非常重要的。现在加强应用研究，绝不会削弱基础研究，相反，还会有力地反作用于基础研究（许嘉璐，2000a）。

1.3.2 理论背景

人类在进行科学实践时，总是会根据实际需要选取某种（些）理论为指导。这是因为：首先，以正确的理论作指导，可以保证科学实践的基本方向，使科学实践进展得更顺利，从而更可靠、更快捷地达到预先的科学目的。其次，某种（些）理论也必须经受科学实践的检验，所谓“真金不怕火炼”，只有经过实践证明是正确的理论才会有生命力，才会被人们所认可，才能拿来指导我们的科学实践。最后，某种（些）理论在经受科学实践检验的同时，也会不断地完善自身，从而更好地指导未来的科学实践。我们对有标假设复句的研究也不例外，用来指导我们研究实践的是小句中枢说理论、句管控理论、“两个三角”理论。我们认为，这三者之间的关系是：小句中枢说理论居于中心地位，句管控理论和“两个三角”理论是两大理论基石。

邢福义（1995，1998，2000a，2001a，2004）对小句中枢说理论做了系统阐释和验证，其基本内容有五，“其一，认定小句在汉语各类各级语法实体中占据中枢地位”。所谓“小句中枢”，是说小句在汉语各类各级语法实体中占据中枢地位。之所以说小句在整个语法系统中居于中枢地位，是因为它符合以下三个条件：第一，在各种语法实体中，小句具备的语法因素最为齐全。第二，在各种语法实体中，小句处于“联络中心”的位置，与其他语法实体都有直接联系。比如，在说话方式上，小句同语气相联系；在内部构件上，小句同词和短语相联系；在外部组合上，小句同复句和句群相联系。没有其他任何一种语法实体像小句那样可以成为“联络中心”。第三，在各种语法实体中，只有小句能够控制和约束其他所有语法实体，成为其他所有语法实体所从属所依托的核心实体。比如，句子语气，黏附于小句；复句和句群，依赖于小句；词的语法性质，受控于小句；至于短语，照样从属于小句。“其二，认定小句有‘成活律’‘包容律’‘联结律’，了解小句三律，可以加深对汉语语法系统中小句的中枢地位的认识。其三，认定汉语语法重视‘句管控’，即小句在中枢地位上对汉语语法规则的方方面面发挥其管束控制的作用。其四，认定汉语句法结构具有兼容性和趋简性。结构形式的趋简，导致结构语义的兼容；语义兼容的可能性，又提供结构趋简的可能性。其五，认定要在研究工作中贯彻和实践‘小句中枢说’，主要的思路和方法是‘两个三角’，即‘表－里－值’小三角和‘普－方－古’大三角。”

小句中枢说理论在学界引起了很大的反响，不少学者在自己的研究领域，结合特定的研究实践，认真审视这一理论。具体可以分为以下几类。

有的从汉语共同语本体研究视角来审视小句中枢说理论。比如，李宇明（1997）认为，“小句中枢说”的提出，可以说是开始了汉语语法研究史上的第二次重要转折——超句法转折。这种超句法转折具有较大的涵盖面和当代语言学的新鲜气息。“小句中枢”是在语言和言语两个领域中，为解决语言结构和语言运用的问题而提出的一种本位学说，符合当代语言学的发展方向。邢福义（2004）则指出，“小句中枢”，实际上是对汉语语法事实进行研究的一种观测点的选择。提“中枢”而不提“本位”，既是为了强调有必要抓住小句这个中轴，从全局的制高点把汉语语法研究的基本观测点选定在小句，也是为了避免泛泛地认为某一单位比其他单位都重要，从总体把握中凸显出小句的地位。储泽祥（2004）也对“小句中枢”理论作进一步的阐释，指出小句具有连绵性，以小句为视点也是讲究策略的结果，研究视点的变化是与研究层面的变化相伴随的。此外，郑贵友（2004）、刘街生（2004）、范晓（2005）、陈玉东（2005）、陆镜光（2006）分别从篇章、同位组构、语法体系构建、韵律以及小句语法地位等方面作了相应阐释。

有的从方言的视角来审视小句中枢说理论。比如，罗昕如（2004）通过讨论湖南方言中一种特殊的体标记“在 N”，说明以“小句中枢”为研究视角，可以对方言语法现象观察得更为真切，描写得更为细致，解释得更为充分。

有的从其他语言理论来审视小句中枢说理论。比如，丁加勇（2004）认为，汉语配价研究中碰到的好些问题需要在小句中解决。利用“小句中枢说”和“句管控”理论，可以较好地解释面临的问题。因此，有必要多视角地研究“小句配价”。李英哲（2005）从认知语言学的角度指出，相信很多汉语语法研究者会越来越认识到“小句中枢说”对试图建立以汉语特点为主的语法理论有其重要性。此外，徐杰（2005）、邓思颖（2005）、邢欣（2005）则从生成语法角度对小句的地位与作用作了相应探讨。这一讨论引发了汉语语法学界对小句的重新审视和思考。

有的从教学研究角度来审视小句中枢说理论。比如，李芳杰（2001）从小句三论到小句中枢、小句三律，对小句的认识就由初始走向完备，逐渐深化，进而达致理论化。他认为，小句中枢说是对词组本位理论的继承和突破，同时也是对小句三论的引发和发展，无论是突破还是发展，其核心是创新。小句中枢说是富有创意的理论。

也有学者从中外语言互译视角来审视小句中枢说理论。比如，黄忠廉（2005）认为全译的中枢单位是小句，小句中枢全译说是研究小句在全译的理解、转换和表达过程中如何发挥中枢作用的假说，具体研究：小句在原语理解中的瞻前顾后作用，小句在跨语交际中的中介转换作用，小句在译语表达中的左顾右盼作用。

还有学者从计算语言学视角来审视小句中枢说理论。比如，温锁林（2004）主要以中文信息处理词性自动标注软件设计中遇到的大量语言事实为依据，论述了小句在词性的辨别特别是汉语兼类词的处理中的独特优势。詹卫东（2005）则认为并非只有作为“实体”的“语法单位”才能充当“本位”，从“计算”的角度看，汉语语法研究真正需要解决的问题是如何从功能角度对各种语法成分进行分类，以及如何构建语法成分之间的组合规则系统，而不是选择哪一个“语法单位”作为“本位”。姚双云（2005）从词性的标注、短语的识别和标注、歧义的消解、语法实体复杂特征集的描写四个方面，讨论小句中枢理论在中文信息处理领域的应用。

由此可见，小句中枢说理论凸显的是一种研究思想，即我们在进行汉语研究时，应该立足小句这个平台去观察语言现象，探究语言规律。句管控理论主要是为我们明确了研究目的，那就是：从汉语本体研究的角度来说，要搞清楚“小句如何在中枢地位上对汉语语法规则的方方面面发挥其管束控制的作用”（邢福义等，2004）；从汉语应用研究的角度来说，要将这些管控制约各级语法实体的句法机制形式化，从而通过计算机对各级语法实体进行某种程度的自动处理。

“两个三角”理论则为我们提供了研究思路、研究方法。“作为验证思路和验证办法，对于现代汉语共同语的语法事实来说，‘小三角’是内证，‘大三角’则是外证。准确点说，大三角的‘方’角、‘古’角对于‘普’角起着外证的作用。研究中，如果有必要，可以借助方角外证，或者借助古角外证。”（邢福义，1996）究其实质，“‘三角’概念所代表的是多角验证的立体研究思路。小三角也好，大三角也好，都不意味着只能有所说的那三个‘角’”（邢福义，1996）。

总而言之，不管是句管控理论向我们明示的研究目的，还是“两个三角”理论提供给我们的研究思路、研究方法，都统一于小句中枢说理论所凸显的研究思想，因为其理论构架都建立在“以小句为中枢”的研究平台上。正是基于这样的考虑，我们认为小句中枢说理论是灵魂，是统帅，而句管控理论以及“两个三角”理论则是两大理论基石，它们共同构成了汉语研究的理论体系。

具体说来，我们在小句中枢说理论、句管控理论和“两个三角”理论的指导下，立足小句，尽可能多角度验察有标假设复句，挖掘管控有标假设复句的句法机制；而且在有标复句领域内对小句中枢说理论作了适度的理论延伸，认为小句关联理论是有标复句本体研究和应用研究的桥梁。此外，我们还吸取了潜显理论的思想精髓，运用了类型学理论的相关概念。

1.4　有标假设复句的研究契机及目的

1.4.1　研究契机

特别值得一提的是，研究工作开展之际，适逢华中师范大学校内两支队伍精诚团结、联合攻关之时。研究团队既有语言学方面的人员，又有计算机方面的人员。诚如许嘉璐（2000b）所言，“要消除中文信息处理的瓶颈，首要的关键是要汉语言学界和计算机学界两支队伍紧密地结合起来开展面向中文信息处理的基础研究和应用研究”。

鉴于复句研究范围比较宽广，出于现实可行性的考虑，我们选取有标假设复句作为研究对象。我们不可能期望在一定的时间内把什么问题都研究清楚，因此必须找准切入点。切入点找好了，又有这样一个研究平台、研究环境，基础研究中的很多思想都可以在科学实践中得到检验，而验证的结果又可以反过来推动基础研究。这几年的研究实践证明，正是由于两支队伍精诚团结、通力合作，我们才攻克了一个又一个难关。

1.4.2　研究目的

第一，在前贤的研究基础上进一步深化对有标假设复句的认识。

从前面“研究现状”的介绍中我们可以看出，时至今日，对于有标假设复句的研究已经有了一些见仁见智的观点。这些前辈们的思想火花为我们的进一步研究指明了道路，照亮了前程，就是在这样一种基础上，我们怀着一颗不断靠近真理的心，期待着自己能够更深入地从宏观和微观的角度去探讨有标假设复句。大家都知道，从历史长河的角度看，任何历史阶段上的任何人都不可能穷尽对某事物的认识，因此，我们不期待自己的探讨能够解决所有的问题，我们只希望自己对有标假设复句的认识能为以后的研究尽一点绵薄之力。如果把对有标假设复句的研究比作一场接力赛，我们希望自己能把从前辈手里接过来的棒子顺利、准确地传给后来者。

第二，将本体研究与应用研究结合，为复句信息工程做一些初期探索。

本体研究与应用研究的关系，总的说来是一种相辅相成的关系。首先，本体研究是应用研究的基础。只有在本体研究领域内把相关规律竭尽所能地弄清楚，才有可能将这些规律形式化之后应用到实践当中去，从而让计算机对相关语言现象进行自动处理。这就势必要求我们在相关理论的指导下，以求真务实的精神去观察语言现象，分析语言材料，总结归纳其中的规律。其次，应用研究反过来为本体研究服务。这是因为应用研究一旦取得成功，就可以大批量地处理相关或者相似的语言现象，获取相应的统计数据，语言研究者可以利用应用研究得到相关的数据，深化对某一语言现象的认识，进而在实践中总结出更加贴近实际的语言规律。因此，我们应该将本体研究和应用研究结合起来，使二者相得益彰，比较和谐地统一于我们的研究实践当中。具体说来，我们立足于有标假设复句的本体研究，同时在其应用研究方面也做一些初期探索，比如，关系标记的自动识别问题，层次关系的自动识别问题等。必须坦言，我们的工作是整个复句信息工程的开端，因而其探索也带有一定的尝试性，难免会让大方之家感觉出某种不成熟。但是，不管是自然科学还是社会科学，对真理的追寻总是有一个过程的，不可能一蹴而就；前期的探索总是为后期的探索做下某种准备，奠定某种基础。正是怀着这样的理想信念，我们义无反顾地跨出了第一步，尝试着在有标复句领域内将本体研究和应用研究结合起来，为复句信息工程做一些前期准备工作。

1.5　有标假设复句的研究架构

本书共分为七个部分，对有标假设复句进行研究。

第 1 章是“引言”。本章主要从有标假设复句的界定、研究现状、研究背景、研究契机及目的、研究架构等五个方面展开。

第 2 章是“假设关系标记的多维验察”。本章主要界定了四组概念，即关系标记与非关系标记、前呼型关系标记与后应型关系标记、前置式关系标记与后置式关系标记、强式关系标记与弱式关系标记。介绍了关系标记可能占据的四个句法位置，指出可以用八个类型参项来观察所有的关系标记。此外，依据现有资料，梳理归纳了普通话、汉语方言、少数民族语言中的假设关系标记。

第 3 章是“有标假设复句语表、语里、语值考察”。“有标假设复句的语表形式特征”着眼两个方面，一是有标假设复句的前呼句，二是有标假设复句的后应句。“有标假设复句的语里关系特征”重点介绍有标假设复句的“双合型”语里关系和“三合型”语里关系。“有标假设复句的语用价值特征”着眼三个方面，一是从说话人显性意图和隐性意图的表达看有标假设复句的运用，二是从句法管控和句域管控的双重视角理解有标假设复句，三是从有标假设复句强大的语用功能透视其使用价值。

第 4 章是“面向中文信息处理的有标假设复句层次关系研究”。本章重点围绕小句关联理论展开讨论，指出有标复句层次关系自动识别必须解决三个问题：一是有标复句语表序列的提取问题，二是有标复句表里关联模态的构建问题，三是有标复句语表序列的聚类问题。并以有标假设复句为研究对象，作了示例性研究。主要探讨两句式、三句式、四句式的有标假设复句如何构建表里关联模态以及相应的框式简图和树型图。

第 5 章是“‘前呼型假设句＋后应型疑问句’类有标假设复句”。本章主要从三个方面展开：其一，“‘假设－求解’型有标假设复句”着重探讨前呼型假设句的主导制约性、后应型疑问句的承前启后性、求解对象、求解方式及内容。其二，“‘假设－反判’型有标假设复句”则重点探讨了证伪式“假设－反判”型有标假设复句、强致使式“假设－反判”型有标假设复句、强条件式“假设－反判”型有标假设复句、劝谏式“假设－反判”型有标假设复句。其三，既考察了“假设－求解”型有标假设复句的简省形式和紧缩形式，也考察了“假设－反判”型有标假设复句的简省形式和紧缩形式。

第 6 章是“‘如果说 p 的话，q’类有标假设复句检视”。“句式构成之检视”考察该类有标假设复句的前呼句、后应句以及整体构成情况。“语里关系之检视”重点探讨该类有标假设复句的八类“双合型”语里关系，另外也谈及它的“三合型”语里关系。“语用价值之检视”指出该类有标假设复句投射出说话人的一种“兴式”言语策略，同时还探讨了说话人对“关系环”内“p”的态度。

第 7 章是“结语”。本章主要从四个方面总结归纳：第一，本书的研究价值主要体现在我们基于研究实践提出了小句关联理论，并用以指导有标复句层次关系自动识别，对后续相关研究具有某种借鉴意义。第二，着重阐明六个基本结论。第三，重点阐述七点启示，即科学研究既需要理论意识，更需要实践意识；科学研究既要争取成功，又要允许失败；科学研究既要有独立意识，又要有团队精神；科学研究要把本体研究与应用研究结合起来；科学研究要处理好“点”和“面”的辩证关系；科学研究既需要“显性”意识，又需要“潜性”意识；科学研究既要有创新精神，又要有求实思想。第四，指明相关后续研究，逐步完善有标假设复句的表里关联模态表，模拟构建其他有标复句的表里关联模态表。

第2章 假设关系标记的多维验察

2.1 导言

尽管对假设关系范畴的界定，学界一直没有完全一致的看法，但我们认为，语言中存在假设关系范畴应该是一个客观事实。人们既可以用“无标”的方式表达这个范畴，也可以用“有标”的方式表达这个范畴。用“有标”的方式表达假设关系范畴的那些形式标记，就是我们所说的假设关系标记。就现代汉语而言，围绕“假设关系标记”展开的研究，成果不少，其内容大体可以分为以下几个方面。

其一，单组假设关系标记考察。即选取某组特定的假设关系标记，从句法、语义、语用、修辞等各个方面进行多角度研究。比如舟丹（1958）、邢福义（1984）、黄亚虹（1984）、张炼强（1990）、刘桂芳和沈庶英（1993）、李泉（1993）、伍人义（1995）、徐阳春（2001）、江蓝生（2004）、李晋霞（2005）、童肇勤（2005）、马明艳（2005）、高再兰（2006）等。

其二，两组以上的假设关系标记对比研究。即对语表形式上具有某种相似性的假设关系标记进行比较，从而得知其异同。比如李谱英（1977）、宁光普（1985）、王克仲（1990）、赵京战（1994）、陈颖（2001）、周自厚（2001）、韩陈其（2001）、刘萍（2002）、邝岚（2004）、张彦（2006）等。

其三，假设关系标记的跨类考察，也就是将假设关系标记与其他关系标记进行比较，探讨某种相关性。如何锋兵（2004）、曹跃香（2005）。

其四，假设关系标记的方言考察。有的学者将研究视野投向了汉语方言，试图从中找到某种答案。比如，项梦冰（1994）对新泉方言中充当假设关系标记的“时”所作的研究，以及王鹏翔（2005）对晋语志延片方言“噻”类语气词作假设关系标记的研究都属于此类。

其五，假设关系标记跨语言比较研究。有的研究人员不满足于从方言中寻求答案，进而将研究的触角伸向了汉语以外的语言，如英语、藏语、维吾尔语等。喻家楼和蒯泽林（1992）、蒲泉等（1996）、凌立（2004）、徐李洁（2004）等便是其中的代表。

学界前辈、同仁丰硕的研究成果又一次使我们深刻认识到，要想将研究引向深入，就必须进行多角度、多层次的立体考察。关于这一点，吕叔湘（1992）在《通过对比研究语法》一文中强调：“要认识汉语的特点，就要跟非汉语比较；要认识现代汉语的特点，就要跟古代汉语比较；要认识普通话的特点，就要跟方言比较。”

邢福义（1996）在“两个三角”的理论中也作了精辟的阐述：“小三角也好，大三角也好，都不意味着只能有所说的那三个‘角’。比方，‘普—方－古’大三角，并不排斥联系非汉语来研究汉语。”

戴庆厦（1997，2002，2003，2005a，2006b）同样多次强调了这种思想，旗帜鲜明地主张汉语研究和非汉语研究相结合，并从“必要性、可行性、方法论”等方面解释了这一理论主张。另外还有很多学者在自己的科研领域直接或间接地表述了这一思想，鉴于行文篇幅，这里不再赘述。

同时我们注意到，一方面，假设关系标记跨方言、跨语言的比较研究已经迈出了关键的一步；另一方面，大多数比较研究都还属于“一对一”的个案研究。有鉴于此，我们设想在已有成果的基础上，拓展自己的研究视域。具体做法是选取更多的方言点及少数民族语言点，对假设关系标记进行更广泛的验察，从而有望深化对假设关系标记的认识。

2.2　关系标记面面观

如果从类的归属来看，假设关系标记是关系标记中的一个具体的子类。因此，在具体考察假设关系标记这个子类之前，有必要先了解关系标记这个大类的相关特征。为此，我们从以下几个方面展开研究。

2.2.1　关系标记与非关系标记

对复句关系标记的界定，邢福义（2001a）颇具见地地指出，“特定的复句关系，由特定的复句关系词语标示出来”，“复句关系词语具有复句关系的标志性”。据此，我们对关系标记的理解是，如果某个语表形式在一定的句法语义环境下预示了某种复句关系的存在，那么这个语表形式在这种情况下充当了关系标记。相反，如果某个语表形式在某种句法语义环境下不能预示某种复句关系的存在，那么这个语表形式在这种情况下没有充当关系标记，也就是属于非关系标记。比如以下两句。

（1）《继承法》所以要规定时效制度，首先是因为这样做，有利于督促权利人及时行使自己的权利，使民事主体间的权利义务及时了结，以促进民事流转和社会经济的发展，其次，也有利于稳定社会经济生活秩序。（《长江日报》1985 年 8 月 7 日）

（2）阿城读书不仅能化多为“少”，以“少”胜多，而且还能由正及“反”，即有意识地寻找与作者相左的观点，读书中，经过独立思考，或否定自己，或否定他人，有助于避免唯书唯上的教条主义恶习，在反复的比较

中得到有益的启示。(《长江日报》1986 年 10 月 13 日)

前例的“以”预示了目的关系的存在，是关系标记，后例的“以”不能预示任何复句关系的存在，属于非关系标记。不难看出，同样一个语表形式，它可能在某种句法语义环境下充当关系标记，而在另一种句法语义环境下充当非关系标记。又如以下两句。

(3) 数学家因为没有机会用实物做实验，就拿数字来实验，结果发现数字间有许多特别的性质，但证明有时非常困难，有些假设到现在还不知是否一定正确，因为还没有得到完全的证明。(沈世豪《陈景润》)

(4) 但是假设有人用绳子勒你脖子，你会有何感触呢？(王小波《寻找无双》)

前例中的“假设”指的是科学研究中对客观事物的有待证明的解释，很明显，这里的“假设”没有充当关系标记；而后例中的“假设”则可以替换成“如果”，预示了假设关系的存在，因此是关系标记。

关系标记与非关系标记之间的区别如图 2-1 所示。

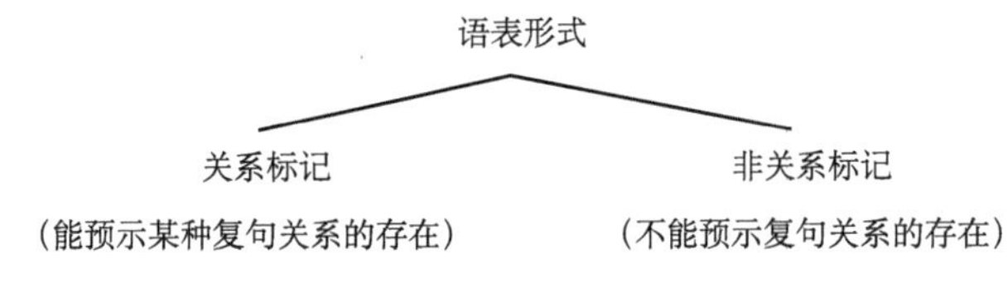

图 2-1　关系标记与非关系标记之间的区别

2.2.2　前呼型关系标记与后应型关系标记

一般情况下，有标复句都可以依据语义标准将其分为前后两个部分[①]。前部分表示“呼”，我们谓之前呼句；后部分表示“应”，我们谓之后应句。与此相适应，我们把引领前呼句并且预示某类复句关系的形式标记称为该类有标复句的前呼型关系标记，把引领后应句并且表示对前呼句的某种回应的关系标记称为该类有标复句的后应型关系标记。根据语义上对前呼句回应方式的不同，我们又可以将后应型关系标记分为两类。

---

① 不过有些有标复句有时也存在两个以上的部分一次性构成某种关系的情况，例如，“农村党员干部，既要能带头致富，｜又能带领群众共同致富，｜又要一身正气，为政清廉。(《长江日报》1989 年 3 月 13 日)”这个有标并列复句中，由三个部分一次性构成并列关系。又如，“或者幻想原材料价格再降低，｜或者寄希望于国家少收他们一些税利，｜或者向上伸手要求增加投资、增加设备，｜或者在销售产品时以劣充优、哄抬价格，把困难转嫁给消费者。(《长江日报》1983 年 11 月 13 日)”这个有标选择复句中，由四个部分一次性构成选择关系。再如，“先到江汉二桥，｜再至赵家条，｜接着返回江汉二桥，｜然后再到赵家条，｜最后回到顺道街。(《长江日报》1995 年 7 月 12 日)”这个有标连贯复句中，由五个部分一次性构成连贯关系。对于这种情况，我们可以将最前面的那个关系标记称为前呼型关系标记，而将其后的所有关系标记统称为后应型关系标记。

其一，合一性后应型关系标记，其典型特征是它引领的后应句和前呼句所构成的关系数量为 1，例如下面两句。

（5）如果不服并在规定的期限内上诉了，那么，第二审法院所作的判决、裁定就是终审判决和裁定，必然发生法律效力。（《人民日报》1991 年 3 月 10 日）

（6）如果他起床过迟，就要去督促一下。（魏巍《地球的红飘带》）

前例中，“那么”引领的后应句和“如果”引领的前呼句所构成的关系数量只有一种，即假设关系。因此，“那么”是合一性后应型关系标记。同理，后例中的“就”也是合一性后应型关系标记。

其二，复合性后应型关系标记，其典型特征是它引领的后应句和前呼句所构成的关系数量≥2，例如下面两句。

（7）如其价高得门可罗雀，不如价低车水马龙。（《长江日报》1996 年 10 月 25 日）

（8）除非同时撤掌化劲，否则必受重伤。（梁羽生《白发魔女传》）

前例中，“不如”引领的后应句和“如其”引领的前呼句构成了两种关系：一为假设关系，二为择优推断关系。所以，这里的“不如”是复合性后应型关系标记。后例中，“否则”引领的后应句和“除非”引领的前呼句也构成了两种关系，即条件关系和假转关系。因此，这里的“否则”也是复合性后应型关系标记。

总的说来，前呼型关系标记与后应型关系标记是辩证统一的。

一方面，二者相互联系。第一，前呼型关系标记由于有了合一性后应型关系标记的回应与配合，使得整个句式前后部分的衔接更加自然，语流更加通畅。第二，前呼型关系标记由于有了复合性后应型关系标记的呼应与配套，使得本来隐匿的较为复杂的语义关系显性化，让听话人更容易准确把握话语的丰富含义。

另一方面，二者又相互区别。首先，前呼型关系标记与后应型关系标记是相对独立的，一方的出现并不强制要求另一方的出现（尽管很多情况下会出现惯常组合搭配的倾向）。其次，就线性次序而言，常态下，前呼型关系标记相对居前，而后应型关系标记相对居后。特殊情况下，前呼型关系标记及其引领的前呼句会相对居后，从而使得后应型关系标记及其引领的后应句相对居前。当然，这要受到一定句法语义条件的规约，表现之一就是并非任何前呼型关系标记及其引领的前呼句都可以无条件地移至后应型关系标记所引领的后应句之后。以上所述，如图 2-2 所示。

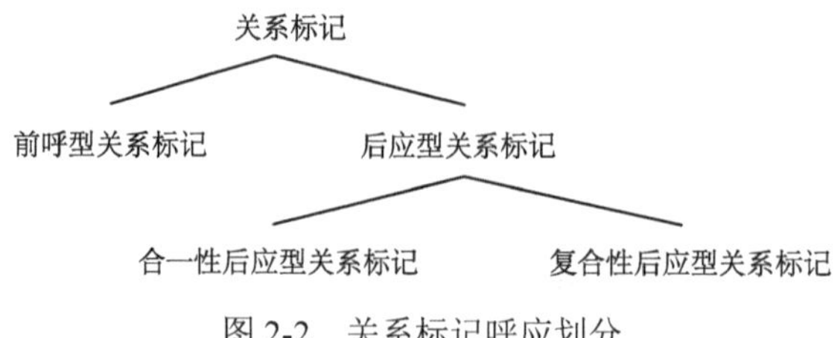

图 2-2　关系标记呼应划分

2.2.3　前置式关系标记与后置式关系标记

根据关系标记在小句中的句法位置的不同，我们将其分为两种："前置式关系标记"与"后置式关系标记"。如果某个关系标记居于所处小句的谓语核心之前，那么它就是"前置式关系标记"。如果某个关系标记居于所处小句的谓语核心之后，那么它就是"后置式关系标记"[①]。如以下例句。

（9）①要是为难的话，②那就随您的便吧！（《长江日报》1985 年 3 月 30 日）

如上所示，"要是"居于①小句的谓语核心之前，是前置式关系标记；"的话"居于①小句的谓语核心之后，是后置式关系标记；"那"和"就"都居于②小句的谓语核心之前，是前置式关系标记。

再请看以下例句。

（10）①如果说头一天晚上，在我们之间就拉开了一个序幕，②而以后的事情又都是一种必然的话，③那么，我们是有预感的。（陈国军《我和刘晓庆——不得不说的故事》）

此例中的"如果说"居于①小句的谓语核心之前，属于前置式关系标记，"而"居于②小句的谓语核心之前，也属于前置式关系标记，"的话"居于②小句的谓语核心之后，属于后置式关系标记，"那么"居于③小句的谓语核心之前，属于前置式关系标记。前置式关系标记与后置式关系标记之间的关系如图 2-3 所示。

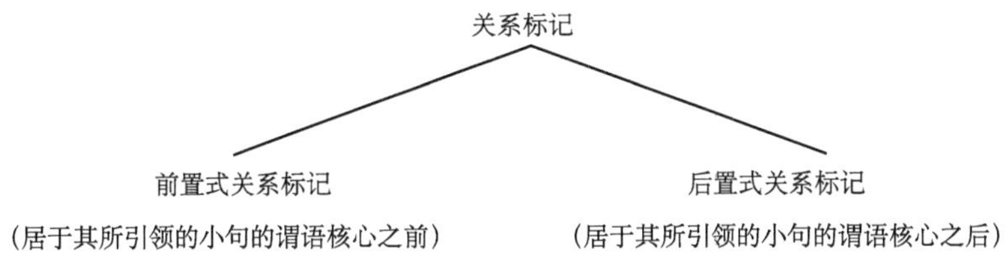

图 2-3　关系标记句法位置划分

2.2.4　强式关系标记与弱式关系标记

一般说来，如果某个语表形式作为一个整体几乎在任何句法语义环境下都能充当关系标记[②]，而且能明确标示复句关系类型，那么我们将这个语表形式称为

① 如果某个关系标记引领的小句的构件数目为 N（N>1），那么，倘若这个关系标记是"前置式关系标记"，它应该居于第一个小句的谓语核心之前，倘若这个关系标记是"后置式关系标记"，它应该居于第 N 个小句的谓语核心之后。

② 这里之所以说"几乎"是因为世界上绝对性的东西确实不多，语言领域尤其如此。就拿"如果"来说，绝大多数情况下它都能充当关系标记，可是也有例外，譬如，"由耿老的'如果'，我们也可以生发出若干个'如果'来。（《人民日报》2001 年 11 月 16 日）"这个句子中的"如果"就没有充当关系标记。

强式关系标记，“如果”“倘若”等就是其中的典型代表。

相应地，如果某个语表形式作为一个整体在某种句法语义环境下可以充当关系标记，而在另一种句法语义环境下又不能充当关系标记，那么我们将这个语表形式称为弱式关系标记。

弱式关系标记又可以分为两类：第一类是虽然必须结合句法语义环境才能判断它是否充当关系标记，但不需要结合句法语义环境便可判断它所标示的复句关系类型，因为它所能标示的复句关系类型只有一种，“假设”“假定”等便是如此。第二类是不仅需要结合句法语义环境才能判断它是否充当关系标记，而且必须结合句法语义环境才能判断它的关系类型，因为它所能标示的复句关系类型不止一种①，也就是说它可能会在不同的句法语义环境下标示不同的关系类型，常见的如“那么”“就”等就属于这种情况。邢福义在《汉语复句研究》中提到，“就”能标示五种复句关系（静态环境下的关系数量总和），分别为：连贯、因果、推断、假设、假设性条件（邢福义，2001a）。例句如下。

（11）雷磊第一个交了卷，就匆匆忙忙地走了。（范小青《毕业歌》，《小说月报》1983 年第 6 期第 48 页）

（12）妈妈手脚不便，无法照料儿子，就由父亲陪床。（赵安平《我一定要活下去》，《健康时报》2000 年 2 月 3 日）

（13）事情已经过去了，就不要再提它了。（从维熙《北国草》，《收获》1983 年第 4 期第 182 页）

（14）从根本上说，没有党的领导，就没有现代中国的一切。（《邓小平文选（1975—1982 年）》第 230 页）

（15）人活着，就有希望。（龙会吟《天边一钩弯弯月》，《芙蓉》1983 年第 5 期 98 页）

以上五个例子全引自《汉语复句研究》，观察可知，“就”作关系标记，具体标示何种复句关系，单凭它自身不好判定，还必须结合小句之间的语义关联，通过转换为强式关系标记或者添加强式关系标记而基本句义不变的方法来判断。如把例（11）中的“就”换成“然后”，把例（12）中的“就”换成“因此”，在例（13）的前小句添加“既然”，在例（14）的前小句添加“如果”，在例（15）的前小句添加“只要”，原句基本意思都保持不变，这样一来，原句所含关系类型就得以确认。强式关系标记与两类弱式关系标记的异同如图 2-4 所示。

---

① 这是就静态环境下所能标示的复句关系类型总量而言的，事实上到了某个具体的句法语义环境下，它所标示的复句关系类型也往往只有一种。

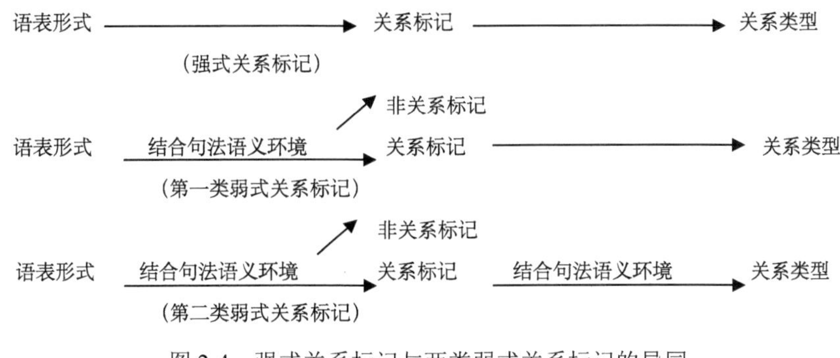

图 2-4　强式关系标记与两类弱式关系标记的异同

经过分析、比较之后，我们得到两点认识：首先，强式关系标记与弱式关系标记的共同点在于其所代表的语表形式都可以充当关系标记，不同之处在于强式关系标记所代表的语表形式几乎在任何句法语义环境下都可以充当关系标记，而弱式关系标记所代表的语表形式并非在任何句法语义环境下都可以充当关系标记。其次，第一类弱式关系标记与第二类弱式关系标记的相同点在于其所代表的语表形式都有不充当关系标记的时候，相异点在于第一类弱式关系标记所对应的复句关系类型是唯一的，而第二类弱式关系标记所对应的复句关系类型不是唯一的。因此，前者不需要结合句法语义环境来考察其关系类型，而后者则需要结合句法语义环境来确认其关系类型。

2.2.5　四个句法位置与八个类型参项

由以上分析可以看出，如果结合“前呼－后应”“前置－后置”来考察关系标记，就会发现其所占据的句法位置可以细分为四类：前呼前置位、前呼后置位、后应前置位、后应后置位。如图 2-5 所示。

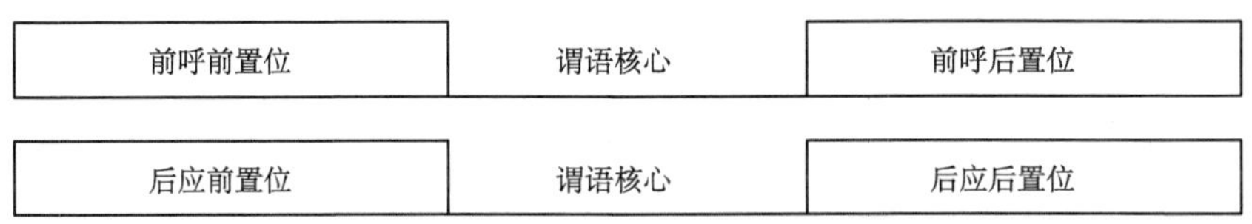

图 2-5　关系标记的句法位置

这四个句法位置代表了所有语言的所有关系标记可能出现的句法位置，也就是说任何语言的任何一类关系标记，其所能出现的句法位置不外乎这四类。具体到某种语言的某类关系标记，假定其所能出现的句法位置数目为 N，那么 N 的取值范围应该是：$1 \leqslant N \leqslant 4$。

（16）既要奉献“熟桃”，又要敢于抛出“嫩果”。(《长江日报》1987 年 3 月

2 日）

（17）好也罢，坏也罢。（《长江日报》1994 年 7 月 18 日）

这两例中的关系标记代表了现代汉语并列关系标记所能出现的句法位置，前例中的“既”占据了前呼前置位，“又”占据了后应前置位；后例中的第一个“也罢”占据了前呼后置位，第二个“也罢”占据了后应后置位。

如果我们不仅从句法位置方面，而且从标示关系的能力方面，即从“前呼－后应”“前置－后置”“强式－弱式”这三个视角综合观察一种语言的关系标记，那么从理论上说它应该存在八种类型：前呼前置强式关系标记、前呼前置弱式关系标记、前呼后置强式关系标记、前呼后置弱式关系标记、后应前置强式关系标记、后应前置弱式关系标记、后应后置强式关系标记、后应后置弱式关系标记。相应地表现为八个类型参项，如图 2-6 所示。

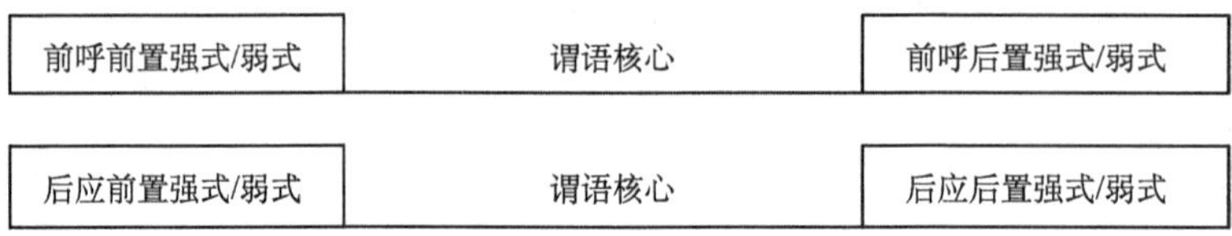

图 2-6　关系标记八个类型参项

任何语言的任何一类关系标记都不外乎这八种类型，因此，我们可以根据这八个类型参项的有无所构成的集合对其进行描述、界定。具体方式如下：

Scx＝{±前呼前置强式，±前呼前置弱式，±前呼后置强式，±前呼后置弱式，±后应前置强式，±后应前置弱式，±后应后置强式，±后应后置弱式}

上面的“Scx”表示某类关系标记类型参项的集合，其中“x”是个变项，代表复句关系类型，“±”表示“有无”此类型参项。以现代汉语并列关系标记为例，可以表示如下：

Scbl＝{－前呼前置强式，＋前呼前置弱式，－前呼后置强式，＋前呼后置弱式，－后应前置强式，＋后应前置弱式，－后应后置强式，＋后应后置弱式}

“Scbl”表示并列关系标记类型参项的集合，其中“－”表示“无”此类型参项，“＋”表示“有”此类型参项。

由于这种方式适用于任何语言的任何关系标记，因此具有普遍意义。就某种语言内部而言，通过这种方式，我们既可以获知某种语言的某类关系标记的个性所在，也可以获知某种语言的各类关系标记的共性所在。就跨语言比较而言，我们还可以通过这种方式得知某类关系标记在不同语言中的共性特征和个性色彩。

2.3　普通话中的假设关系标记验察

根据邢福义（2001a）对复句三分系统的勾描，假设复句属于因果类复句的一个小类，我们对假设关系范畴的认识建立在这种基础之上。若以上面谈到的八个类型参项为研究视角，综观现代汉语普通话中的假设关系标记，我们得到表 2-1 所列各项信息。

表 2-1　普通话中的假设关系标记

语言	假设关系标记	前前强	前前弱	前后强	前后弱	后前强	后前弱	后后强	后后弱
普通话	如果	+							
	如其	+							
	如若	+							
	如		+						
	假如	+							
	假若	+							
	假使	+							
	假定		+						
	假设		+						
	假说		+						
	设或	+							
	设若	+							
	设使	+							
	倘	+							
	倘然	+							
	倘若	+							
	倘或	+							
	倘使	+							
	倘如	+							
	若非	+							
	若是	+							
	若不是	+							
	若		+						
	要是	+							
	要不是	+							

续表

语言	假设关系标记	前前强	前前弱	前后强	前后弱	后前强	后前弱	后后强	后后弱
普通话	要		+						
	果		+						
	果真		+						
	果然		+						
	万一		+						
	的话				+				
	呢				+				
	吧				+				
	那						+		
	那么						+		
	就						+		
	则						+		
	便						+		

表 2-1 中的“前前强”代表前呼前置强式，“前前弱”代表前呼前置弱式，“前后强”代表前呼后置强式，“前后弱”代表前呼后置弱式，“后前强”代表后应前置强式，“后前弱”代表后应前置弱式，“后后强”代表后应后置强式，“后后弱”代表后应后置弱式。

不难看出，普通话中的假设关系标记能在前呼前置位、前呼后置位、后应前置位这三个句法位置出现，一般不能在后应后置位上出现[①]。强式假设关系标记常居于前呼前置位，弱式假设关系标记则三个句法位置均可出现。

因此，普通话的假设关系标记可以这样描述：

Scjs＝{＋前呼前置强式，＋前呼前置弱式，－前呼后置强式，＋前呼后置弱式，－后应前置强式，＋后应前置弱式，－后应后置强式，－后应后置弱式}

接下来我们将研究视野投向汉语方言以及少数民族语言，尝试着在更广阔的天地里验证假设关系标记。

① 特殊情况下，如“这事或许还有点希望，如果他肯帮忙的话”中，由于前呼句后置，致使本来居于前呼后置位的“的话”临时性地出现在后应后置位。

2.4　汉语方言中的假设关系标记验察

2.4.1　汉语官话区方言中的假设关系标记

汉语官话区方言中的假设关系标记，如表 2-2 所示。

表 2-2　汉语官话区方言中的假设关系标记

方言大区	方言区	方言点	假设关系标记	前前强	前前弱	前后强	前后弱	后前强	后前弱	后后强	后后弱
官话区	北京官话	北京	要		+						
			倘亏	+							
			要是	+							
			要不是	+							
	冀鲁官话	河北	要不着	+							
		济南	可				+				
			要是	+							
		山东	若不着	+							
		天津	假比	+							
		新泰	不的话			+					
	江淮官话	合肥	倘倘	+							
			倘此	+							
			要是	+							
		如皋	的话			+					
		盐城	假或	+							
		扬州	要（是）	+							
			假使	+							
			的话			+					
			如其	+							
	胶辽官话	沂水	待要	+							
			不着……着	+			+				
			错过		+						
			依起	+							
			一子	+							
			着				+				
			要（是）……（着）	+			+				
			换了……着	+			+				
			搁着	+							

续表

方言大区	方言区	方言点	假设关系标记	前前强	前前弱	前后强	前后弱	后前强	后前弱	后后强	后后弱
官话区	兰银官话	同心	哪				+				
			吵				+				
			说……去	+			+				
			但	+							
		乌鲁木齐	但	+							
			但是	+							
	西南官话	成都	要是	+							
			假比	+							
			舍			+					
		贵阳	假比	+							
			的话			+					
		武汉	要是	+							
	中原官话	固原	但	+							
		洛阳	倘若	+							
		万荣	要是	+							
		汶上	要是	+							
			得子	+							
			不……个	+							
			讪				+				
		西安	的话			+					
			要是	+							

从上面的表格可以看出，各方言点的假设关系标记就数量而言多少不一，多的如沂水方言有九个假设关系标记，少的如河北、新泰等地只有一个假设关系标记。这有两种可能：一种是这个方言点确实只有这些假设关系标记，另一种可能是研究者著书立说之时，其研究重点并非假设关系标记，所以对此类现象往往是点到为止，事实上该方言点的假设关系标记不止这些。诚如刘丹青（2003）所言，“类型学的测试方法可以避免单一语言研究以偏概全的毛病。但是，类型学的测试方法也不是没有局限。类型学研究者不可能同时是大量语言的专家，更不可能是许多语言的母语使用者。同人类语言的总数相比，类型学家个人直接懂的语种不可能太多，熟练到能进行内心测试的语言更是极其有限。因此，他必须借助间接的语言材料。间接的描写报告往往详略不一、侧重点各异。可以拿来进行大量语言比较的项目，只限于少数基本的语法现象，不可能像形式学派那样去研究高度

依赖内省语感的非常细致的句法问题，也不可能像功能学派那样仔细观察有关结构的出现环境”。不过即使如此，也并不影响我们的研究工作，因为我们这里所提供的更多的是一种研究思路、研究框架。

2.4.2 汉语非官话区方言中的假设关系标记

同理，我们依据所能接触到的汉语方言著作对非官话区方言中的假设关系标记做了相应考察，按照八个类型参项进行总结归纳，如表 2-3 所示。

表 2-3 非官话区方言中的假设关系标记

方言大区	方言点	假设关系标记	前前强	前前弱	前后强	前后弱	后前强	后前弱	后后强	后后弱
赣语区	黎川	要是	+							
		假使	+							
	临川	若话	+							
	南昌	若是	+							
		要是	+							
	攸县	哩				+				
		过				+				
		假子	+							
徽语区	绩溪	要是（讲）	+							
		要		+						
晋语区	包头	若发	+							
	神木	动起				+				
		的话				+				
		惟是	+							
		时价				+				
		要（是）	+							
		动				+				
		起				+				
		如然不	+							
		投	+							
		惟	+							
		就						+		
	太原	要是	+							
	忻州	要说	+							

续表

方言大区	方言点	假设关系标记	前前强	前前弱	前后强	前后弱	后前强	后前弱	后后强	后后弱
客家话区	连城	一般				+				
		紧		+						
		时				+				
	梅县	假係	+							
		若系	+							
		系话	+							
		假定	+							
	于都	轭	+							
闽语区	潮汕方言区	做	+							
		na^{11}	+							
		a^{11}是	+							
	潮州	若是	+							
	福州	若果	+							
		若使	+							
		着	+							
		若还	+							
		如是	+							
	海口	如是	+							
		如无	+							
	建瓯	来是	+							
		如果	+							
	雷州	若	+							
		若无	+							
		妃						+		
	厦门	若（是）	+							
		若甲	+							
		要是	+							
		若要是	+							
		若卜是	+							
		若无	+							
		要	+							
		设使	+							
		假若（是）	+							
		要知	+							

续表

方言大区	方言点	假设关系标记	前前强	前前弱	前后强	前后弱	后前强	后前弱	后后强	后后弱
吴语区	崇明	若话	+							
		要是	+							
	丹阳	要是	+							
	杭州	啊				+				
		特来				+				
		呢				+				
		勒				+				
	嘉定	若然	+							
	宁波	是话	+							
		如话	+							
	上海	末				+				
		倘使	+							
		假使	+							
		假定	+							
		如果	+							
		倘便	+							
		倘忙	+							
		若然	+							
	松江	若疑	+							
		若然	+							
	苏州	如果	+							
		要	+							
		啊				+				
		吧				+				
		作兴	+							
		噻				+				
		倘盲	+							
		若然	+							
	温州	若	+							
		若是	+							
		若话	+							
	余姚	如话	+							
	湖州	倘三加	+							

续表

方言大区	方言点	假设关系标记	前前强	前前弱	前后强	前后弱	后前强	后前弱	后后强	后后弱
湘语区	长沙	要是	+							
	衡山	哒				+				
		㗑				+				
		时				+				
	双峰	要此	+							
		要是	+							
	益阳	咧				+				
		起				+				
		/pa^{33}/		+						
		把得		+						
		把		+						
		是				+				
		哒				+				
		哦				+				
粤语区	广州	如果	+							
		若果	+							
		假使间	+							
		若然	+							
	阳江	设若	+							
		若係	+							
		舍得	+							

如果将官话区方言的假设关系标记与非官话区方言的假设关系标记作比较，我们就会发现，最大的不同就是前者没有后应型假设关系标记。如果将汉语方言里的假设关系标记与普通话里的假设关系标记进行比较，可以得知：前者的前呼后置弱式假设关系标记明显多于后者，而后应前置弱式假设关系标记明显少于后者。究其原因，如上所说，恐怕与研究人员的研究旨趣不无关系。

倘若上面两张表格中的假设关系标记能代表汉语方言里假设关系标记的所有类型，那么用集合的方式可以表述如下：

Scjs＝{＋前呼前置强式，＋前呼前置弱式，－前呼后置强式，＋前呼后置弱式，－后应前置强式，＋后应前置弱式，－后应后置强式，－后应后置弱式}

2.5　少数民族语言中的假设关系标记验察

2.5.1　汉语亲属语言中的假设关系标记

戴庆厦（2005b）认为，任何一个国家的科学研究，都会从本国的国情出发，带有本国国情的特点；也都会利用本国的优势资源，发展具有本国特色的科学研究。语言学也是这样。中国语言学研究一个可供利用的重要优势资源就是语种多，全国 56 个民族使用 100 种以上的语言。而且随着研究的深入，涌现出了大量少数民族语言专著。仅“十五”期间出版的新发现语言专著就有 20 余部（戴庆厦，2006a）。这些专著为我们研究工作的展开奠定了坚实的基础，正是有了它们作为依托，我们对汉语亲属语言以及非亲属语言中假设关系标记的考察才得以顺利进行。汉语亲属语言中的假设关系标记如表 2-4 所示。

表 2-4　汉语亲属语言中的假设关系标记

语系	语族	语支	语种	假设关系标记	前前强	前前弱	前后强	前后弱	后前强	后前弱	后后强	后后弱
汉藏语系	藏缅语族	藏语支	拉萨语	/na^{13}/			+					
			错那门巴语	/jin^{35}ni^{53}/			+					
				/jin^{35}nA^{53}/			+					
				/nA^{53}/			+					
		景颇语支	阿依语	/la^{55}zʅ^{31}ȵa^{31}/			+					
			格曼话	/ ni^{55}/			+					
			景颇语	/jang/				+				
				/jang^{1}/				+				
				/to^{2}/			+					
			义都语	/he^{31}/或者/poŋ^{55}/			+					
		缅语支	浪速语	/ tʃɔ̃^{55}/			+					
			载瓦语	/tʃaŋ^{55}/			+					
			阿昌语	/xɔʔ^{31}/				+				
		羌语支	普米语	/ɑ^{13}thɑ^{55}po^{13}/			+					
		彝语支	彝语	/ko^{33}/				+				
				/nɯ^{44}/				+				
				/ mu^{33}/				+				
			傈僳语	/ŋo^{33}bɛ^{44}/			+					
				/bɛ^{44}gɯ^{33}/			+					

续表

语系	语族	语支	语种	假设关系标记	前前强	前前弱	前后强	前后弱	后前强	后前弱	后后强	后后弱
汉藏语系	藏缅语族	彝语支	毕苏语	/a^{55}a^{31}…va^{31}/	+		+					
				/…（ʐau^{33}）va^{31}…/			+					
				/thi^{55}ne^{33}va^{31}/	+							
			诺苏话	/a^{21}dɪ^{33}dɪ^{34}/	+							
				/ko^{33}nɯ^{33}/			+					
			基诺语	/xɔ^{44}lœ^{33}/			+					
			纳西语	/phi^{55}bɯ^{13}/			+					
				/se^{55}/			+					
			哈尼语	/ŋɔ^{31}/			+					
				/ɤ^{31}ŋɔ^{31}/			+					
		未定的	白语	/tsi^{55}/				+				
				/jõ^{44}suɑ^{44}/	+							
	苗瑶语族	苗语支	苗语	/haŋ^{35}/	+							
				/qa^{55}/						+		
		瑶语支	勉语	/wəi^{24}tɕjɛ^{35}/	+							
	壮侗语族	侗水语支	侗语	/nu^{53}/	+							
		黎语支	黎语	/laːi^{3}/	+							
			村语	/zi^{5}kuə^{5}/	+							
		仡佬语支	仡佬语	要是	+							
				如果	+							
				假如	+							

分析比较可知，汉语亲属语言有不少前呼后置强式假设关系标记而汉语没有，汉语有不少前呼前置弱式假设关系标记而汉语亲属语言没有。

如若目前的研究成果能够代表汉语亲属语言中假设关系标记的类型全貌，那么我们可以作出如下概括：

Scjs＝{＋前呼前置强式，－前呼前置弱式，＋前呼后置强式，＋前呼后置弱式，－后应前置强式，＋后应前置弱式，－后应后置强式，－后应后置弱式}

2.5.2　汉语非亲属语言中的假设关系标记

根据目前有关汉语非亲属语言的研究成果，我们可以得到汉语非亲属语言中的假设关系标记的基本情况，如表 2-5 所示。

表 2-5　汉语非亲属语言中的假设关系标记

语系	语族	语支	语种	假设关系标记	前前强	前前弱	前后强	前后弱	后前强	后前弱	后后强	后后弱
阿尔泰语系	蒙古语族	未定的	康家语	/-sa/				+				
			东乡语	/dz̡antʂangiə/	+							
	满一通古斯语族	满语支	现代满语	/tɕʻi/			+					
				/pɑ/			+					
				/tɕiu/						+		
		通古斯语支	鄂温克语	/xəbbe/	+							
				/dʒaariŋ/				+				
			鄂伦春语	/ɔɔmmal/	+							
				/tɔɔmɪ/						+		
	突厥语族	东匈语支	图瓦语	/eger/	+							
				/bir ɛwes/	+							
			柯尔克孜语	/eger/	+							
				/egerde/	+							
			西部裕固语	/-sa/			+					
		西匈语支	现代哈萨克语	/eger/	+							
				/eger de/	+							
				/zæwede/	+							
				/mubada/	+							
				/-sa/			+					
			撒拉语	/-se/或者/-sɑ/				+				
南岛语系	印度尼西亚语族	高山语支	台湾赛德克语	/nasi/	+							
				/asi/	+							
南亚语系	越芒语族	未定的	布赓语	/ʐu^{31}ko^{31}/	+							
				/tɕou^{24}/						+		
	孟高棉语族	未定的	布兴语	/kam pi/	+							
				/kam/	+							
			克蔑语	/pɔ^{31}/	+							
			莽语	/na^{51}/	+							
			佤语	/si̱n/	+							
				/kɛh/	+							
		佤德昂语支	克木语	/ʔan/	+							
印欧语系	伊朗语族	帕米尔语支	塔吉克语	/agar/	+							

比较汉语亲属语言与汉语非亲属语言中的假设关系标记就可发现，尽管某一类型的假设关系标记在数量上会有多少之分，但二者所拥有的假设关系标记类型没有区别。另外值得一提的是，非亲属语言中有的前呼后置弱式假设关系标记以后附成分的形式出现，康家语、撒拉语中的/-sa/就是如此；有些前呼后置强式假设关系标记也以后附成分的形式出现，如西部裕固语、现代哈萨克语中的/-sa/。

同理，如果上面的表格囊括了汉语非亲属语言假设关系标记的所有类型，那么我们照样可以用集合的方式对其予以综合表达：

Scjs＝{＋前呼前置强式，－前呼前置弱式，＋前呼后置强式，＋前呼后置弱式，－后应前置强式，＋后应前置弱式，－后应后置强式，－后应后置弱式}

2.6　小　　结

综上所述，我们得到以下几点认识。

首先，点面结合的启示。关系标记范围广、数量多，而人的精力却是相对有限的。因此，出于可行性考虑，研究者不可能在某个阶段全面铺开。最切实的做法就是抓住一个点，摸索其中的规律。一旦实践证明某种方法可行，就可以由点到面地展开。正是出于这种考虑，我们以假设关系标记作为我们研究工作的一个点，既对它展开内部考察，又对它进行外部验证。等到时机成熟的时候，再将其中的成功经验推广到其他关系标记的研究中去。

其次，多维验察的意义。本章先以“前呼－后应”“前置－后置”“强式－弱式”作为观测视角，从多个方面立体考察关系标记，从而归纳出八个类型参项。然后再用这八个类型参项去考察、衡量、界定普通话、汉语方言、少数民族语言中的假设关系标记。我们认为，这样做至少有以下三点意义。

第一，从语言信息化角度来看，其意义非比寻常。诚如陆俭明（2006）所言，重视词语的特征研究与描写，这可能是自然语言处理中基于规则的方法和基于统计的方法的“结合”点之所在，可能是一条光明大道。我们认为，关系标记是有标复句重要的“指示灯”，因此，有标复句信息化工程的顺利进行，离不开关系标记句法语义特征的准确界定。以有标假设复句为例，要想自动识别其层次关系，就必须准确界定包括假设关系标记在内的所有关系标记。这一步既直接影响关系标记的自动识别，又直接影响语表序列的自动提取；既影响表里关联模态的构建，又影响语表序列的聚类。

第二，从对外汉语教学角度来看，也有着重大意义。外国人学习汉语，难点很多，关系标记的正确理解与使用就是其中之一。倘若我们不帮他们总结归纳关系标记的属性特征，他们就很难得到规律性的认识，因而常常在理解时犯糊涂，使用时犯错误。有鉴于此，我们必须把关系标记之间前呼后应的关系向他们讲清楚，把关系标记可能占据的句法位置向他们说明白。

第三，从类型学角度来看，研究前景广阔。我国有丰富的语言资源，这为类型学研究创造了得天独厚的条件。以假设关系标记的研究为例，一旦我们全面、准确地对各语言中假设关系标记的数量、属性予以界定，则其类型特征与个性特征也会得以凸现。当然，这是一项长期而艰巨的任务，并非一朝一夕可以完成，但有了这样一个研究框架，就总有一天会实现这个目标。

最后，个案研究与类型研究之思辨。总的说来，二者是辩证统一的。

一方面，前者是后者的基础、前提，个案研究越全面、细致、详尽，类型研究的材料就越丰富，结论也更可靠。要做到这一点，我们的理论设想是：首先需要一个统一的研究框架，该研究框架的制定应该建立在目前我们对全人类语言的认识基础之上，内部设置应尽可能全面、合理。其次，任何一种方言或少数民族语言的研究工作，都在该研究框架的指导下进行。研究框架所涉及的各个专题，目标语言中如果有该类现象，则应尽量详实描述，力争概括其全貌；如若没有，则实事求是地注明该类现象在目标语言中不存在。有时还有这样一种情况，即目标语言中的某类现象，研究框架中没有，倘遇到这种情况，则将该类现象作为语言特色统一附于书末。再次，考虑到研究人员的研究兴趣、特长以及精力等多方面因素，在条件允许的情况下，组成一支研究团队，分工合作地研究某一种汉语方言或少数民族语言也不失为一种可行方案。而且，目标语言最好是研究人员的母语。戴庆厦（2006a）在谈到“十五”期间我国少数民族语言研究的不足和薄弱点时这样说：“研究民族语言的汉族学者和外国学者，由于所研究的语言不是自己的母语，缺乏天然语感，如果不下大功夫和经历较长的过程，要达到有深度的研究是有困难的。”最后，每一项研究成果除了专刊出版之外，还必须制作成数据库，这样就更方便后来学者全面、准确地进行比较研究。重要的理论莫不以可靠的资料为依据，因此，第一步须先建立一个非营利性质的“中国语言和方言数据库”，留给下一代语言学者一个良好的研究平台，使他们在 21 世纪语言学领域做出杰出的贡献（江蓝生，2006）。

另一方面，后者会推动、促使前者拓宽自己的研究视域，提升对某类语言现象的认识。有些语言现象，若只进行内部考察而不进行外部比较，很容易被理所当然地认为是某语言的个性特征，而事实上很有可能在其他很多语言中都存在该类现象，也就是说实际上它是一种共性特征。不仅如此，类型研究带来的某种规律性认识还可以反过来指导个案研究，从而将其引向更深入的研究领域。

第 3 章　有标假设复句语表、语里、语值考察

3.1　导　言

有标假设复句的产生形成，有其内在的哲学动因。马克思主义哲学认为，物质世界是普遍联系的，世界上的各种事物或现象，都处于普遍联系之中，没有什么事物是孤立存在的。联系的普遍性及其多样性特征，反映到语言生活中，表现为各种类型句式的广泛存在。其中，有标假设复句就是典型代表。具体说来，有标假设复句是说话人用显性假设关联的方式对物质世界各种各样联系表达自己认识、观点、立场、态度、情感、疑惑的一种手段。

下面，我们将从三个大的方面对有标假设复句予以重点考察：第一，有标假设复句的语表形式。第二，有标假设复句的语里关系。第三，有标假设复句的语用价值。

3.2　有标假设复句语表形式考察

一般说来，有标假设复句由以下三个部分组成：前呼句，后应句，假设关系标记[①]。其典型格式为：如果 p，那么 q。“p”就是我们所说的前呼句，“q”即所谓后应句。“如果”“那么”是假设关系标记。

3.2.1　有标假设复句的前呼句

有标假设复句的前呼句如果是小句，一般由谓词性结构充当。如以下例句。

（1）如果喜欢，就直说吧。

（2）如果很喜欢，就直说吧。

（3）如果喜欢他，就直说吧。

（4）如果喜欢得要命，就直说吧。

（5）如果你喜欢，就直说吧。

（6）如果丑，就直说吧。

（7）如果确实丑，就直说吧。

---

① 有时，我们也会看到有标假设复句的简省形式，如“要是他没有考上研究生呢？”这个有标假设复句只有前呼句和假设关系标记“要是”，省略了后应句。

（8）如果丑得难以形容，就直说吧。

（9）如果她确实丑得难以形容，就直说吧。

上面各例中，构成前呼句的不管是动词（“喜欢”）还是形容词（“丑”），不管是动宾短语（“喜欢他”）、状心短语（“很喜欢”“确实丑”）、心补短语（“喜欢得要命”“丑得难以形容”），还是主谓短语（“你喜欢”“她确实丑得难以形容”），都是谓词性结构。

相反，非谓词性结构则较难充当有标假设复句的前呼句①。以定心结构为例，试比较以下例句。

（10）如果聪明孩子，父母一定高兴。（？）
　　　如果是聪明孩子，父母一定高兴。（＋）
　　　如果孩子聪明，父母一定高兴。（＋）

（11）如果你的装模作样，大家不会理你。（？）
　　　如果你装模作样，大家不会理你。（＋）
　　　如果装模作样，大家不会理你。（＋）

两组例子中，第一组第一例中的“聪明孩子”属非谓词性结构，不能充当该有标假设复句的前呼句，但是转换成谓词性结构后，如第一组第二例中的“是聪明孩子”，第一组第三例中的“孩子聪明”，都可以充当该有标假设复句的前呼句。第二组第一例中的“你的装模作样”也是非谓词性结构，同样不能充当该有标假设复句的前呼句，可一旦转换成“你装模作样”或者“装模作样”等谓词性结构（分别见第二组第二例、第三例），就可以充当该有标假设复句的前呼句。

为什么有标假设复句的前呼句一般由谓词性结构充当而不是由非谓词性结构充当呢？这可能与前呼句的语义表达有关，前呼句所表达的是说话人的一种主观假定。相比较而言，谓词性结构比较容易构成主观假定而非谓词性结构很难构成主观假定，所以，构成有标假设复句前呼句的一般是谓词性结构而不是非谓词性结构。

以上我们从结构方面考察了充当有标假设复句前呼句的小句，接下来我们从语气方面对其予以探讨。邢福义（1996）认为，小句是句，每个小句都带有特定的语气。即使是充当分句的小句，它们在复句里面也各有自己的语气（邢福义，1996）。

先来看有标假设复句前呼句带陈述语气的情况。

（12）如果他来我校任职，将是我校的一大幸事。

（13）如果他不来我校任职，将是我校的一大憾事。

前后两例中的前呼句都是陈述语气，只不过前者以肯定的方式表达，后者以

① 有时会看到有标假设复句的某些简省形式的前呼句由非谓词性结构充当。

否定的方式表达。语言实际生活中，这样的用例随处可见。

（14）如果他是强者，生活就是强盗。（冯骥才《爱之上》）

（15）如果没有我，还会有你们吗？（丁中江《北洋军阀史话》）

有标假设复句前呼句带陈述语气的情况如此普遍，恐怕还是与它的语义表达有关。上面我们说过，有标假设复句前呼句表达的是说话人的一种主观假定。既然是主观假定，就内在地包含着一种判定性、确认性。这与陈述句的功能是兼容的，“陈述句是告诉别人一件事的句子”（邢福义，1996），因此，也表达了说话人的一种判定与确认。所以，有标假设复句前呼句以带陈述语气为常就不足为奇了。

接着看看有标假设复句前呼句带感叹语气的情况。

（16）如果他多么聪明，那你更聪明。（？）

如果他聪明，那你更聪明。（+）

（17）如果他好认真，那我也无话可说。（？）

如果他很认真，那我也无话可说。（+）

上面两组例子，每组第一例的前呼句都带感叹语气，句式很难成立，但是换成陈述语气后，句式便能成立（见每组第二例）。这是因为，“感叹句是抒发某种强烈感情的句子”（邢福义，1996），这与有标假设复句前呼句的语义表达不太吻合，所以有标假设复句前呼句很难带上感叹语气。现实生活中，我们也很少见到有标假设复句前呼句带感叹语气的情况。

我们再来看看有标假设复句前呼句带祈使语气的情况。

（18）如果请你给他的书写序，你会同意吗？

（19）如果要你上战场，你怕不怕？

前例的前呼句带有请求性祈使语气，后例前呼句中的“要”，据《现代汉语八百词》（增订本），既可以作动词，也可以作助动词，还可以作连词。此处的“要”作动词，属第三个义项，即“请求，要求”之意（吕叔湘，1999）。因此，后例前呼句带有命令性祈使语气。同时我们注意到，祈使句一旦充当有标假设复句的前呼句，其所携带的某种祈使语气就会有所减弱。在上面两例中，前例前呼句携带的请求性祈使语气和后例前呼句携带的命令性祈使语气都有所减缓。

继续看两个实际用例。

（20）如果请你代办，你这个交涉，预备怎么一个办法？（高阳《慈禧全传》）

（21）如果要我举荐，我举麟梅谷。（高阳《慈禧全传》）

另外，并非所有祈使句都能充当有标假设复句的前呼句。

（22）如果别唱了，你会不会生气？（？）

如果你别唱了，你会不会生气？（？）

如果求你别唱了，你会不会生气？（+）

如果我求你别唱了，你会不会生气？（+）

（23）如果千万（不）要喝酒，你会答应吗？（？）

如果你千万（不）要喝酒，你会答应吗？（？）

如果求你千万（不）要喝酒，你会答应吗？（+）

如果我求你千万（不）要喝酒，你会答应吗？（+）

上面两组例子，第一组中的“别唱了”“你别唱了”“求你别唱了”“我求你别唱了”都是祈使句，可前面两个不能充当有标假设复句的前呼句，而后面两个却可以充当有标假设复句的前呼句。第二组中的“千万（不）要喝酒”“你千万（不）要喝酒”“求你千万（不）要喝酒”“我求你千万（不）要喝酒”都是祈使句，但是头两个不能充当有标假设复句的前呼句，而后两个却可以充当有标假设复句的前呼句。由此可见，祈使句能否充当有标假设复句前呼句，取决于它自身能否与所处句法语义环境兼容。

最后，我们来看看有标假设复句前呼句带疑问语气的情况。总的说来，如果是完整的有标假设复句，即既有前呼句，又有后应句，则前呼句很难携带疑问语气。但是，如果是前呼句单用，诚如邢福义（2001a）所言，则其后又可携带疑问语气。不过，即便是这种情况，也并非所有疑问句都可以充当有标假设复句的前呼句。试比较以下例句。

（24）如果他去呢？（+）

（25）如果他去？（？）

（26）如果他去吗？（-）

（27）如果他去还是不去呢？（-）

（28）如果他去不去呢？（-）

（29）如果谁去呢？（-）

观察可知，即使是有标假设复句前呼句单用，除了是非问句外，其他问句，譬如列项选择问句、正反选择问句、特指问句等，都不能充当有标假设复句的前呼句。而且，就算是是非问句，也要受到“句管控”的制约。邢福义（2001a）指出：“假设分句‘如果……’可以单独用来提问，但要求带‘呢’。”上面第二例句末没带“呢”，一般情况下不能这么问，特殊情况下，比如：甲是某公司董事长，乙是甲的秘书，甲因为不知道派谁去跟一家美国公司谈生意而发愁，甲对乙说：“这么大的生意，好像派谁去都不放心。”乙回应道：“如果张明去呢？”甲沉思了一会儿，道：“如果他去？嗯，那倒可以考虑，我都差点忘记了，去年那笔大生意也是他谈成的对吧？”乙：“是呀！”此处的“如果他去”，就是所谓的“回声问”。可见，在特定的语法境域中，或者说在特定的句域管控中（邢福义等，2004），这种说法似乎也是可行的。至于第三例，尽管是是非问句，但句末语气助词是“吗”而不是“呢”，由于受到严格的句法语义管约，这种说法似乎很难成立。

上面我们探讨的有标假设复句的前呼句由一个小句构成，语言现实生活中，构成有标假设复句前呼句的小句有时不止一个，也就是说，其小句数目≥2。这个时候，有标假设复句前呼句由小句关联体构成。“小句关联体”的提法，受邢福义先生“小句联结律”的启发，具体指的是，两个及两个以上的小句通过句法语义关联而形成的结构体。如以下四例。

（30）①如果你聪明又勤奋，②老师肯定喜欢你。

（31）①如果你聪明又勤奋，②老师肯定喜欢你，③同学也会以你为榜样。

（32）①如果你既聪明，②又勤奋，③老师肯定喜欢你。

（33）①如果你既聪明，②又勤奋，③老师肯定喜欢你，④同学也会以你为榜样。

第一例，①小句和②小句通过句法语义关联构成小句关联体。第二例，首先是②小句和③小句通过句法语义关联构成小句关联体，然后是①小句和②③小句通过句法语义关联构成小句关联体。第三例，首先是①小句和②小句通过句法语义关联构成小句关联体；然后是①②小句和③小句通过句法语义关联构成小句关联体。第四例，首先是①小句和②小句通过句法语义关联构成小句关联体，③小句和④小句通过句法语义关联构成小句关联体；然后①②小句和③④小句通过句法语义关联构成小句关联体。上面四例中小句关联体构成情况的框式简图，如图3-1 至图 3-4 所示。

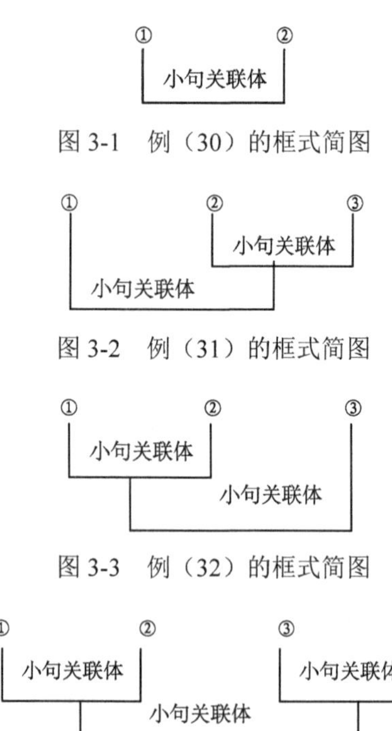

图 3-4　例（33）的框式简图

由以上分析我们得知：第一，小句关联体的最小构件是小句；第二，小句关联体既可以由小句与小句关联而成，也可以由小句与小句关联体（或者小句关联体与小句）关联而成，还可以由小句关联体与小句关联体关联而成。

为了便于说明问题，我们接下来对有标假设复句前呼句的讨论，只涉及那些由两个小句关联而成的小句关联体。如果从关系类型看，有标假设复句前呼句能包孕的小句关联体有以下十二类。

第一类：因果型小句关联体。

（34）如果你学习不刻苦，所以成绩一直上不去，那你要好好反思。

（35）如果因为你学习不刻苦，成绩一直上不去，那你要好好反思。

（36）如果因为你学习不刻苦，所以成绩一直上不去，那你要好好反思。

（37）如果你之所以成绩一直上不去，就是因为学习不刻苦，那你要好好反思。

因果型小句关联体与有标假设复句前呼前置式假设关系标记的兼容性较强。如上例所示，从因果次序看，不管是由因导果式（前三例），还是由果溯因式（最后一例），都可以被前呼前置式假设关系标记所引领。从因果型小句关联体的关系标记看，不管是后应型因果关系标记单用式（第一例），还是前呼型因果关系标记单用式（第二例），抑或是前呼型因果关系标记与后应型因果关系标记合用式（第三、四例），都可以被前呼前置式假设关系标记所引领。与此相对应的是，因果型小句关联体与有标假设复句前呼后置式假设关系标记的兼容性很弱。例如以下四句。

（38）你学习不刻苦，所以成绩一直上不去的话，那你要好好反思。（？）

（39）因为你学习不刻苦，成绩一直上不去的话，那你要好好反思。（？）

（40）因为你学习不刻苦，所以成绩一直上不去的话，那你要好好反思。（？）

（41）你之所以成绩一直上不去，就是因为学习不刻苦的话，那你要好好反思。（？）

上面四例与原来四例相比，不同之处在于将前呼前置式假设关系标记“如果”换成了前呼后置式假设关系标记“的话”，其余都没变。可是上面四例给人以突兀、别扭、不通顺之感，因此一般不这么说。

第二类：推断型小句关联体。

（42）如果说我既然来了，就不许再走，那他呢？

（43）如果说既是中共党员，就应率先垂范，那请问你做到了没有？

推断型小句关联体与有标假设复句前呼前置式假设关系标记的兼容性较弱，突出表现在：有标假设复句前呼前置式假设关系标记不能引领的推断型小句关联体，为数不少。比如，由“可见”这样的后应型推断关系标记参与构成的小句关联体就是前呼前置式假设关系标记所不能引领的。另外，能被有标假设复句前呼前置式假设关系标记引领的推断型小句关联体，对“如果说”这样的前呼前置式假设关系标记有着优先选择性。至于前呼后置式假设关系标记，推断型小句关联体与它的兼容性就更弱了。

（44）我既然来了，就不许再走的话，那他呢？（？）

（45）既是中共党员，就应率先垂范的话，那请问你做到了没有？（？）

由上可知，能被“如果说”这样的前呼前置式假设关系标记引领的推断型小句关联体，却很难被“的话”这样的前呼后置式假设关系标记引领。

第三类：假设型小句关联体。

（46）如果他要是对你好一分，你就会对他好十分，那我对你这么好，怎么从来就没见你对我好过呢？

（47）如果她要是一天不理你，你就会坐立不安，那表明你确实很在乎她。

上面两例，“如果”是前呼前置式假设关系标记，“要是”也是前呼前置式假设关系标记，但二者引领的对象不同，“如果”引领的是整个有标假设复句的前呼句，而“要是”引领的是假设型小句关联体的前呼句。现在我们要思考的问题是：引领整个有标假设复句前呼句的“如果”与引领假设型小句关联体前呼句的“要是”之间有何关系？

（48）要是他如果对你好一分，你就会对他好十分，那我对你这么好，怎么从来就没见你对我好过呢？

（49）要是她如果一天不理你，你就会坐立不安，那表明你确实很在乎她。

这两例相对于原来两例，不同之处在于引领整个有标假设复句前呼句的“如果”与引领假设型小句关联体前呼句的“要是”互换了一下位置。认真比较之后，我们发现，原来两例比变换之后的两例更顺口，换而言之，“如果→要是”语序优于“要是→如果”语序。为什么会这样呢？我们的理解是：对于同类型的两个关系标记A、B，如果A的使用频率比B高，使用范围比B广，那么，相对说来，“A→B”语序优于“B→A”语序。就“如果”和“要是”而言，二者都是前呼前置式假设关系标记，但“如果”的使用频率比“要是”高，使用范围比“要是”广，因此，“如果→要是”语序优于“要是→如果”语序。

另外需要注意的是，要把下面的情况与我们这里讨论的情况区分开来。

（50）如果其他商店的营业员要是把机油和香油当一回事，把砒霜和珍珠混为一谈，就要产生极大麻烦了！（《长江日报》1998年7月6日）

（51）如果谁要是伤害了她，我就不会原谅，迟早会向伤害她的人算账的！（路遥《平凡的世界》）

这两例尽管形式上与我们所讨论的假设型小句关联体充当有标假设复句前呼句的情况很相似，但事实上不是。前例中，充当有标假设复句前呼句的是并列型小句关联体；后例中，充当有标假设复句前呼句的是小句而非小句关联体。

第四类：条件型小句关联体。

（52）如果只要他一出马，这事就能办成，那你就派他去好了。

（53）如果只有他出马，这事才能办成，那你就派他去好了。

如上两例所示，“只要”“只有”等前呼前置式条件关系标记引领的条件型小句关联体能充当有标假设复句的前呼句，为“如果”这样的前呼前置式假设关系标记所引领。不过我们也注意到，同样都是前呼前置式条件关系标记，“除非”引领的条件型小句关联体却较难充当有标假设复句的前呼句。

（54）如果除非他出马，这事才能办成，那你就派他去好了。（？）

第五类：目的型小句关联体。

（55）如果为了伸张正义，他连生命都在所不惜，那他也真是一条硬汉子。

（56）如果领导一定要我们守在工地上，以免丢失钢材等重要物资，那我们就按照领导的意愿办事吧。

（57）如果她非得让我们打扮成这样，借以显示她的时尚风格，那我们也毫无办法。

不管是“为了”这样的前呼前置式目的关系标记，还是“以免”“借以”这样的后应前置式目的关系标记，其所引领的目的型小句关联体都可以充当有标假设复句的前呼句，为“如果”之类的前呼前置式假设关系标记所引领。

第六类：并列型小句关联体。

（58）如果他一面看书，一面哼小曲，那说明他今天心情不错。

（59）如果生的孩子既聪明，又健康，那做父母的肯定开心啦。

（60）如果他不做，你也不做，那这事谁来做？

（61）如果他不是在看书，而是在偷偷看电视，你会骂他吗？

（62）如果孩子做也罢，不做也罢，那不是放任自流吗？

由以上例句可以看出，并列型小句关联体比较容易充当有标假设复句的前呼句，表现在很多并列型小句关联体都能被“如果”这样的前呼前置式假设关系标记所引领。

第七类：连贯型小句关联体。

（63）如果他先送你回家，然后自己回去，那他确实很懂事。

（64）如果他刚吃过晚饭，接着又吃了一个十斤的大西瓜，那他确实能吃。

（65）如果他直到看不见你的身影，这才缓缓离开，那表明他还是舍不得你。

不难看出，无论是前呼前置式连贯关系标记“先”与后应前置式连贯关系标记“然后”合用，还是后应前置式连贯关系标记“接着”“这才”单用，其构成的连贯型小句关联体都能充当有标假设复句的前呼句。

第八类：选择型小句关联体。

（66）如果要么在北京发展，要么在上海发展，你会选择哪个城市？

（67）如果不是在北京发展，就是在上海发展，你会选择哪个城市？

上面两例，前例中的“要么……要么……”，后例中的“不是……就是……”都属于选择关系标记的合用形式，由它们参与构成的选择型小句关联体都能充当有标假设复句的前呼句，为“如果”这样的前呼前置式假设关系标记所引领。但同时我们也必须看到，并非所有选择关系标记的合用形式参与构成的选择型小句关联体都能充当有标假设复句的前呼句。

（68）如果是在北京发展，还是在上海发展，你会选择哪个城市？（一）

这里的“是……还是……”也是选择关系标记的合用形式，但是，其参与构成的选择型小句关联体却很难充当有标假设复句的前呼句。

第九类：递进型小句关联体。

（69）如果他不仅文化素质高，道德素质也很优秀，那很多用人单位都会抢着要。

（70）如果他不仅不生气，反而很高兴，那他的确是胸襟宽广。

上面两例，“不仅”是前呼前置式递进关系标记，“也”“反而”是后应前置式递进关系标记。可以看出，由“不仅……也……”“不仅……反而……”参与构成的递进型小句关联体能充当有标假设复句的前呼句。语言生活实践告诉我们，很多递进关系标记参与构成的递进型小句关联体都能充当有标假设复句的前呼句；当然，也有少量递进关系标记参与构成的递进型小句关联体不能充当有标假设复句的前呼句。

（71）大人尚且提不动，何况是个五岁的小孩呢。→

如果大人尚且提不动，何况是个五岁的小孩呢。（＋）

如果大人尚且提不动，何况是个五岁的小孩呢，____________。（一）

上面这组例子，第一例是前呼前置式递进关系标记“尚且”与后应前置式递进关系标记“何况”通过合用方式构成的递进型小句关联体。第二例相对于第一例而言，增加了“如果”这个前呼前置式假设关系标记，整个句式属于“假设＋递进”型小句关联体。显然，第二例也不属于递进型小句关联体充当有标假设复句前呼句的情况，因为充当有标假设复句前呼句的是递进型小句关联体的前呼句而不是递进型小句关联体。第三例是我们试图将“大人尚且提不动，何况是个五岁的小孩呢”这个递进型小句关联体作为有标假设复句的前呼句，然后在其后续上有标假设复句的后应句，但事实证明行不通。

第十类：转折型小句关联体。

（72）如果他很聪明，但是读书不用功，你会不会喜欢他？

（73）如果他总分过线了，然而英语差一分，可不可以调剂到西部高校去？

上面两例，“但是”“然而”都属于后应前置式转折关系标记，由它们参与构成的转折型小句关联体可以充当有标假设复句的前呼句，为“如果”等前呼前置式假设关系标记所引领。诸如此类的后应前置式转折关系标记还有“但”“可”“可是”“不过”等。

第十一类：让步型小句关联体。

（74）如果他虽然文化素质不错，但是道德素质低劣，你们会不会录用他？

（75）如果他即使在读书，也是有口无心，又怎能提高成绩？

（76）如果他尽管口才不怎么好，但是心地善良，那还是可以考虑跟他继续交往下去。

（77）如果无论你说什么，他都不答应，那也没必要跟他继续纠缠下去了。

（78）如果他宁可死，也不出卖革命战友，那他是真正的英雄。

如上几例所示，由前呼前置式让步关系标记“虽然”“即使”“尽管”“无论”“宁可”等引领的让步型小句关联体，都可以充当有标假设复句的前呼句。除此之外，“即便”“即令”“不管”“不论”等前呼前置式让步关系标记引领的让步型小句关联体，也可以充当有标假设复句的前呼句。

第十二类：假转型小句关联体。

（79）如果一定要你去，否则工作无法开展，那怎么办？

（80）如果一定要你去，不然工作无法开展，那怎么办？

（81）如果一定要你去，要不然工作无法开展，那怎么办？

（82）如果一定要你去，要不工作无法开展，那怎么办？

以上四例，其中的假转型小句关联体分别由“否则”“不然”“要不然”“要不”等后应前置式假转关系标记参与构成。

3.2.2　有标假设复句的后应句

有标假设复句的后应句既可以是小句，也可以是小句关联体。如果是前者，一般由谓词性结构充当。

（83）如果他愿意到这边来跟我们一起工作，那好啊。

（84）如果他愿意到这边来跟我们一起工作，那很好啊。

（85）如果他愿意到这边来跟我们一起工作，那我们肯定拍手叫好。

上面三例，有标假设复句的后应句分别由“好”“很好”“我们肯定拍手叫好”等谓词性结构充当。有时候，从词面上看，也会遇到非谓词性结构充当有标假设复句后应句的情况。

（86）如果他愿意到这边来跟我们一起工作，那你呢？

从词面上看，此有标假设复句的后应句由“你”这个非谓词性结构充当。但事实上，这里的后应句是承前省略了谓词性成分。如果将其补充完整，可以表达为下面句子。

（87）如果他愿意到这边来跟我们一起工作，那你愿不愿意到这边来跟我们一起工作呢？

若是从所携带的语气类型看，有标假设复句后应句比前呼句要自由得多。邢福义（1996）指出：“假设式是使用最广的复句句式，后分句可以用陈述、疑问、祈使、感叹等语气。”

有标假设复句后应句与前呼句都能比较自由地携带陈述语气，这里就不再细说了。至于有标假设复句后应句携带疑问语气的情况，本书后面专门有一章针对这种情况予以讨论，故此处不再赘言。这里要重点讨论的是有标假设复句后应句携带祈使语气以及感叹语气的情况。先看有标假设复句后应句携带祈使语气的情况。

（88）如果你真的愿意为我们的将来着想，求你以后不要再伤害他。

（89）如果你真的愿意为我们的将来着想，请你抓紧时间学习。

（90）如果你真的愿意为我们的将来着想，那你以后再也不要吸烟了。

（91）如果你真的愿意为我们的将来着想，那我以后再不许你赌博了。

上面四例有标假设复句，总的说来其后应句都携带了祈使语气。具体一点讲，第一例表达的是一种恳求性、哀求性的祈使语气，第二例表达的是一种请求性的祈使语气，第三例表达的是一种奉劝性的祈使语气，第四例表达的是一种命令性、禁止性的祈使语气。可以看出，有标假设复句后应句携带祈使语气是非常自由的。语言实际生活中，这样的例子也不少。

（92）如果我是铁，请把我留在熔炉里。（戴厚英《诗人之死》）

（93）万岁爷如果体恤珍贵妃，就千万别出屋子了。（高阳《慈禧全传》）

（94）如果你怀疑，你不要冒这个险。（李碧华《青蛇》）

再看看有标假设复句后应句携带感叹语气的情况。

（95）如果他能时时刻刻心怀天下，情系百姓，那可真是不简单啊！

（96）如果他能时时刻刻心怀天下，情系百姓，那该多好啊！

前例表达了说话人一种赞美之情，后例表达了说话人一种惋惜之情。看几个实际用例。

（97）一家三口，其实难得有这十天八天的假期。我们白天开车去逛城市，购买家用杂物，正正式式地游山玩水，吃喝玩乐，其乐融融。如果日子能一生如此，快乐死了！（梁凤仪《风云变》）

（98）于是，索普开始他有准备的发言：“听说石井四郎在接受预审时大放厥词，公然胡说杜鲁门总统更比他罪大恶极，简直把我的肺都气炸了！如果法律允许，我非两刀把石井砍成三截不可！”他一副忍无可忍的神态：“我建议远东国际军事法庭提前开庭，早日将这个罪行累累的战争罪犯处以极刑，以大快人心！”（黄鹤逸《东京大审判》）

（99）见此光景，罗龙文知道，自己如果有所陈说，赵忠必定照办，那就不妨从容些。所以陪着他谈砚台，滔滔不绝地，惹得妙善都厌烦了。“你们两位，能不能换件事谈谈？如果再谈砚台，看我不叫人砸碎了它！”说着，她作势要去取砚。“动不得，动不得！”赵忠告饶似地说：“我们不谈这个了，谈别的。”（高阳《草莽英雄》）

（100）现在，这个被他隔卡掉了的彩彩，专程赶到奶牛场来，代表他的老伴和儿子来看望他了。如果彩彩现时真的和马驹有那一层意思，自己怎么对人家娃娃说话呢！“俺婶说，叫你晚上睡觉，把被子盖严。”彩彩说，“万一拉肚子，吃点土霉素，要是红白痢，吃‘痢特灵’，吃法用量我给你写在纸袋上……”“噢噢噢……”景藩老汉只是点头，其实什么也没记住。他还在想：绕了一周八匝，马驹还是和彩彩……“马驹哥说，叫你干活时甭太过分，小心累下毛病……”彩彩说。“噢噢噢……”景藩老汉自己更窘了：咱真是对不住人家娃娃哩！（陈忠实《初夏》）

（101）王家烈接过钱，开了借条，自然欢天喜地，但他走出门口，却又不免心里酸酸地难受。如果不是薛岳占了他的老窝，又何至于落到这种讨饭吃的田地！想到此处，不禁凄然飘下两点眼泪。（魏巍《地球的红飘带》）

人类的感情是很丰富的，人们可以通过语言表达各种各样的情感。如上述例句所示，第一例有标假设复句的后应句表达了说话人一种非常高兴的感情。第二例有标假设复句的后应句表达了说话人索普极其愤怒的感情。第三例有标假设复句的后应句表达的是说话人妙善一种厌倦、烦躁的感情。第四例有标假设复句的后应句表达了景藩老汉窘迫、懊悔之情。第五例有标假设复句的后应句表达了王家烈怨恨、哀伤之情。

很多时候，充当有标假设复句后应句的不是小句而是小句关联体。这些小句关联体，构件数目多少不一，我们这里只讨论“两句式”小句关联体。若从关系类型看，十二类小句关联体都可以充当有标假设复句的后应句。前面我们考察有标假设复句前呼句的时候，也较为详细地讨论了十二类小句关联体充当有标假设复句前呼句的情况。有鉴于此，我们不妨将二者作一比较，以获知其异同。

第一类：因果型小句关联体。

（102）如果他最终能被哈佛大学录取，那是因为去年的国际数学奥赛他获得了金牌，校方觉得他是个顶尖级人才。

（103）如果他最终能被哈佛大学录取，那是去年的国际数学奥赛他获得了金牌，因此校方觉得他是个顶尖级人才。

（104）如果他最终能被哈佛大学录取，那是因为去年的国际数学奥赛他获得了金牌，所以校方觉得他是个顶尖级人才。

相比较而言，因果型小句关联体充当有标假设复句后应句没有它充当有标假设复句前呼句那么自由。突出表现在由“所以……是因为……”“之所以……是因为……”等参与构成的由果溯因式因果型小句关联体很难充当有标假设复句后应句，但却可以充当有标假设复句前呼句。当然，我们同时也应注意到其他由果溯因式因果型小句关联体可以充当有标假设复句后应句的情况。

（105）如果是力所能及，他肯定会帮你，因为帮你就是帮他。（+）

（106）如果是力所能及，他所以肯定会帮你，是因为帮你就是帮他。（－）

（107）如果是力所能及，他之所以肯定会帮你，是因为帮你就是帮他。（－）

这三例中的画线部分都是由果溯因式因果型小句关联体，第一例中的画线部分可以充当有标假设复句后应句，第二、三例中的画线部分不能充当有标假设复句后应句。

第二类：推断型小句关联体。

（108）如果他还是死缠住你不放，那既然他如此顽固不化，你就应该采取法律手段维护自己的权益。

（109）如果要我说，这种事他都肯为你做，可见他对你确实是忠心耿耿。

由前呼前置式推断关系标记“既然”“既”等参与构成的推断型小句关联体，既可以充当有标假设复句前呼句，也可以充当有标假设复句后应句，这是二者的共同点。由后应前置式推断关系标记“可见”“由此可见”等参与构成的推断型小句关联体很难充当有标假设复句前呼句，却可以充当有标假设复句后应句，这是二者的不同点。

第三类：假设型小句关联体。

（110）如果说其中有什么道理，那就是要想使自己成为一名合格的语言学研究人员，就得有敏锐的观察力以及虚心求教的精神。

（111）如果他最终肯帮你，那是因为他若不帮你，就对不住十年前的承诺。

（112）如果他最终肯帮你，那是因为他不帮你的话，就对不住十年前的承诺。

总的说来，假设型小句关联体不管是充当有标假设复句前呼句还是充当有标假设复句后应句，都要受到一定的限制。或许正是出于这个原因，语言现实生活中，假设型小句关联体充当有标假设复句前呼句或者后应句的情况并不是很普遍。

第四类：条件型小句关联体。

（113）如果想渡过难关，那只要请他出马，一切问题都会迎刃而解。

（114）如果想渡过难关，那只有请他出马，才有一丝希望。

（115）如果想渡过难关，那除非请他出马，才有一丝希望。

分析比较可知，由前呼前置式条件关系标记“只要”“只有”等参与构成的条件型小句关联体，既可以充当有标假设复句前呼句，也可以充当有标假设复句后应句，这是二者的共性所在。另一方面，由前呼前置式条件关系标记“除非”引领的条件型小句关联体很难充当有标假设复句前呼句，但却可以充当有标假设复句后应句，这又体现了二者的个性特征。

第五类：目的型小句关联体。

（116）如果组织已经作出决定，那为了维护集体利益，我愿意牺牲个人利益。

（117）如果组织已经作出决定，那我愿意牺牲个人利益，借以维护集体利益。

（118）如果组织已经作出决定，那我愿意牺牲个人利益，以免集体利益受损。

无论是前呼前置式目的关系标记“为了”，还是后应前置式目的关系标记“借以”“以免”，其所构成的目的型小句关联体既可以充当有标假设复句前呼句，也可以充当有标假设复句后应句。不过相对而言，目的型小句关联体充当有标假设复句后应句的自由度更高。

第六类：并列型小句关联体。

（119）如果双方都互相尊重，那就有利于生意上的合作，也有利于私人感情的建立。

（120）如果双方都互相尊重，那就既有利于生意上的合作，又有利于私人感情的建立。

（121）如果双方都互相尊重，那一方面有利于生意上的合作，另一方面有利于私人感情的建立。

（122）如果双方都互相尊重，那就不是有害于生意上的合作，而是有利于生意上的合作。

（123）如果我们采取放任自流的态度，那就会做也罢，不做也罢。

观察可知，“……也……”“既……又……”“一方面……另一方面……”“不是……而是……”“也罢……也罢……”等并列关系标记参与构成的并列型小句关联体，既可以充当有标假设复句前呼句，又可以充当有标假设复句后应句。由此可见，并列型小句关联体充当有标假设复句前呼句或者后应句的自由度都比较高。

第七类：连贯型小句关联体。

（124）如果他有点医学常识，就应该先给你止血，接着将你火速送往医院。

（125）如果他有点医学常识，就应该先给你止血，然后将你火速送往医院。

（126）如果他有点医学常识，就应该先给你止血，再将你火速送往医院。

从上述三句中不难看出，连贯型小句关联体既可以比较自由地充当有标假设复句前呼句，又可以比较自由地充当有标假设复句后应句。

第八类：选择型小句关联体。

（127）如果船上只有一个救生圈，那你是留给自己用，还是留给别人用呢？

（128）如果船上只有一个救生圈，那你要么留给自己用，要么留给别人用。

（129）如果船上只有一个救生圈，那你不是留给自己用，就是留给别人用。

（130）如果船上只有一个救生圈，那你或者留给自己用，或者留给别人用。

比较之后，我们发现：一方面，“要么……要么……”“不是……就是……”“或者……或者……”等选择关系标记参与构成的选择型小句关联体既可以充当有标假设复句前呼句，也可以充当有标假设复句后应句。另一方面，由“是……还是……”构成的选择型小句关联体很难充当有标假设复句前呼句，但却可以充当有标假设复句后应句。

第九类：递进型小句关联体。

（131）如果他想捉弄我们，不仅大人不会上当，小孩也不会上当。

（132）如果他想捉弄我们，小孩尚且不会上当，更何况是大人呢。

（133）如果他想捉弄我们，小孩都不会上当，大人就更不用说了。

（134）如果他想捉弄我们，我们非但不会上当，反而会倒过来捉弄他一下。

我们注意到：一方面，由“不仅……也……”“不仅……而且……”“非但……反而……”“不仅……反而……”等递进关系标记参与构成的递进型小句关联体，既可以充当有标假设复句前呼句，也可以充当有标假设复句后应句；另一方面，由“尚且……（更）何况……”“（连）都……更……”等参与构成的递进型小句关联体很难充当有标假设复句前呼句，却能充当有标假设复句后应句。

第十类：转折型小句关联体。

（135）如果他做得不好，你可以处罚他，但要注意方式方法。

（136）如果他做得不好，你可以处罚他，然而要注意方式方法。

通过上述两例不难发现，由后应前置式转折关系标记“但”“然而”“但是”“可是”等参与构成的转折型小句关联体既能充当有标假设复句前呼句，也能充当有标假设复句后应句。因此，可以说转折型小句关联体充当有标假设复句前呼句或者后应句的自由度是比较高的。

第十一类：让步型小句关联体。

（137）如果他做得不好，虽然你可以处罚他，但要注意方式方法。

（138）如果他做得不好，即使你可以处罚他，也要注意方式方法。

（139）如果他做得不好，尽管你可以处罚他，但也要注意方式方法。

（140）如果他做得不好，无论你是否会处罚他，都要注意方式方法。

（141）如果他做得不好，你宁可多批评他几句，也不要体罚他。

总的说来，由“虽然……但……”“即使……也……”“尽管……但……”“无论……都……”“宁可……也……”等参与构成的让步型小句关联体，既可以比较自由地充当有标假设复句前呼句，也可以比较自由地充当有标假设复句后应句。

第十二类：假转型小句关联体。

（142）如果是这样，那不能告诉经理，否则我们的计划就泡汤了。

（143）如果是这样，那不能告诉经理，不然我们的计划就泡汤了。

（144）如果是这样，那不能告诉经理，要不然我们的计划就泡汤了。

（145）如果是这样，那不能告诉经理，要不我们的计划就泡汤了。

从上面四例可以看出，由后应前置式假转关系标记“否则”“不然”“要不然”“要不”等参与构成的假转型小句关联体可以充当有标假设复句前呼句，也可以充当有标假设复句后应句。

3.3　有标假设复句语里关系考察

我们这里所说的有标假设复句的语里关系，就是有标假设复句前呼句与后应句之间的语义关系。根据二者之间关系数量的多少，可以将其分为单纯型语里关系和复合型语里关系。所谓单纯型语里关系是指有标假设复句前呼句与后应句之间只有一种关系，即假设关系；而复合型语里关系则是指有标假设复句前呼句与后应句之间除了假设关系外，还有其他类型的关系。可见，有标假设复句语里关系一个很重要的特征就是单纯型语里关系与复合型语里关系并存。鉴于不少学者围绕有标假设复句单纯型语里关系做了很多有益探讨，我们这里不再赘述。下面要重点讨论的是有标假设复句的复合型语里关系。复合型语里关系又可以分为两类，一类是“双合型”语里关系，另一类是“三合型”语里关系。顾名思义，如果涉及的是两种复句关系的复合，则是“双合型”语里关系；如果涉及的是三种复句关系的复合，则是“三合型”语里关系。

3.3.1　有标假设复句的“双合型”语里关系

据我们的考察，有标假设复句中，“双合型”语里关系总共有十种，内容如下。

3.3.1.1　“假设＋因果”型

顾名思义，这种类型的有标假设复句，前呼句和后应句之间除了假设关系，还有因果关系。

（146）如果他愿意替你干这事，那是因为他想报恩。（“假设＋因果”型有标假设复句）→

{ 如果他愿意替你干这事，那是他想报恩。（假设型小句关联体）
他愿意替你干这事，因为他想报恩。（因果型小句关联体）

（147）如果他迟迟不肯露面，那是因为怕被你抓到。（“假设＋因果”型有标假设复句）→

{ 如果他迟迟不肯露面，那是怕被你抓到。（假设型小句关联体）
他迟迟不肯露面，因为怕被你抓到。（因果型小句关联体）

这两组例子的第一例都是“假设＋因果”型有标假设复句，其中，前呼句由前呼前置式假设关系标记“如果”引领，后应句由后应前置式假设关系标记“那”

和后应前置式因果关系标记“是因为”共同引领。从构造的角度看，“假设＋因果”型语里关系可以看作是假设关系和因果关系复合而成，“假设＋因果”型有标假设复句可以看作是假设型小句关联体和因果型小句关联体复合而成。正因为如此，如上面例句所示，“假设＋因果”型有标假设复句可以分解成假设型小句关联体和因果型小句关联体。

仔细观察可以知道，准确地讲，“假设＋因果”型有标假设复句由假设型小句关联体和由果溯因式因果型小句关联体复合而成。试比较以下例句。

（148）如果他愿意替你干这事，那是他想报恩。　（假设型小句关联体）
他愿意替你干这事，因为他想报恩。（由果溯因式因果型小句关联体）
如果他愿意替你干这事，那是因为他想报恩。（“假设＋因果”型有标假设复句）

（149）如果他想报恩，他就愿意替你干这事。　（假设型小句关联体）
他因为想报恩，所以愿意替你干这事。（由因导果式因果型小句关联体）
如果他因为想报恩，所以就愿意替你干这事。（一）

（150）如果他迟迟不肯露面，那是怕被你抓到。　（假设型小句关联体）
他迟迟不肯露面，因为怕被你抓到。（由果溯因式因果型小句关联体）
如果他迟迟不肯露面，那是因为怕被你抓到。（“假设＋因果”型有标假设复句）

（151）如果他怕被你抓到，就会迟迟不肯露面。　（假设型小句关联体）
他因为怕被你抓到，所以迟迟不肯露面。（由因导果式因果型小句关联体）
如果他因为怕被你抓到，所以就迟迟不肯露面。（一）

第一组例子中，第一例是假设型小句关联体，第二例是由果溯因式因果型小句关联体，二者可以合二为一，复合成为“假设＋因果”型有标假设复句，即第三例。第二组例子中，第一例是假设型小句关联体，第二例是由因导果式因果型小句关联体，但二者不能复合成为“假设＋因果”型有标假设复句。在第三例中，二者所构成的句式不完整，因而句式不成立。如果再续上一个后应句，句式就成立了：“如果他因为想报恩，所以就愿意替你干这事，那他也还算是一个知恩图报的人。”不过即使如此，所构成的句式仍然不是“假设＋因果”型有标假设复句。第三组例子情况类似于第一组例子，第四组例子情况类似于第二组例子。这里就不一一详说了。所以，假设型小句关联体与由果溯因式因果型小句关联体可以复合成为“假设＋因果”型有标假设复句，而假设型小句关联体与由因导果式因果型小句关联体却不能复合成为“假设＋因果”型有标假设复句。

另外，并非所有由果溯因式因果型小句关联体都能与假设型小句关联体复合成为“假设＋因果”型有标假设复句，比如以下几组例句情况。

（152）如果他愿意替你干这事，那是他想报恩。　　（假设型小句关联体）
他之所以愿意替你干这事，是因为他想报恩。（由果溯因式因果型小句关联体）
如果他之所以愿意替你干这事，那是因为他想报恩。（－）

（153）如果他愿意替你干这事，那是他想报恩。　　（假设型小句关联体）
他所以愿意替你干这事，是因为他想报恩。（由果溯因式因果型小句关联体）
如果他所以愿意替你干这事，那是因为他想报恩。（－）

（154）如果他愿意替你干这事，他就是想报恩。　　（假设型小句关联体）
他之所以愿意替你干这事，是因为他想报恩。（由果溯因式因果型小句关联体）
如果他之所以愿意替你干这事，就是因为他想报恩。（－）

（155）如果他愿意替你干这事，他就是想报恩。　　（假设型小句关联体）
他所以愿意替你干这事，是因为他想报恩。（由果溯因式因果型小句关联体）
如果他所以愿意替你干这事，就是因为他想报恩。（－）

上面四组例子，每组的第一例都是假设型小句关联体，每组的第二例都是由果溯因式因果型小句关联体，可是这里的由果溯因式因果型小句关联体却不能与假设型小句关联体复合成为“假设＋因果”型有标假设复句。具体说来，第一组的第一例和第二例复合而成的句式不通顺（见第一组第三例），但若将其中的“之所以”去掉，句式就成立了。由此可见，“之所以……是因为……”参与构成的由果溯因式因果型小句关联体很难与假设型小句关联体复合成为“假设＋因果”型有标假设复句。第二组的情况与第一组类似，要想第一例与第二例复合而成的句式成立，就需要将其中的“所以”去掉。可见，由“所以……是因为……”参与构成的由果溯因式因果型小句关联体也很难与假设型小句关联体复合成为“假设＋因果”型有标假设复句。第三组例子中，第一例和第二例复合而成的句式（即第三例）不完整，给人以话没说完的感觉。但要是再续上一个后应句，变成“如果他之所以愿意替你干这事，就是因为他想报恩，那他也算得上是一个知恩图报的人”，句式就成立了。不过即便如此，所构成的句式也不是“假设＋因果”型有标假设复句，这个时候，由果溯因式因果型小句关联体充当整个有标假设复句前呼句，为前呼前置式假设关系标记“如果”所引领。第四组的情况与第三组相似，这里就不再赘言。总之，由“之所以……是因为……”“所以……是因为……”等参与构成的由果溯因式因果型小句关联体都很难与假设型小句关联体复合成为“假设＋因果”型有标假设复句。

3.3.1.2 “假设＋推断”型

这种类型的有标假设复句，前呼句和后应句之间在假设关系的基础上还复合了推断关系。

（156）如果他在你最艰难的时刻肯出手帮你，那表明他确实是一位值得深交的朋友。（“假设＋推断”有标假设复句）→

如果他在你最艰难的时刻肯出手帮你，那他确实是一位值得深交的朋友。（假设型小句关联体）

他在你最艰难的时刻肯出手帮你，表明他确实是一位值得深交的朋友。（推断型小句关联体）

（157）如果他敢向世界拳王挑战，那说明他的确是初生牛犊不怕虎。（“假设＋推断”有标假设复句）→

如果他敢向世界拳王挑战，那他的确是初生牛犊不怕虎。（假设型小句关联体）

他敢向世界拳王挑战，说明他的确是初生牛犊不怕虎。（推断型小句关联体）

上面两组例子，每组第一例都是“假设＋推断”型有标假设复句，前呼句由前呼前置式假设关系标记“如果”引领，后应句里既有后应前置式假设关系标记“那”，也有暗示推断关系的“表明”“说明”等。从语义组构看，前呼句和后应句之间的“假设＋推断”型语里关系可以看作是假设关系与推断关系的复合。从句式组构看，“假设＋推断”型有标假设复句可以看作是假设型小句关联体与推断型小句关联体的复合。所以，如上所示，我们可以将“假设＋推断”型有标假设复句分解成为假设型小句关联体和推断型小句关联体，从而更好地理解它的构造机制。

又如下面两句。

（158）如其抱怨，不如去做点实际工作。

（159）如其买到冰箱后只发挥有限的冷藏腌菜功能，不如暂时“割爱”。

如上所示，这两例的前呼句和后应句之间除了假设关系之外，还有择优推断关系。

不过我们也必须看到，并不是任何推断型小句关联体都可以与假设型小句关联体复合成为“假设＋推断”型有标假设复句。例如以下两组例句。

（160）如果他在你最艰难的时刻肯出手帮你，那他确实是一位值得深交的朋友。（假设型小句关联体）

他既然在你最艰难的时刻肯出手帮你，那他确实是一位值得深交的朋友。（推断型小句关联体）

如果他既然在你最艰难的时刻肯出手帮你，那他确实是一位值得深交的朋友。（？）

（161）如果他敢向世界拳王挑战，那他的确是初生牛犊不怕虎。（假设型小句关联体）
他既然敢向世界拳王挑战，那他的确是初生牛犊不怕虎。（推断型小句关联体）
如果他既然敢向世界拳王挑战，那他的确是初生牛犊不怕虎。（？）

3.3.1.3　“假设＋条件”型

先请看几个例子。

（162）如果你想在这个地方继续待下去，就必须加倍努力地工作。

（163）如果你不想让父母太失望，就必须考上大学。

（164）如果要校长给你写推荐信，除非你确实非常优秀。

（165）如果不想让我继续说下去，除非你向我道歉。

观察可知，以上四例都是“假设＋条件”型有标假设复句。从语表形式看，前呼句由前呼前置式假设关系标记“如果”引领，后应句由后应前置式条件关系标记“必须”“除非”等引领。从语里关系看，前呼句和后应句之间除了假设关系，还有条件关系——后应句是前呼句所说事情得以实现的条件。假设关系自不待言，至于条件关系，我们可以通过解析法以及转换法使其凸显出来。

（166）如果你想在这个地方继续待下去，就必须加倍努力地工作。→
你想在这个地方继续待下去，就必须加倍努力地工作。→
只有加倍努力地工作，你才能在这个地方继续待下去。

（167）如果你不想让父母太失望，就必须考上大学。→
你不想让父母太失望，就必须考上大学。→
只有考上大学，你才不会让父母太失望。

（168）如果要校长给你写推荐信，除非你确实非常优秀。→
要校长给你写推荐信，除非你确实非常优秀。→
只有你确实非常优秀，才能要校长给你写推荐信。

（169）如果不想让我继续说下去，除非你向我道歉。→
不想让我继续说下去，除非你向我道歉。→
只有你向我道歉，我才不会继续说下去。

上述四组例子，每组第二例由第一例解析而来，第三例由第二例转换而来。不难发现，每组第三例都是典型的有标条件复句。这样看来，每组第一例确实含有条件关系。语言实际生活中，人们也会不时使用“假设＋条件”型有标假设复句。请看以下四句。

（170）如果你渴望得到某种东西，你就必须让它自由。（董懿娜《未落定的尘埃》）

（171）如果想有所联络，必须派一个不为王维城所怀疑，而又能言善道、机警谨慎的人。（高阳《八大胡同》）

（172）如果乌拉圭队想扭转形势，除非在下半时全力以赴。（《人民日报》1986年6月10日）

（173）如果要改期，除非有他的命令。（刘凤舞《民国春秋》）

必须注意的是，有些句子从语表形式上看很像“假设＋条件”型有标假设复句，可实际上前呼句和后应句之间只有假设关系，没有条件关系。也就是说这些句子只是一般的有标假设复句，而并不是“假设＋条件”型有标假设复句。

（174）如果上游地区继续有大雨，那就必须采取分洪措施。（《长江日报》1983年1月23日）

（175）如果她不能在这一个月中趁着日夜相处的机会动摇他的想法，怕是日后真的必须老死在宫中了。（席绢《花龙戏凤》）

粗略一看，这两例也是前呼句含有“如果”，后应句含有“必须”，似乎可以归入“假设＋条件”型有标假设复句。但认真观察可知，此处的“必须”并非后应前置式条件关系标记，换句话说，后应句并非前呼句所说事情得以实现的条件，验证如下。

（176）如果上游地区继续有大雨，那就必须采取分洪措施。→
上游地区继续有大雨，必须采取分洪措施。→
只有采取分洪措施，上游地区才会继续有大雨。（—）

（177）如果她不能在这一个月中趁着日夜相处的机会动摇他的想法，怕是日后真的必须老死在宫中了。→
她不能在这一个月中趁着日夜相处的机会动摇他的想法，怕是日后真的必须老死在宫中了。→
日后真的只有老死在宫中，她才不能在这一个月中趁着日夜相处的机会动摇他的想法。（—）

以上两组例子，每组的第二例由第一例解析而来，第三例由第二例转换而来。如上所示，经过解析、转换而来的第三例既违背原意，又违背常理。这也就是说，第一例的前呼句和后应句之间确实没有条件关系。

另外值得注意的是，并非所有条件关系标记引领的句式都可以与假设型小句关联体复合成为“假设＋条件”型有标假设复句。

（178）如果他给你写推荐信，你出国留学的希望就很大。（假设型小句关联体）
只要他给你写推荐信，你出国留学的希望就很大。（条件型小句关联体）
如果只要他给你写推荐信，你出国留学的希望就很大。（—）

（179）如果他给你写推荐信，你出国留学的希望就很大。（假设型小句关联体）
只有他给你写推荐信，你出国留学的希望才会很大。（条件型小句关联体）
如果只有他给你写推荐信，你出国留学的希望才会很大。（－）

（180）如果他给你写推荐信，你出国留学的希望就很大。（假设型小句关联体）
除非他给你写推荐信，你出国留学的希望才会很大。（条件型小句关联体）
如果除非他给你写推荐信，你出国留学的希望才会很大。（－）

先看第一组例子，第一例由假设关系标记“如果……就……”参与构成，第二例由条件关系标记“只要……就……”参与构成，第一例与第二例复合而成的第三例语义不完整，句式不成立。要使第三例成立，须在其后添加后应句，比如：如果只要他给你写推荐信，你出国留学的希望就很大，那你会不会请他写呢？不过这样一来，句式是成立了，但仍不属于“假设＋条件”型有标假设复句，而只是一般的有标假设复句。这是因为此时的条件型小句关联体充当整个句式的前呼句，为前呼前置式假设关系标记“如果”所引领，而前呼句和后应句之间并没有构成条件关系。第二组、第三组例子情况类同于第一组例子，这里不再赘述。

3.3.1.4　“假设＋目的”型

顾名思义，“假设＋目的”型有标假设复句的前呼句和后应句之间不仅有假设关系，也有目的关系。

（181）如果他没有当众戳穿你的真实身份，那是为了给你留一条退路。（“假设＋目的”型有标假设复句）→
如果他没有当众戳穿你的真实身份，那是给你留一条退路。（假设型小句关联体）
他没有当众戳穿你的真实身份，是为了给你留一条退路。（目的型小句关联体）

（182）如果他没有当众戳穿你的真实身份，那是免得让你无路可退。（“假设＋目的”型有标假设复句）→
如果他没有当众戳穿你的真实身份，那是让你有路可退。（假设型小句关联体）
他没有当众戳穿你的真实身份，免得让你无路可退。（目的型小句关联体）

上面两组例子，每组的第一例都是“假设＋目的”型有标假设复句。具体说来，第一组第一例的前呼句由前呼前置式假设关系标记“如果”引领，后应句由后应前置式假设关系标记“那”和后应前置式目的关系标记“是为了”共同引领。第二组第一例的前呼句也是由前呼前置式假设关系标记“如果”引领，后应句由后应前置式假设关系标记“那”和后应前置式目的关系标记“免得”共同引领。从语义组构来看，前呼句与后应句之间的“假设＋目的”型语里关系由假设关系与目的关系复合而成。从句式组构来看，“假设＋目的”型有标假设复句由假设型小句关联体与目的型小句关联体复合而成。为了更清楚地看到“假设＋目的”型有标假设复句的这一特点，我们可以将其分解成假设型小句关联体和目的型小句关联体。上述两组例句中，每组的第一例都可以分解成第二例和第三例。

不难发现，以上构成“假设＋目的”型有标假设复句的目的型小句关联体，其所含关系标记都是后应前置式目的关系标记。接下来我们要思考的是，前呼前置式目的关系标记“为了”所引领的目的型小句关联体是否也能与假设型小句关联体复合而成“假设＋目的”型有标假设复句。请看下面四组例句。

（183）如果图享受，干嘛考到军事院校来？　（假设型小句关联体）
为了图享受，干嘛考到军事院校来？　（目的型小句关联体）
如果为了图享受，干嘛考到军事院校来？（“假设＋目的”型有标假设复句）

（184）如果仅仅是警告他，何必大动干戈呢？　（假设型小句关联体）
仅仅为了警告他，何必大动干戈呢？　（目的型小句关联体）
如果仅仅是为了警告他，何必大动干戈呢？（“假设＋目的”型有标假设复句）

（185）如果不是在他家乡新建一所学校，他怎么会千里迢迢地赶回来呢？（假设型小句关联体）
为了在他家乡新建一所学校，他才千里迢迢地赶回来。　（目的型小句关联体）
如果不是为了在他家乡新建一所学校，他怎么会千里迢迢地赶回来呢？（“假设＋目的”型有标假设复句）

（186）如果不是对付你，他何须出此下策？　（假设型小句关联体）
为了对付你，他才出此下策。　（目的型小句关联体）
如果不是为了对付你，他何须出此下策？（“假设＋目的”型有标假设复句）

上面四组例子，每组的第一例是假设型小句关联体，每组的第二例是前呼前置式目的关系标记“为了”引领的目的型小句关联体，每组的第三例是由第一例与第二例复合而成的“假设＋目的”型有标假设复句。

观察可知，从语表形式的角度来看，上述四例“假设＋目的”型有标假设复句有如下两个特征。

第一，关系标记方面，每例“假设＋目的”型有标假设复句的前呼句都由前呼前置式假设关系标记“如果”和前呼前置式目的关系标记“为了”共同引领，“如果”和“为了”既可以非间隔性连用（第一组第三例），也可以间隔性连用（第二、三、四组第三例）。

第二，后应句的语气类型方面，上面四组例句中，“假设＋目的”型有标假设复句的后应句携带的都是反问语气。

语言实际生活中，这样的用例也不算少。

（187）如果为了图舒服，还当什么共产党员？（《长江日报》1986 年 8 月 25 日）

（188）如果我为了享受，何须等到现在？（《人民日报》1993 年 12 月 7 日）

（189）如果不是为了逼她自己承认感情，他何须出此下策？（简璎《悍将情人》）

（190）如果不是为了活命，又何必活得那么辛苦？（云中岳《龙虎风云榜》）

值得一提的是，不仅“如果”这样的前呼前置式假设关系标记可以和“为了”连用，“的话”这样的前呼后置式假设关系标记也可以和“为了”连用。

（191）为了图舒服的话，还当什么共产党员？（＋）

（192）我为了享受的话，何须等到现在？（＋）

（193）不是为了逼她自己承认感情的话，他何须出此下策？（＋）

（194）不是为了活命的话，又何必活得那么辛苦？（＋）

另外，我们说这类有标假设复句的后应句以携带反问语气为常，但这并不意味着它不能携带其他类型的语气。

（195）如果为了图舒服，还当什么共产党员？→
如果为了图舒服，就没资格当共产党员。
如果为了图舒服，请不要当共产党员。
如果为了图舒服，还当什么共产党员！

上面这组例子，除了第一例的后应句携带的是反问语气外，其余三例的后应句携带的都不是反问语气。具体一点讲，第二例的后应句携带的是陈述语气，第三例的后应句携带的是祈使语气，第四例的后应句携带的是感叹语气。可以看出，尽管这三例的后应句携带的不是反问语气，但似乎并无不妥。

从语里意义的角度来看，这类“假设＋目的”型有标假设复句的突出特征为：前呼句既含假设性，又含目的性。也就是说，假设性与目的性有机地融合在前呼句里。具体说来，假设性主要体现在前呼句表达了说话人的一种主观假设，而目的性则主要体现在前呼句表达了当事人的某种行为动机。我们不妨再看个实际用例。

（196）她看一眼床旁沙发上的补丁，立刻想到八年前的那个春天。那时他们还没有这么多钱，买了沙发决定自己弄回家。她和尹初石抬这个三人沙发上楼时，楼梯扶栏上的一个铁丝刮破了沙发。当时尹初石笑着说了一句王一至今仍然记着的话：吝啬的本质就是浪费。如果不是为了省十几块搬运费，这个沙发至今仍旧不会有补丁。（皮皮《渴望激情》）

联系上下文可以得知，这个“假设＋目的”型有标假设复句的前呼句既表达了说话人“王一”内心的一种主观假设，也表明了当事人“王一”和“尹初石”八年前“买了沙发决定自己弄回家”的动机所在。

前呼句在语里意义上的这种特点，即假设性与目的性的有机融合，反映到语表形式上就是前呼前置式假设关系标记或者前呼后置式假设关系标记和前呼前置式目的关系标记“为了”的连用。

如果我们将这类“假设＋目的”型有标假设复句（由假设型小句关联体与前呼前置式目的关系标记“为了”引领的目的型小句关联体复合而成）与最前面所说的“假设＋目的”型有标假设复句（由假设型小句关联体与后应前置式目的关系标记参与构成的目的型小句关联体复合而成）作比较，就会发现二者无论在语表形式上还是在语里意义上都有所不同。试比较以下两句。

（197）如果为了图享受，干嘛考到军事院校来？

（198）如果他没有当众戳穿你的真实身份，那是为了给你留一条退路。

就语表形式而言，二者最大的区别在于：前例中，前呼前置式假设关系标记“如果”和前呼前置式目的关系标记“为了”共同引领前呼句，属于非间隔性连用；而后例中，前呼前置式假设关系标记“如果”引领前呼句，后应前置式目的关系标记“是为了”引领后应句，“如果”和“是为了”无连用关系。就语里意义而言，二者之间的不同表现在：前例的前呼句既含假设性，又含目的性，是假设性与目的性的有机融合；而后例则是前呼句含有假设性，后应句含有目的性。

当然，如果就整个有标假设复句而言，二者又有共同之处，那就是都属于“假设＋目的”型有标假设复句，换而言之，语里关系都是“假设＋目的”。

值得注意的是，并非所有由前呼前置式目的关系标记“为了”引领的目的型小句关联体都可以与假设型小句关联体复合成为“假设＋目的”型有标假设复句。

（199）如果给你留一条退路，他得挨上司一顿臭骂。（假设型小句关联体）
为了给你留一条退路，他得挨上司一顿臭骂。（目的型小句关联体）
如果为了给你留一条退路，他得挨上司一顿臭骂。（—）

（200）如果带领村民致富奔小康，他会失去很多发展机会。（假设型小句关联体）
为了带领村民致富奔小康，他会失去很多发展机会。（目的型小句关联体）

如果为了带领村民致富奔小康，他会失去很多发展机会。(一)

先看第一组例子，第一例是前呼前置式假设关系标记“如果”引领的假设型小句关联体，第二例是前呼前置式目的关系标记“为了”引领的目的型小句关联体。但是，这里的假设型小句关联体与目的型小句关联体不能复合成为“假设＋目的”型有标假设复句。如上所示，由第一例和第二例所构成的第三例不完整，让人感觉话还没说完。因此，要想使其成立，就得再续上后应句。比如：“如果为了给你留一条退路，他得挨上司一顿臭骂，那你怎么感谢他呢？”不过这样一来，句子虽然是站稳了，但并不属于“假设＋目的”型有标假设复句。因为这里的目的型小句关联体充当整个有标假设复句的前呼句，为前呼前置式假设关系标记“如果”所引领，前呼句与后应句之间并没有构成目的关系。再看第二组例子，第一例是前呼前置式假设关系标记“如果”引领的假设型小句关联体，第二例是前呼前置式目的关系标记“为了”引领的目的型小句关联体，可是第一例和第二例同样不能复合成为“假设＋目的”型有标假设复句。不仅如此，它们所构成的第三例站不稳，给人话没说完的感觉，故须补上后应句才能确保句式成立。比如：“如果为了带领村民致富奔小康，他会失去很多发展机会，那你会不会让他继续干下去？”即便如此，整个句式也不是“假设＋目的”型有标假设复句，而只是个一般的有标假设复句。这是因为，此时的目的型小句关联体充当整个有标假设复句的前呼句，为前呼前置式假设关系标记“如果”所引领，而前呼句和后应句之间并没构成目的关系。

3.3.1.5　“假设＋并列”型

不难理解，“假设＋并列”型有标假设复句的前呼句和后应句之间既含有假设关系，又含有并列关系。

(201) 如果说湘西的自然景观会让人流连忘返，那它的人文景观则会让人叹为观止。

(202) 如果你是老虎，那我就是武松。

上面两例，前呼句和后应句之间含有假设关系。这一点应该不难看出，因为语表形式上面有相应标志。具体一点讲，前例的前呼句由前呼前置式假设关系标记“如果说”引领，后应句由后应前置式假设关系标记“那”和“则”共同引领。后例的前呼句由前呼前置式假设关系标记“如果”引领，后应句由后应前置式假设关系标记“那”和“就”共同引领。现在的问题是，我们又如何得知这两例的前呼句和后应句之间含有并列关系呢？关于这一点，我们不妨用解析法使其中的并列关系得以显现。

(203) 如果说湘西的自然景观会让人流连忘返，那它的人文景观则会让人叹为观止。→

湘西的自然景观会让人流连忘返，它的人文景观会让人叹为观止。

（204）如果你是老虎，那我就是武松。→
你是老虎，我是武松。

如上所示，解析出来的句子尽管没有明显的并列关系标记，但我们还是可以凭语感获知前呼句和后应句之间含有并列关系。

上面我们用解析法解析出来的两个含有并列关系的句子都属于无标并列复句，这一现象启迪我们作出如下思考：其一，并列关系标记可不可以进入“假设＋并列”型有标假设复句，从而标示前呼句和后应句之间的并列关系？其二，如果可以，是否所有并列关系标记都可以在“假设＋并列”型有标假设复句中起到这种标示作用？请先看几个例子。

（205）如果说上半场的演出使观众的热情达到了第一次高潮，那下半场的演出又使观众的热情达到了新的高潮。（＋）

（206）如果说电影中的他是如此的玩世不恭，那生活中的他又是如此的严肃认真。（＋）

（207）如果说养颜有什么秘诀，那就是外养不如内养。（＋）

邢福义先生认为，并列句式可以细分为三个小类，即平列句式、对照句式、解注句式（邢福义，2001a）。上面三例“假设＋并列”型有标假设复句所含并列关系就分属这三种，而且每一例都出现了并列关系标记。由此可见，并列关系标记是可以进入“假设＋并列”型有标假设复句的。语言实际生活中，类似的例子也不少，尤其是解注类并列关系标记，更是如此。

（208）如果说有种动力存在的话，那就是移民对富裕生活的向往。（《长江日报》1996年12月20日）

（209）如果用简明的表述，这就是说五四的全盘性反传统主义是被更深层的传统意识所支配所渗透的。（《人民日报》1988年11月28日）

（210）如果这三个条约都有效，那就是说，到1997年，英国理当把新界归还中国，但它仍拥有港、九两地的主权。（《长江日报》1996年8月2日）

上述三例“假设＋并列”型有标假设复句中，第一例的“那就是”，第二例的“这就是说”，第三例的“那就是说”都属于解注类并列关系标记。值得一提的是，由于“那就是”属于弱式关系标记，因此不能一看到“那就是”就觉得它是解注类并列关系标记。例如以下两句。

（211）如果不执行，那就是违反党的纪律。（《长江日报》1987年2月17日）

（212）如果不参与其中，那就是蠢货。（《长江日报》1995年5月12日）

上面两例中的“那就是”都不是解注类并列关系标记，因为后应句并不是对前呼句或者前呼句中的某个部分的具体诠释，而是对它的一种评价。比如前例的后应句是对“不执行”这种行为的评价，后例的后应句是对“不参与其中”这种行为的评价。所以，这两例不是“假设＋并列”型有标假设复句，而只是一般的有标假设复句。

以上讨论回答了第一个问题，也就是证明了并列关系标记可以进入“假设＋并列”型有标假设复句，从而标示前呼句和后应句之间的并列关系。与此同时，我们也注意到，并非所有并列关系标记都可以进入“假设＋并列”型有标假设复句。

（213）如果说湘西的自然景观会让人流连忘返，那它的人文景观则会让人叹为观止。（“假设＋并列”型有标假设复句）→

如果说湘西的自然景观既会让人流连忘返，那它的人文景观则又会让人叹为观止。（－）

如果说湘西的自然景观既会让人流连忘返，那它的人文景观则也会让人叹为观止。（－）

如果说湘西的自然景观又会让人流连忘返，那它的人文景观则又会让人叹为观止。（－）

如果说湘西的自然景观也会让人流连忘返，那它的人文景观则也会让人叹为观止。（－）

如果说湘西的自然景观一边会让人流连忘返，那它的人文景观则一边会让人叹为观止。（－）

如果说湘西的自然景观一面会让人流连忘返，那它的人文景观则一面会让人叹为观止。（－）

如果说一方面湘西的自然景观会让人流连忘返，那另一方面它的人文景观则会让人叹为观止。（＋）

邢福义（2001a）在研究平列句式的时候，重点考察了“既……又……”“既……也……”“又……又……”“也……也……”“一边……一边……”“一面……一面……”“一方面……另一方面”等七对并列关系标记。受此启发，我们也将这七对并列关系标记作为考察对象，看它们能否进入“假设＋并列”型有标假设复句。如上所示，除了“一方面……另一方面……”这对并列关系标记可以进入“假设＋并列”型有标假设复句之外，其他六对都不能进入“假设＋并列”型有标假设复句。实践经验告诉我们：由这六对并列关系标记参与构成的并列型小句关联体，都比较容易充当有标假设复句的前呼句，但很难与假设型小句关联体复合成为“假设＋并列”型有标假设复句。再来看几个例子。

（214）如果这里是省政府，就不是常人可以随便进出的地方。（＋）

（215）如果这里不是常人可以随便进出的地方，而是省政府。（－）

“是……不是……”“不是……而是……”都是对照类并列关系标记（邢福义，2001a），可是前者可以参与构成“假设＋并列”型有标假设复句，而后者则不行。

如上所示，“不是……而是……”参与构成的后例站不稳，须补上后应句才行。

（216）如果这里不是常人可以随便进出的地方，而是省政府，那你怎么进去呢？

不过这样一来，句式虽然是成立了，却不属于“假设＋并列”型有标假设复句，因为此时的“不是……而是……”所构成的并列型小句关联体充当整个有标假设复句的前呼句，而前呼句和后应句之间并没有并列关系。

综上所述，若以进入“假设＋并列”型有标假设复句的自由度为衡量指标，那么，平列类并列关系标记的自由度最低，对照类并列关系标记的自由度居中，解注类并列关系标记的自由度最高。这样一来，三者进入“假设＋并列”型有标假设复句的自由度就构成了一个等级序列：

平列类并列关系标记<对照类并列关系标记<解注类并列关系标记（其中的“<”表示“自由度低于”）

3.3.1.6 “假设＋连贯”型

不难理解，“假设＋连贯”型有标假设复句的前呼句和后应句之间除了假设关系，还有连贯关系。

（217）如果他倒下了，我就立刻跟上去。

（218）如果下雨了，就赶快收谷子。

上述两例，每一例的前呼句由前呼前置式假设关系标记“如果”引领，后应句由后应前置式假设关系标记“就”引领，所以，确定前呼句和后应句之间含有假设关系不成问题。那我们又怎么知道前呼句和后应句之间还有连贯关系呢？这个问题其实也不难回答，因为上面我们采用的解析法这里仍然管用。

（219）如果他倒下了，我就立刻跟上去。→
他倒下了，我立刻跟上去。

（220）如果下雨了，就赶快收谷子。→
下雨了，赶快收谷子。

有关连贯句式，邢福义（2001a）认为：“凡是连贯句式，都表示动作的先后连贯。”如上所示，每组例子的第二例都是通过解析法解析出来的句子。不难看出，其中的“倒下”“跟上去”“下雨”“收谷子”都表示动作，而且就动作先后关系而言，“倒下”在前，“跟上去”在后，“下雨”在前，“收谷子”在后。此外，“立刻”“赶快”等词语也预示了时间的先后以及动作的紧承。这也就是说，前呼句和后应句之间含有连贯关系。需要说明的是，邢福义先生对连贯句式的界定是严格意义上的，属于严式。如果作宽泛的理解，可以这么认为：连贯句式，用来表达动作行为的先后连贯，凸显的是动作行为的先后性以及连贯性。

语言实际生活中，“假设＋连贯”型有标假设复句也不乏其例。

（221）如果巴基斯坦让步了，其他国家也可能接着承认苏联并吞阿富汗。（《人民日报》1981 年 6 月 13 日）

（222）如果俞斌攻擂失利，紧接着由钱宇平九段上阵。（《长江日报》1990 年 2 月 23 日）

以上两例“假设＋连贯”型有标假设复句在语表形式上有一个共同特点，那就是前呼句由前呼前置式假设关系标记“如果”引领，而后应句则由后应前置式连贯关系标记“（紧）接着”引领。与此相适应，在语里关系上的共同之处体现为：前呼句和后应句之间既含假设关系，又含连贯关系。值得注意的是，“（紧）接着”属于弱式关系标记，因此，有时句子中出现“（紧）接着”，但并不一定是连贯关系标记。

（223）皇上如果不累，臣就接着昨天的内容讲解吧。（赵辉《同治皇帝》）

上例的后应句出现了“接着”，但并不是连贯关系标记。因为充当连贯关系标记的“接着”用来衔接动作行为，标示动作行为之间的先后承接性；而此处的“接着”表示的是内容上的衔接，所以不宜看作连贯关系标记。

除了“（紧）接着”之外，“然后”“这才”也可以充当后应前置式连贯关系标记。有意思的是，能出现“（紧）接着”的地方不一定能出现“然后”，但有时却可以出现“这才”。

（224）如果巴基斯坦让步了，其他国家也可能接着承认苏联并吞阿富汗。→
如果巴基斯坦让步了，然后其他国家也可能承认苏联并吞阿富汗。（？）
如果巴基斯坦让步了，其他国家这才也可能承认苏联并吞阿富汗。（＋）

（225）如果俞斌攻擂失利，紧接着由钱宇平九段上阵。→
如果俞斌攻擂失利，然后由钱宇平九段上阵。（？）
如果俞斌攻擂失利，这才由钱宇平九段上阵。（＋）

以上两组例子的第一例是“假设＋连贯”型有标假设复句，其中后应句由后应前置式连贯关系标记“（紧）接着”引领。观察可知，“（紧）接着”很难换成“然后”，但可以换成“这才”。不过，用“（紧）接着”还是“这才”，说话用意不一样。前者侧重于表达动作行为的紧承性，而后者侧重于表达“不到这时还不会”（邢福义，2001a）。

3.3.1.7　“假设＋选择”型

不难理解，“假设＋选择”型有标假设复句的前呼句和后应句之间除了假设关系之外，还有选择关系。

（226）这次行动如果不是你负责，就是王局负责。

（227）这次聚会如果不是你灌醉他，就是他灌醉你。

从语表形式来看，上面两例的前呼句由前呼前置式假设关系标记“如果”和前呼前置式选择关系标记“不是”共同引领，后应句由后应前置式选择关系标记“就是”引领。从语里关系来看，前呼句和后应句之间既含假设关系，也含选择关系。看几个实际用例。

（228）那个人如果不是无知，就是撒谎。（云中岳《我独行》）

（229）他如果不是神，就是魔鬼！（琼瑶《窗外》）

（230）如果不是有女朋友，那就是有很多女孩子追你啰？（古灵《亲爱的陌生人》）

（231）这女孩如果不是恋爱了，就是失恋了。（琼瑶《问斜阳》）

需要注意的是，由于“不是”“就是”是弱式关系标记，因此，有的句子从语表形式上看像“假设＋选择”型有标假设复句，但事实上不是。

（232）如果不是有缘人，就是风水宝地就在脚下也不可能得到。（赵辉《同治皇帝》）

（233）如果不是那么一回事儿了，压下就是。（梁晓声《疲惫的人》）

（234）如果不是门前竖着的那块牌子提醒，谁也不会相信这就是鲁艺。（《人民日报》1982 年 12 月 25 日）

以上三例的前呼句里含有“如果”“不是”，后应句里含有“就是”，但这里的“不是……就是……”不是选择关系标记。因为作选择关系标记的“不是……就是……”强调非此即彼，二者必居其一（邢福义，2001a）；可是这里的“不是……就是……”都无此功能。具体说来，第一例中的“不是”表示一种否定判断，“就是”是前呼前置式让步关系标记，整个句子表达“只有有缘人才有可能得到脚下的风水宝地”这么一层含义。第二例中的“不是”也表达一种否定判断，此处的“就是”相当于“就是了”，用在陈述句末尾，表示不用犹豫、怀疑（吕叔湘，1999）。整个句意即“如果不是那么一回事儿了，压下就可以了”。第三例中的“如果不是”相当于“要不是”，而“就是”表示确定范围，排除其他（吕叔湘，1999），整个句子表达的意思是“幸亏门前竖着的那块牌子提醒，否则谁也不会相信这就是鲁艺”。这种句式既可以反证释因，加强句子的容量和论证性；也可以反证强调，突出甲事对乙事的关键性的影响（邢福义，2001a）。由此可见，上述三例都不含选择关系，因此，都不是“假设＋选择”型有标假设复句。

接下来我们要思考的是：其他选择关系标记参与构成的选择型小句关联体是否也能与假设型小句关联体复合成为“假设＋选择”型有标假设复句？试比较以下例句。

（235）那个人如果不是无知，就是撒谎。（“假设＋选择”型有标假设复句）→

那个人如果是无知，还是撒谎？（－）

那个人如果或者无知，或者撒谎。（－）

那个人如果要么无知，要么撒谎。（－）

（236）这女孩如果不是恋爱了，就是失恋了。（“假设＋选择”型有标假设复句）→

这女孩如果是恋爱了，还是失恋了？（－）

这女孩如果或者恋爱了，或者失恋了。（－）

这女孩如果要么恋爱了，要么失恋了。（－）

以上两组例子，每组的第一例是“假设＋选择”型有标假设复句，由“不是……就是……”参与构成的选择型小句关联体与“如果”引领的假设型小句关联体复合而成。但是，同样都是选择关系标记，由“是……还是……”“或者……或者……”“要么……要么……”等参与构成的选择型小句关联体却不能与假设型小句关联体复合成为“假设＋选择”型有标假设复句。如上所示，每组的第二、三、四例都不能成立。

3.3.1.8　“假设＋递进”型

先看几个例子。

（237）如果你都不帮我，还有谁会帮我呢？

（238）如果你都不帮我，何况是他呢？

（239）如果你都不帮我，更不用说他了。

（240）如果你尚且不帮我，何况是他呢？

（241）如果连你都不帮我，就更别说是他了。

（242）如果连你也不帮我，就更别说是他了。

以上六例都是“假设＋递进”型有标假设复句，前呼句和后应句之间既有假设关系，又有递进关系。为了便于观察，我们不妨把其中的递进型小句关联体解析出来。

（243）如果你都不帮我，还有谁会帮我呢？→

你都不帮我，还有谁会帮我呢？（第一小类反逼性递进型小句关联体）

（244）如果你都不帮我，何况是他呢？→

你都不帮我，何况是他呢？（第一小类反逼性递进型小句关联体）

（245）如果你都不帮我，更不用说他了。→

你都不帮我，更不用说他了。（第一小类反逼性递进型小句关联体）

（246）如果你尚且不帮我，何况是他呢？→

你尚且不帮我，何况是他呢？（第一小类反逼性递进型小句关联体）

（247）如果连你都不帮我，就更别说是他了。→
连你都不帮我，就更别说是他了。（第一小类反逼性递进型小句关联体）

（248）如果连你也不帮我，就更别说是他了。→
连你也不帮我，就更别说是他了。（第一小类反逼性递进型小句关联体）

观察可知，解析出来的六例递进型小句关联体有一个共同特点，那就是都属于“反逼性递进型小句关联体”。反逼性递进型小句关联体大致有如下三种情况：第一种，前呼句表示最有可能发生的事情没有发生，后应句表示其他事情就更不会发生。第二种，前呼句表示最不可能发生的事情发生了，后应句表示其他事情就更容易发生了。第三种，前呼句提出一个理由或作出一个判断，后应句通过“何况”等再补加一个理由（邢福义，2001a）。据此标准，上面解析出来的六例递进型小句关联体属于第一小类反逼性递进型小句关联体。具体说来，第一例中说话人要表达的意思是：你是最有可能帮我的，可是你不帮我，那其他人就更不会帮我了。后面五例表达的意思是：你是最有可能帮我的，可是你不帮我，那他就更不会帮我了。

至于第二小类反逼性递进型小句关联体，请看下面六句。

（249）你都帮我，还有谁会不帮我呢？（第二小类反逼性递进型小句关联体）

（250）你都帮我，何况是他呢？（第二小类反逼性递进型小句关联体）

（251）你都帮我，更不用说他了。（第二小类反逼性递进型小句关联体）

（252）你尚且帮我，何况是他呢？（第二小类反逼性递进型小句关联体）

（253）连你都帮我，别说是他了。（第二小类反逼性递进型小句关联体）

（254）连你也帮我，别说是他了。（第二小类反逼性递进型小句关联体）

以上六例属于第二小类反逼性递进型小句关联体。第一例中说话人想表达的是：你是最不可能帮我的，但你却帮我，其他人就更会帮我了。后面五例说话人所要表达的是：你是最不可能帮我的，但你却帮我，那他就更会帮我了。如果拿第一小类反逼性递进型小句关联体与第二小类反逼性递进型小句关联体作比较，就可以发现，二者之间最显著的不同体现在前呼句上。首先，从语表形式来看，第一小类反逼性递进型小句关联体的前呼句常常采取否定的形式，而第二小类反逼性递进型小句关联体的前呼句往往采取肯定的形式。其次，从语里意义看，第一小类反逼性递进型小句关联体的前呼句表达的是最有可能发生的事情没有发生，而第二小类反逼性递进型小句关联体的前呼句表达的是最不可能发生的事情发生了。与此同时，我们也注意到二者之间有着相同之处。比如，就前呼句而言，不管是最有可能发生的事情没有发生，还是最不可能发生的事情发生了，其实都是表达一种反常理性、反常规性。因为按照常理，最有可能发生的事情就应该会发生，最不可能发生的事情就应该不会发生。又如，二者的推理机制也是相同的。

不管是第一小类反逼性递进型小句关联体还是第二小类反逼性递进型小句关联体，都涉及 N（N≥2）个对象之间的某种比较。假定前呼句中的比较对象为 N_1，后应句中的比较对象为 N_2、N_3……，比较内容为 P，那么，说话人的推理过程可以这样表述：照理 N_1 最不可能 P，但是 N_1 现在 P 了，因此 N_2、N_3……就更加 P 了。

第二小类反逼性递进型小句关联体也可以参与构成“假设＋递进”型有标假设复句。

（255）你都帮我，还有谁会不帮我呢？（第二小类反逼性递进型小句关联体）→

如果你都帮我，还有谁会不帮我呢？（“假设＋递进”型有标假设复句）

（256）你都帮我，何况是他呢？（第二小类反逼性递进型小句关联体）→

如果你都帮我，何况是他呢？（“假设＋递进”型有标假设复句）

（257）你都帮我，更不用说他了。（第二小类反逼性递进型小句关联体）→

如果你都帮我，更不用说他了。（“假设＋递进”型有标假设复句）

（258）你尚且帮我，何况是他呢？（第二小类反逼性递进型小句关联体）→

如果你尚且帮我，何况是他呢？（“假设＋递进”型有标假设复句）

（259）连你都帮我，别说是他了。（第二小类反逼性递进型小句关联体）→

如果连你都帮我，别说是他了。（“假设＋递进”型有标假设复句）

（260）连你也帮我，别说是他了。（第二小类反逼性递进型小句关联体）→

如果连你也帮我，别说是他了。（“假设＋递进”型有标假设复句）

再来看看第三小类反逼性递进型小句关联体参与构成“假设＋递进”型有标假设复句的情况。

（261）五发四中已经是优秀了，何况这个五发四中是从虎穴里掏得的虎子！（转引自邢福义，2001a）→

如果五发四中已经是优秀了，何况这个五发四中是从虎穴里掏得的虎子！（—）

（262）她会找到一个比大亮更好的，何况还有一个“山盟虽在，锦书难托”的人呢。（转引自邢福义，2001a）→

如果她会找到一个比大亮更好的，何况还有一个“山盟虽在，锦书难托”的人呢。（—）

（263）这是个苦差事，更何况还是远离林场，单独作业。（转引自邢福义，2001a）→

如果这是个苦差事，更何况还是远离林场，单独作业。（—）

以上三组例子，每组的第一例都属于第三小类反逼性递进型小句关联体。可以看出，它们都很难与假设型小句关联体复合成为“假设＋递进”型有标假设复句。具体说来，第一组第二例的前呼句“如果五发四中已经是优秀了”是假设型小句关联体的紧缩形式，它与后应句"何况这个五发四中是从虎穴里掏得的虎子"并没有构成假设关系，所以，整个句子仍然属于反逼性递进型小句关联体而不是"假设＋递进"型有标假设复句。第二组第二例与第三组第二例前言不搭后语，话语不通顺，句式不能成立。

前面我们探讨了反逼性递进型小句关联体参与构成"假设＋递进"型有标假设复句的情况，下面我们要考察的是：顺推性递进型小句关联体①是否也能参与构成"假设＋递进"型有标假设复句。

（264）不但他不帮我，你也不帮我。（顺推性递进型小句关联体）→
　　如果不但他不帮我，你也不帮我。（－）

（265）不但他不帮我，连你也不帮我。（顺推性递进型小句关联体）→
　　如果不但他不帮我，连你也不帮我。（－）

（266）别说他不帮我，连你都不帮我。（顺推性递进型小句关联体）→
　　如果别说他不帮我，连你都不帮我。（－）

（267）别说他不帮我，连你也不帮我。（顺推性递进型小句关联体）→
　　如果别说他不帮我，连你也不帮我。（－）

以上四组例子，每组的第一例都是否定形式的顺推性递进型小句关联体。观察可知，它们都不能与假设型小句关联体复合成为"假设＋递进"型有标假设复句。具体一点讲，第一组第二例与第二组第二例句法语义不完整，给人以话没说完的感觉。因此要想使句式成立，须补上后续小句。比如在它们后面添上"那我就没什么想头了"，整个句式就完整了。不过这样一来，整个句式还是不属于"假设＋递进"型有标假设复句，而只是个一般的有标假设复句。因为此时的顺推性递进型小句关联体充当整个有标假设复句的前呼句，为前呼前置式假设关系标记"如果"所引领，也就是说前呼句和后应句之间只有假设关系，没有递进关系。第三组第二例与第四组第二例不通顺，说起来别扭。究其原因，主要是"如果"和"别说"之类不兼容，不能连用；而且即使将"别说"改成"不但"，句式也不完整，这从第一组第二例跟第二组第二例就可以看出来，这里不再赘述。

上述我们看到，否定形式的顺推性递进型小句关联体不能与假设型小句关联体复合成为"假设＋递进"型有标假设复句；那么，肯定形式的顺推性递进型小句关联体是否可以与假设型小句关联体复合成为"假设＋递进"型有标假设复句呢？

（268）不但他帮我，你也帮我。（顺推性递进型小句关联体）→
　　如果不但他帮我，你也帮我。（－）

---

① 所谓"顺推性递进型小句关联体"就是邢福义（2001a）所说的"不但……而且……"一类的句式，该类句式往往以一层意思为基点向另一层意思顺递推进（邢福义，2001a）。

（269）不但他帮我，连你也帮我。（顺推性递进型小句关联体）→
如果不但他帮我，连你也帮我。（一）

（270）别说他帮我，连你都帮我。（顺推性递进型小句关联体）→
如果别说他帮我，连你都帮我。（一）

（271）别说他帮我，连你也帮我。（顺推性递进型小句关联体）→
如果别说他帮我，连你也帮我。（一）

如上所示，肯定形式的顺推性递进型小句关联体也不能与假设型小句关联体复合成为“假设＋递进”型有标假设复句。与前面否定形式的顺推性递进型小句关联体相类似，第一组第二例与第二组第二例句法语义不完整，须补上后续小句。比如添上“那我肯定能把这事做好”，整个句式就成立了。即便如此，也仍不属于“假设＋递进”型有标假设复句，其原因与前面第一组第二例及第二组第二例同，这里不再赘述。第三组第二例与第四组第二例情况类同于前面第三组第二例及第四组第二例，这里就不一一细说了。

综上所述，对于反逼性递进型小句关联体而言，第一小类和第二小类反逼性递进型小句关联体一般都能与假设型小句关联体复合成为“假设＋递进”型有标假设复句，而第三小类反逼性递进型小句关联体一般不能与假设型小句关联体复合成为“假设＋递进”型有标假设复句。但对顺推性递进型小句关联体来说，不管是否定形式的顺推性递进型小句关联体还是肯定形式的顺推性递进型小句关联体，都不能与假设型小句关联体复合成为“假设＋递进”型有标假设复句。

3.3.1.9　“假设＋转折”型

有关“假设＋转折”型有标假设复句，邢福义（2001a）围绕“‘却’字和‘如果说 p，那么 q’句式”作了详细而周密的论证。他指出：一般的语法教科书上说，用“如果”引出的假设复句之中不能用转折词，否则就是病句。从一般情况看，确是如此。然而，“如果说 p，那么 q”这种假设型小句关联体有时却是可以加上转折词“却”的（邢福义，2001a）。

（272）如果说，一向讲究“哥儿们义气”的庞喜在那次审判事件中并没有表现出“为朋友两肋插刀”的勇气的话，那么，在他当了“官”之后，却表现出了一种“苟富贵，毋相忘”的大度。（转引自邢福义，2001a）

（273）如果说月牙营镇秋天的繁盛占了一季山葡萄市的地利，那夏嫂的豆腐坊的真正兴隆却不是借山葡萄的光，它真正兴隆的原因是占了天时，占了一个漫长的寒冷而又乏蔬菜的天时。（转引自邢福义，2001a）

（274）如果说香妹对银庄的指使和专断一直使我不悦的话，她这次的言行举止却令我大为满意了。（转引自邢福义，2001a）

邢福义不仅敏锐地观察到了这一现象，而且从“逻辑基础”的角度解释了“却”

字为何能进入“如果说 p，那么 q”句式，同时也就证明了为什么有的“如果说 p，那么 q”句式可以加上“却”，而有的却不行。

值得一提的是，邢福义（2001a）在另外的章节里又用直观可见的方式对这一句式的验证过程予以阐释，如图 3-5 所示。

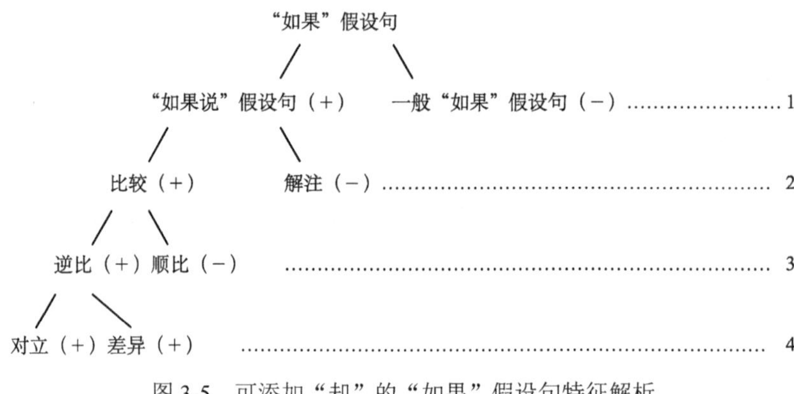

图 3-5　可添加“却”的“如果”假设句特征解析

观察可知，邢先生所考证的这种句式在语表形式上的特点为：前呼句要么由前呼前置式假设关系标记“如果说”单独引领，要么由前呼前置式假设关系标记“如果说”和前呼后置式假设关系标记“的话”共同引领；后应句要么由后应前置式假设关系标记“那么”或“那”以及后应前置式转折关系标记“却”共同引领，要么由后应前置式转折关系标记“却”单独引领。在语里关系上，前呼句和后应句之间不仅有假设关系，而且有转折关系。因此，说这种句式属于“假设＋转折”型有标假设复句应该问题不大。为了更清楚地看到这种句式的特征，我们不妨用解析法将其中的转折型小句关联体解析出来。

（275）如果说，一向讲究“哥儿们义气”的庞喜在那次审判事件中并没有表现出“为朋友两肋插刀”的勇气的话，那么，在他当了“官”之后，却表现出了一种“苟富贵，毋相忘”的大度。→
一向讲究“哥儿们义气”的庞喜在那次审判事件中并没有表现出“为朋友两肋插刀”的勇气，（可）在他当了“官”之后，却表现出了一种“苟富贵，毋相忘”的大度。

（276）如果说月牙营镇秋天的繁盛占了一季山葡萄市的地利，那夏嫂的豆腐坊的真正兴隆却不是借山葡萄的光，它真正兴隆的原因是占了天时，占了一个漫长的寒冷而又乏蔬菜的天时。→
月牙营镇秋天的繁盛占了一季山葡萄市的地利，（可）夏嫂的豆腐坊的真正兴隆却不是借山葡萄的光，它真正兴隆的原因是占了天时，占了一个漫长的寒冷而又乏蔬菜的天时。

（277）如果说香妹对银庄的指使和专断一直使我不悦的话，她这次的言行举止却令我大为满意了。→
香妹对银庄的指使和专断一直使我不悦，（可）她这次的言行举止却令我大为满意了。

上述三组例子，每组的第二例是解析出来的转折型小句关联体，不难发现，前呼句与“却”所引领的后应句确实构成了转折关系，换而言之，“却”所引领的后应句的确是针对前呼句而逆转的。如上所示，我们可以在后应句之前再加上后应前置式转折关系标记“可”，从而强调突出前呼句和后应句之间的转折关系。

特别值得注意的是，语言实际生活中，有一类特殊的“如果 p，却 q”句式，从语表形式来看，似乎可以划入“假设＋转折”型有标假设复句，但实际上又不是“假设＋转折”型有标假设复句。

（278）不过，如果你仔细吟味一下，却又不难从微小处听出她的天真和稚气来。（《人民日报》1988 年 3 月 21 日）

（279）但如果按人均水资源量计算，我国却是一个水资源匮乏国。（《人民日报》2001 年 3 月 27 日）

（280）但如果是两个人的话，守备衙门那件案子，却有可能是他做的。（梁羽生《瀚海雄风》）

（281）但是如果接任治河总督，靳辅心里却很有点忐忑不安。（二月河《康熙大帝》）

以上四例，从语表形式看，前呼句都由前呼前置式假设关系标记“如果”引领，后应句都由后应前置式转折关系标记“却”引领。可是这四例却不是“假设＋转折”型有标假设复句，因为“如果”引领的前呼句和“却”引领的后应句之间并没有构成转折关系。也就是说，“却”引领的后应句并不是针对“如果”引领的前呼句而逆转的。那么，“却”所引领的后应句到底是针对谁而逆转呢？为此，我们又仔细观察了这四个例子，发现它们还有一个共同的特征，那就是句首都有标示转折关系的篇章关系标记，比如“不过”“但”“但是”等。这一特征使我们意识到：有必要进行上下文的考察。请看以下四句。

（282）听到精辟处使人不自觉地频频点头，听到幽默处又使人禁不住作会心的微笑，赞叹这位女博士生满腹经纶，无所不知，无所不晓——事实也确乎如此。不过，如果你仔细吟味一下，却又不难从微小处听出她的天真和稚气来。（《人民日报》1988 年 3 月 21 日）

（283）我国有 5 万多条河流、8.6 万多座水库和 2800 多个湖泊，就水资源总量而言不可谓不丰富。但如果按人均水资源量计算，我国却是一个水资源匮乏国。（《人民日报》2001 年 3 月 27 日）

（284）孟明霞寻思：“倘若是同一个人的话，那就一定是有人假冒褚云峰来

陷害他了。但如果是两个人的话，守备衙门那件案子，却有可能是他做的。”（梁羽生《瀚海雄风》）

（285）要说起来，靳辅自幼酷爱水利。康熙十年他受任安徽巡抚，恰逢黄河改道，贯境而过。他初试治水之道，居然颇见成效。但是如果接任治河总督，靳辅心里却很有点忐忑不安。（二月河《康熙大帝》）

由上可知，“不过”“但”“但是”等篇章关系标记预示着它们之后的句子相对于它们之前的句子在语义上有所转折。这一特征又突出地表现在“却”所引领的后应句相对于这些篇章关系标记之前的某个部分在语义上有所逆转。具体说来，第一例中的“却又不难从微小处听出她的天真和稚气来”是针对“赞叹这位女博士生满腹经纶，无所不知，无所不晓”而言的，二者之间有着语义逆转关系。第二例中的“我国却是一个水资源匮乏国”是针对“就水资源总量而言不可谓不丰富”来说的，二者之间有着语义逆转关系。第三例中的“守备衙门那件案子，却有可能是他做的”针对“那就一定是有人假冒褚云峰来陷害他了”而逆转。第四例中的“靳辅心里却很有点忐忑不安”针对“靳辅自幼酷爱水利”“居然颇见成效”而逆转。这样看来，这四例中的“却”不是句内关系标记，而是句际关系标记。

“却”引领的后应句所针对的对象可大可小，小的如上面第三例，所针对的对象是小句。大的如下面这个例子，“却”引领的后应句所针对的对象是个庞大的句群。

（286）很快我就发现，如此痴情地从美国看香港回归电视者，岂止我一人！仅在我的熟人圈子里，就大有人在。不仅中国同胞这样，很多美国朋友也是如此。在洛杉矶，大批人群前往好莱坞公园，观看用 4 个 138 厘米巨型荧屏通过英语、粤语和普通话卫星现场直播的电视。他们早在刚刚天亮的 6 时 30 分之前就已赶到现场，其中就有我熟识的好几个美国友人。在华人比较集中的地区，从东到西，从南到北，结合观看电视直播举行庆祝香港回归活动的，比比皆是，盛况空前，报纸电视都有大量报道。而且，老侨新侨团结一致，不分政治立场，以中国传统方式共同庆祝，更是前所未有的。南加州的声势尤其浩大，80 个侨团发起举行游行焰火晚会，并且从北京请来了著名演员姜昆担任主持人，前来参加庆祝晚会者达两万之众。5 名跳伞员携带星条旗、五星红旗、紫荆花区旗从天而降，1997 只象征着和平的白鸽飞向蓝天，60 名合唱队员高唱《东方之珠》，绚丽的焰火在空中飞舞，欢呼声响彻云霄，整个东洛杉矶学院体育场沸腾了。面对这样热情的场面，前来祝贺的洛杉矶市市长雷登开场白的第一句话就是：“这是多么美好的夜晚！”并给所有在场欢呼的观众送去飞吻。就在香港回归的当天晚上，我出乎意外地接到来自纽约的一个祝贺电话。打电话者，是我的美国好友霍华德·海曼。第二次世界大战期间，他在昆明美国十四航空队当过一等兵，还有幸在重庆红岩村受到过毛泽东主席的接见。他说，他也是在看了一天电视之后，情不自禁地觉得非给我打这个电话不可。他显然心情十分激动，一个字一个字地对我说："我真为你们的胜利感到非常非常高兴，我看到中国人民真正站起来了！"此时此刻，成千上万在香港身临其境参加庆祝者，不少人是从美国去的，有的是应邀前往观礼，有的就为了去亲身体验一下这历史的转折。单是我直接认识的熟人，就不下一二十个。其中，一个是旅美几十年的老侨领，已经年近八十，而且腿脚还不灵便。但是，他把香港邀请他去观礼，视为一生中最高荣誉，说什么也得去和香港同胞一起"挺起腰杆，扬眉吐气"。住在夏威夷的另一个老华侨是孙中山和宋庆龄的亲属，早在 6 月中就已经举家前往香港，"为的是让子孙后代永远铭记这一段中国历史。"还有两个曾经在中国工作过的美国青年人，并不富裕，但也不惜自己掏腰包买了 6 月 29 日最后一个航班的机票，赶去亲身参与这千载难逢的历史盛事。他们临上飞机之前，还给我来了一封信说："我们多么希望你能放下一切，背起相机，和我们一起去！"奇怪的是，如果你只从美国的媒体上去看，看到的却完全是另一幅图画。作为一个热门话题，从两三个月以前起，"香港"就已经是这里报刊电视上出现频率最高的新闻之一。一面倒的调门却是：怀疑、担心、恐惧，甚至诅咒，仿佛"世界末日"即将来临，但又"无可奈何花落去"。(《人民日报》1997 年 8 月 1 日)

如上所示，画线部分的前面是一个庞大的句群，描绘了包括"我"在内的中国同胞以及很多美国朋友结合观看电视直播举行各种庆祝香港回归活动的热闹、欢腾的场面。行文至"奇怪的是"，话锋一转，"看到的却完全是另一幅图画"——怀疑、担心、恐惧，甚至诅咒，仿佛"世界末日"即将来临，但又"无可奈何花落去"。由此可见，"看到的却完全是另一幅图画"是针对之前的各种各样热闹、欢腾的场面而逆转的。

除了"却"之外，其他后应前置式转折关系标记是否也可以出现在"如果说 p，那么 q"句式里呢？邢福义（2001a）指出："如果说 p，那么 q"句式里出现的转折词，常见的是"却"，但有时也可以用"可"。邢先生的这一观察使我们不禁联想到，既然"可"可以出现在"如果说 p，那么 q"句式里，那么"但""但是"等是否也可以呢？从理论上说，这似乎不是不可能的事。

（287）如果说我们过去有点糊涂，可现在已经阵线分明，我们还能糊涂下去吗？（转引自邢福义，2001a）→

如果说我们过去有点糊涂，但现在已经阵线分明，我们还能糊涂下去吗？

如果说我们过去有点糊涂，但是现在已经阵线分明，我们还能糊涂下去吗？

（288）如果说是工作作风问题，可我又觉得不尽然。（转引自邢福义，2001a）→

如果说是工作作风问题，但我又觉得不尽然。

如果说是工作作风问题，但是我又觉得不尽然。

（289）如果说当初我在彩画车间时，与罗家驹有一点潜在的紧张，可我去了罗长贵那组，我俩的关系没有丝毫冲突。（转引自邢福义，2001a）→

如果说当初我在彩画车间时，与罗家驹有一点潜在的紧张，但我去了罗长贵那组，我俩的关系没有丝毫冲突。

如果说当初我在彩画车间时，与罗家驹有一点潜在的紧张，但是我去了罗长贵那组，我俩的关系没有丝毫冲突。

可以看出，把“可”替换成“但”或者“但是”，意思基本不变，句式依然成立。我们不妨看几个实际用例。

（290）如果说 1927 年，由于宋庆龄作为孙中山的夫人和国民党左派旗帜的特殊地位，在当时因受各方面力量的制约，还不能十分明确地指出中国共产党是中国新民主主义革命的领导者，但几年以后，即 1933 年 9 月，宋庆龄在题为《中国的自由与反战》的讲演中，则十分明确地指出了工人阶级领导的工农联盟的问题：“中国的亿万民众——在工人阶级领导下的广大农民群众——如果联合起来为粮食和土地而与帝国主义及国民党作斗争，那是不可抗拒的。”“无产阶级凭着它在生产上所占有的地位和明确的阶级利益，已经发展了自己的思想意识，而且今天已经取得了领导地位”。（《人民日报》1991 年 5 月 26 日）

（291）如果说这有点“近水楼台先得月”的味道，但是“楼台”是覃涤清亲手修的，偶尔“得月”也可以说得过去。（《人民日报》1985 年 4 月 4 日）

（292）如果说光绪过去很少与其他宫妃在一起，其中也有碍着珍妃面子而无奈的地方，但现在，当珍妃打入冷宫替他受苦受难之际，他可是心甘情愿无怨无悔地为了她而拒绝一切女色。（吴启泰《日落紫禁城》）

（293）如果说刘邦由于出身低，所以在专制的封建社会里不被重视；但是即使在当今的民主社会中，刘邦在一般人的心目中仍然是“看不够重”。

（陈文德《刘邦大传》）

这四例都是“假设＋转折”型有标假设复句，前呼句由前呼前置式假设关系标记“如果说”引领，后应句由后应前置式转折关系标记“但”或者“但是”引领，前呼句和后应句之间既有假设关系，又有转折关系。必须指出的是，有些句子语表形式上和上面四例相似，但实际上又不是“假设＋转折”型有标假设复句。

（294）如果说，这是一般学术意义上的争论也就算了，但问题是现在的不少书法界人士排斥现代书法的发展，贬低它的重要意义，致使中国现代书法的发展举步维艰。（《人民日报》1988 年 6 月 26 日）

（295）如果说“增色添辉”是指积极做好文保工作，使古老的文物焕发出历史文化的绚丽光彩，这是无可指责且大力倡褒的，但窦文显然指的不是这。（《人民日报》1989 年 6 月 2 日）

这两例都是有标转折复句而不是“假设＋转折”型有标假设复句，因为整个句式的前呼句和后应句之间只有转折关系而没有假设关系。具体一点讲，前例的“如果说，这是一般学术意义上的争论也就算了”是个紧缩假设句，可以改成“如果说，这是一般学术意义上的争论，那也就算了”，这个紧缩假设句充当整个句式的前呼句，与“问题是现在的不少书法界人士排斥现代书法的发展，贬低它的重要意义，致使中国现代书法的发展举步维艰”这个后应句构成转折关系。后例的“如果说‘增色添辉’是指积极做好文保工作，使古老的文物焕发出历史文化的绚丽光彩，这是无可指责且大力倡褒的”是个假设句，充当整个句式的前呼句，与“窦文显然指的不是这”这个后应句构成转折关系。

3.3.1.10　“假设＋让步”型

先请看几个例子。

（296）如果你真的打了他，他也不会还手的。

（297）如果批评，也只是象征性地说说而已。

（298）如果他真对你不好，我也会对你好的。

上面三例都是“假设＋让步”型有标假设复句。它们在语表形式上有一个共同特征，那就是前呼句由前呼前置式假设关系标记“如果”引领，后应句由后应前置式让步关系标记“也”引领。相应地，在语里关系上这三例也有共同之处，那就是前呼句和后应句之间既含假设关系，又含让步关系。为了更清楚地看到这三例的前呼句和后应句之间确有让步关系，我们不妨用解析法将其中的让步型小句关联体解析出来。

（299）如果你真的打了他，他也不会还手的。→

（即使）你真的打了他，他也不会还手的。（让步型小句关联体）

（300）如果批评，也只是象征性地说说而已。→

（即使）批评，也只是象征性地说说而已。（让步型小句关联体）

（301）如果他真对你不好，你也要好好服侍他。→

（即使）他真对你不好，你也要好好服侍他。（让步型小句关联体）

如上所示，解析出来的句式的前呼句可以添加“即使”一类的前呼前置式让步关系标记。由此看来，前面三例的前呼句和后应句之间除了假设关系，的确还有让步关系。语言实际生活中，我们也会不时看到这样的用例。

（302）有人说，军事片只是表现了一种传统的精神。如果不是贬义，也欠全面。（《人民日报》1988 年 3 月 22 日）

（303）如果不是怕拔萝卜带出泥，那至少也是温情主义作怪吧？（《人民日报》1986 年 3 月 27 日）

（304）如果有，也只是为了弹压地方。（高阳《慈禧全传》）

（305）中国的农民们先天其实都是并不狡猾的。如果说他们现在有点儿狡猾了，那也是后天学的。（梁晓声《狡猾是一种冒险》）

以上四例，画线部分都是“假设＋让步”型有标假设复句。如果想看清楚前呼句和后应句之间的让步关系，我们同样可以采用上面的解析法将其中的让步型小句关联体解析出来。

（306）如果不是贬义，也欠全面。→

（即使）不是贬义，也欠全面。（让步型小句关联体）

（307）如果不是怕拔萝卜带出泥，那至少也是温情主义作怪吧？→

（即使）不是怕拔萝卜带出泥，那至少也是温情主义作怪吧？（让步型小句关联体）

（308）如果有，也只是为了弹压地方。→

（即使）有，也只是为了弹压地方。（让步型小句关联体）

（309）如果说他们现在有点儿狡猾了，那也是后天学的。→

（即使）他们现在有点儿狡猾了，那也是后天学的。（让步型小句关联体）

但我们同时也应该注意到，语言实际生活中很多句子看起来像“假设＋让步”型有标假设复句，但事实上又不是。

（310）皇上如果不行节制，大宋江山恐怕也将不能长存！（伍心铭《包青天》）

（311）如果事情不幸被他言中，那就谁也没有权利审问孙文仪了。（伍心铭《包青天》）

（312）如果能与苏轼并肩联手，王安石的处境也就改观了。（颜廷瑞《汴京风骚》）

如果光从语表形式看，上述三例前呼句含有“如果”，后应句含有“也”，似乎可以划入“假设＋让步”型有标假设复句。但如果再深入考察，就会发现，此处的“也”并不是让步关系标记。至于这一点，我们同样可以采用解析法予以验证。

（313）皇上如果不行节制，大宋江山恐怕也将不能长存！→
（即使）皇上不行节制，大宋江山恐怕也将不能长存！（－）

（314）如果事情不幸被他言中，那就谁也没有权利审问孙文仪了。→
（即使）事情不幸被他言中，那就谁也没有权利审问孙文仪了。（－）

（315）如果能与苏轼并肩联手，王安石的处境也就改观了。→
（即使）能与苏轼并肩联手，王安石的处境也就改观了。（－）

由上可知，解析出来的句式的前呼句都不能添加“即使”。如果添加“即使”，不仅整个句子说不通，而且改变了原意。可见，这里的“也”确实不是后应前置式让步关系标记。

另外值得注意的是，尽管后应前置式让步关系标记“也”可以出现在“假设＋让步”型有标假设复句里，但前呼前置式让步关系标记“即使”“虽然”“尽管”等却很难出现在“假设＋让步”型有标假设复句中。

（316）如果不是贬义，也欠全面。→
如果即使不是贬义，也欠全面。（－）
如果虽然不是贬义，也欠全面。（－）
如果尽管不是贬义，也还是欠全面。（－）

（317）如果不是怕拔萝卜带出泥，那至少也是温情主义作怪吧？→
如果即使不是怕拔萝卜带出泥，那至少也是温情主义作怪吧？（－）
如果虽然不是怕拔萝卜带出泥，那至少也是温情主义作怪吧？（－）
如果尽管不是怕拔萝卜带出泥，那至少也是温情主义作怪吧？（－）

（318）如果有，也只是为了弹压地方。→
如果即使有，也只是为了弹压地方。（－）
如果虽然有，也只是为了弹压地方。（－）
如果尽管有，也只是为了弹压地方。（－）

（319）如果说他们现在有点儿狡猾了，那也是后天学的。→
如果即使他们现在有点儿狡猾了，那也是后天学的。（－）
如果虽然他们现在有点儿狡猾了，那也是后天学的。（－）
如果尽管他们现在有点儿狡猾了，那也是后天学的。（－）

3.3.2　有标假设复句的“三合型”语里关系

相对“双合型”语里关系而言，有标假设复句的“三合型”语里关系较少，不过还是存在这类语里关系。

（320）要想考上大学，就必须好好学习。

这个例子中，前呼句和后应句之间除了假设关系之外，还有条件关系和目的关系。不难看出，“好好学习”是“考上大学”的条件，同时，“考上大学”又是“好好学习”的目的。 不妨再看两个实例。

（321）要想繁荣戏曲艺术，必须首先繁荣戏曲文学。(《长江日报》1992 年 5 月 16 日）

（322）如果要想保住冠军，鲍必须加倍努力。(《长江日报》1992 年 11 月 19 日）

这两例也都属于“三合型”语里关系，在假设关系的基础上复合了条件关系和目的关系。前例中，“繁荣戏曲艺术”是“繁荣戏曲文学”的目的，而“繁荣戏曲文学”又是“繁荣戏曲艺术”的条件。后例中，“保住冠军”是“鲍加倍努力”的目的，而“鲍加倍努力”则是“保住冠军”的条件。

邢福义（1996）指出：“复句句式所包含的语义关系，有的并不只是单纯的原因与结果、推断与结论的关系。这反映复句句式在语义关系上具有多样性。”(邢福义，1996）有鉴于此，我们上面讨论了有标假设复句的复合型语里关系，从而得到了以下几点认识。

第一，“复合”与“包孕”是两个不同的概念。假定 X 代表假设型小句关联体，Y 代表假设型小句关联体之外的任何一类小句关联体，而且 X＝a⌒b（a 代表 X 的前呼句，b 代表 X 的后应句，“⌒”代表直接关联），Y＝c⌒d（c 代表 Y 的前呼句，d 代表 Y 的后应句，“⌒”代表直接关联）；那么，X 与 Y 复合而成的有标假设复句 Z＝X＋Y＝[a⌒b]＋[c⌒d]＝[a＋c]⌒[b＋d]（其中“＋”代表复合)。而如果 Y 包孕于 X，则有两种可能，一种是 Y 包孕于 X 的前呼句，可以表达为：Z′＝[a<c⌒d>]⌒b（其中 Z′表示 Y 包孕于 X 的前呼句所形成的句式，“<>”表示包孕)；另一种是 Y 包孕于 X 的后应句，可以表达为：Z″＝a⌒[b<c⌒d>]（其中 Z″表示 Y 包孕于 X 的后应句所形成的句式，同理，“<>”表示包孕)。由此可以看出，X 与 Y 复合所形成的 Z，其前呼句和后应句之间既含 a 和 b 之间的关系，又含 c 和 d 之间的关系。而 Y 包孕于 X 所形成的 Z′或者 Z″，其前呼句和后应句之间则只含 a 和 b 之间的关系。

第二，假设型小句关联体的复合能力低于它的包孕能力。表现在很多有标小句关联体不能与假设型小句关联体复合，但是却能包孕于假设型小句关联体的前呼句或者后应句。这一点从前文的讨论中可以充分看出来。

第三，能与假设型小句关联体复合的有标小句关联体，其关系标记的使用存在着不平衡性。总的说来，由后应型关系标记单独引领的小句关联体与假设型小句关联体复合的可能性最大，由前呼型关系标记单独引领的小句关联体与假设型小句关联体复合的可能性最小，既有前呼型关系标记又有后应型关系标记的小句关联体与假设型小句关联体复合的可能性居中。

3.4 有标假设复句语用价值考察

传情达意是语言交际的一个重要目的，有标假设复句的运用也不例外。邢福义（2001a）在研究"'如果 p，就 q' 及相关句式"时就指出，这一句式，运用极为广泛，与陈述、疑问、祈使、感叹等用途都有关系。择要地说：第一，用于推知；第二，用于应变；第三，用于质疑；第四，用于祈使；第五，用于评说；第六，用于证实。邢先生的这一研究提纲挈领地勾勒了有标假设复句语用方面的特征，受这一思想的启发，我们接下来重点探讨以下几个方面：第一，从说话人显性意图与隐性意图的表达看有标假设复句的运用；第二，从句法管控与句域管控的双重视角理解有标假设复句；第三，从有标假设复句强大的语用功能透视其使用价值。

3.4.1 从说话人显性意图与隐性意图的表达看有标假设复句的运用

人类任何活动几乎都是有目的的，言语交际活动也是如此。对于言语交际中的这种目的性，有学者从语用新原则的高度进行过系统研究，进而提出了"目的原则"：任何理性（正常）的人的理性（正常）言语行为都是有目的的，或者说，任何理性（正常）的人的理性（正常）行为都带有目的的保证——"交际目的"。说话就是表达目的，说话就是实践（实行）目的，说话就是实现目的。从这个意义上说，说话不是手段，说话是生存；语言不是工具，而是生命和生存的展布。换句话说，目的是言语生成的原因。目的是言语发展的动力。这既是一个哲学命题，也是一个语用原则。目的原则是言语行为目的分析的基石（廖美珍，2005a）。应该说，将目的原则引入语用研究，并实际应用于言语行为分析，这不失为一种尝试、一种创新。不过，我们这里并不想对其做过多的阐述，因为廖美珍（2005a，2005b）对什么是目的原则、目的原则与意义的关系、目的原则与目的关系及其关联意义、目的原则下的话语语用分析模式已经做过比较详细的论证。有鉴于此，联系研究实际，本小节着重从说话人显性意图与隐性意图的表达看有标假设复句的运用。所谓显性意图，就是说话人想让对方明白自己说了什么；而隐性意图则是说话人想让对方明白自己为什么会这样说。先看几个例子。

（323）刘云吃惊地看着吴刚，没想到他能这么直接跟她说话。从前他们的关系总像是隔着一层厚厚的雾，刘云能感到吴刚对她的关注，但谁也没有勇气让这雾稍稍薄些，仿佛那样他们就没有了保护，一切就不会再存在。想到这儿，刘云突然意识到，她好像也从没对耿林提起过吴刚这个同事。"你怎么知道我睡眠不好？"刘云的心被吴刚的关切弄软了，但她还是坚守着最后的防线。"<u>如果你再一次晕倒，就很麻烦了。</u>"

（皮皮《比如女人》）

（324）乐秋心与小红紧紧地抱在一起。秋心拍着小红的肩膀，说：“请替我把信打好，事不宜迟。”“乐小姐，我也不干了，随你一道进退。”“千万不可。我还没有找到新工作，不知道前途如何，否则还可以一直把你带在身边。”小红默然，一会，才忧心地说：“不知道他们会把我调派到什么人的办公室去？”“不要紧的，你是个尽责的秘书，任何一位上司都会喜欢你。”“乐小姐，多谢你的鼓励。如果我有选择，我宁可跟随你。”（梁凤仪《激情三百日》）

前例中，吴刚运用这个有标假设复句的显性意图在于告诉刘云再一次晕倒的严重后果；而隐性意图在于暗示刘云，再也不要晕倒了，从而表达自己对刘云的关切。后例中，小红说这话的显性意图在于告诉乐秋心如果可以自主选择，自己愿意与她一起辞职；而隐性意图在于向乐秋心表明自己的忠心耿耿、患难与共、无可奈何。

从以上分析可以看出，有标假设复句中，说话人的显性意图在于指明前呼句里所说事情与后应句里所说事情存在某种假设性关联，而隐性意图在于通过指明这种假设性关联，向听话人传达自己的观点、态度、立场、意愿、动机等。不难理解，显性意图和隐性意图之间是一种辩证的关系，二者相辅相成，不可分割。相比较而言，显性意图是前提条件，因为说话人只有把显性意图表述清楚了，才有可能向对方准确传达自己的隐性意图；而隐性意图则是终极目的，换而言之，说话人既希望对方明白自己的显性意图，更希望对方明白自己的隐性意图，因为只有这样才有可能达到言语交际的目的。当然，不管是显性意图还是隐性意图，都源于说话人的语用需求，也就是说，正是在语用需求的驱动下，说话人才会借某种语言形式表达自己的显性意图和隐性意图。从这个意义上说，说话就是为了满足某种语用需求。同时，我们也注意到，能满足某种语用需求的语言形式往往不止一种。这个时候，说话人往往会优先选择最适合当时的语言环境、最能体现说话意图、最能满足语用需求的语言形式。假定有这么一种情况：张明和肖华是很要好的朋友，可是后来肖华去了美国，两人就再没见过。有一次，张明在火车上发现有个人长得很像肖华，于是上前跟那个人打招呼。试比较下面几种方式，看哪种最合适。

（325）方式一：嗨，哥们，怎么回来也不跟我联系啊？

方式二：小子，这么巧啊，在这里碰上你了。

方式三：喂，伙计，你不会就是肖华吧？

方式四：你好！如果我没认错的话，你应该就是肖华吧？

观察可知，总的说来，方式一、二、三显得比较随便，方式四比较正式，显得谦恭有礼。如果张明确认对方就是肖华，并且事实上也是，那么前三种方式都未尝不可，因为对于熟人而言，随便也是一种亲切。可现在的问题是，张明只是觉得对方长得像肖华，而不能确定是他。也就是说，在确认对方是肖华之前，张明与对方并不是熟人关系。在这样的前提条件下，前三种方式都显得比较唐突，万一对方不是肖华，容易造成尴尬或者不必要的误会。因此，在这样的语言环境下，相对而言，方式四是最合适的。一方面，由于这种方式比较有礼貌，对方乐于接受；另一方面，即使对方不是肖华，也有一个缓冲的余地，不至于尴尬，因为前呼型假设小句已经做了铺垫。

语言实际生活中，语用需求是灵活多变的，因此，说话人向对方表达的显性意图和隐性意图也是多种多样的。与此相适应，作为显性意图和隐性意图的承载体——语言形式也是丰富多彩的。就“句”层面而言，每一个句子、每一个句式都有其特定的存在价值。它们总是能在某种特定的语用场合被说话人用来表达某种显性意图和隐性意图，进而满足某种特定的语用需求。有标假设复句也不例外，从某个角度来说，有标假设复句之所以得到如此广泛的运用，主要是因为它能在各种各样的语言环境下以恰当的方式准确传神地表达说话人的显性意图和隐性意图。

3.4.2　从句法管控与句域管控的双重视角理解有标假设复句

以上我们从说话人的角度探讨了显性意图、隐性意图和有标假设复句之间的辩证关系，接下来我们从听话人的角度继续探讨如何从句法管控与句域管控的双重视角理解有标假设复句，即：如何准确理解有标假设复句折射出来的显性意图和隐性意图。因为只有听话人正确地领会了说话人的显性意图和隐性意图，交际目的才得以最终实现。至于为什么要从句法管控和句域管控的双重视角出发，那是因为二者对于有标假设复句的理解有着至关重要的作用。据邢福义等（2004）对“句管控”思想的阐释，所谓“句管控”，指的是句法机制对各种语法因素的管控作用。实际上，“句管控”包括“句法管控”和“句域管控”。所谓“句法管控”，是指语词组合配置受到句法规则的管束和制约，涉及的是具体语言片段的句法语义格局。所谓“句域管控”，是指不同句法领域对语法事实的管束和制约，涉及的是具体语言片段的动态语境。具体到有标假设复句，句法管控的视角启迪我们分析考察前呼句和后应句之间的句法语义关联，从而帮助我们理解有标假设复句所承载的显性意图；而句域管控的视角则启发我们分析考察有标假设复句所处的上下文环境，从而准确获知有标假设复句所承载的隐性意图。不妨先看几个例子。

（326）杨华跟了镖队几年，懂得一些相马的知识，看上一匹红鬃青毛的健马。心里想道：“这匹马虽然比不上碧漪那匹白马，也算得上是上品的骏马了。我失了坐骑，正好拿它代步。”于是便问价钱。那匹骏马的主人说道，“是你要的，便算一百两银子吧！”他怕杨华嫌贵，向杨华解释道：“这是蒙古运来的良种名驹，善走长路。如果别的人买，我要

二百两的！”（梁羽生《牧野流星》）

（327）董小宛却紧紧抓住利剪不放，洪承畴怕董小宛死在这里，自己就要担当很大的干系。真是捏在手里怕烫，松了手又怕飞走。只好气急败坏地喝令侍婢们好生照料。“如果这贱人寻了死，你们也休想活命。”随即就带着护卫匆匆下楼去了。（高阳《董小宛》）

如上所示，两例中的画线部分都是有标假设复句。先看前例中的有标假设复句，从句法管控的视角进行观测，通过分析前呼句和后应句之间句法语义关系，我们可以得知这个有标假设复句所承载的显性意图是告诉杨华：别人买，价钱更贵。若从句域管控的视角予以考察，联系上下文便可获知骏马的主人这样说的隐性意图在于：让杨华知道自己买的是个便宜价，从而买下这匹骏马。再看后例中的有标假设复句，从句法管控的视角来看，前呼句和后应句之间的句法语义关系告诉我们，洪承畴这样说的显性意图在于告诉侍婢们：董小宛如果寻了死，后果将不堪设想。从句域管控的视角来看，不难理解，他这样说的隐性意图在于威胁侍婢们，希望她们好好看管董小宛。

需要指出的是，对于汉语是母语的人而言，很多时候只要分析有标假设复句前呼句和后应句之间的句法语义关系就可以获知说话人的显性意图和隐性意图，因为他们有丰富的语感经验。但对于那些汉语非母语的人而言，要想正确解读有标假设复句所承载的显性意图和隐性意图，往往既需要考察前呼句和后应句之间的句法语义关联，又需要联系上下文作进一步的考辨。不过有时候即使是那些汉语是母语的人，也需要结合具体语境分析，才能获知说话人的真正意图。比如下面两组例子。

（328）甲：这种眼神看着我干嘛？

乙：干嘛？自己做的好事还要我来说吗？老实点，是不是欺负小弟弟了？

甲：没有，你凭什么说我欺负了他？

乙：还嘴硬，以为瞒得过我吗？如果你不打他，他是绝对不会哭的。

（329）甲：啊？你要我给你带小孩？

乙：怎么啦，不乐意？

甲：不是不乐意，是很害怕。

乙：有什么好怕的？

甲：我好怕小孩子哭的。

乙：哦，这你放心好了，我这孩子很乖的。如果你不打他，他是绝对不会哭的。

甲：那我肯定不会打他咯。

以上两例中的画线部分都是有标假设复句，从语表形式来看，没有什么区别，但是二者所处的语言环境是不同的。前例中，乙这样说旨在论证：就是因为你打了他，他才会哭。从而也就证明甲说了假话。后例中，乙这样说旨在说明：只要你不打他，他就绝不会哭。从下文也可以看出，甲是肯定不会打他的，所以也不存在小孩哭这回事了。看得出来，前例中乙这样说有责备的味道，而后例中乙这样说则有宽慰之意。由此可见，特定情况下，上下文环境有可能影响前呼句与后应句之间的句法语义关系，从而导致看起来一样的有标假设复句有可能在不同的语言环境中表达不同的说话意图。这也进一步证明，将句法管控与句域管控的观测视角结合起来，既分析有标假设复句前呼句与后应句之间的句法语义关联，又分析它所处的语言环境，确确实实有助于我们全面、准确地理解有标假设复句。当然，“句法管控”也好，“句域管控”也好，它们只是从不同角度启示我们：观察、描写和解释语法事实时，不可离句（邢福义等，2004）。

3.4.3　从有标假设复句强大的语用功能透视其使用价值

诚如邢福义（2001a）所言，有标假设复句的运用极为广泛。不管是口语还是书面语，不管是正式场合还是非正式场合，不管是文学作品还是非文学作品，有标假设复句几乎是无处不在、无时不在。为什么会这样？究其原因，主要是它能在各种各样的语用场合恰如其分地传达各式各样的说话意图，从而满足说话人不断变化的语用需求。换句话说，正是由于有标假设复句语用功能如此强大，所以它才得到如此广泛的运用。反过来，有标假设复句能得到如此广泛的运用，也从侧面反映出它强大的语用功能。当然，鉴于时间、精力、篇幅等因素的考虑，我们在这里不可能一一列出有标假设复句的语用功能，而只能选择其中的一些作为代表，借此透视其使用价值。为了便于从总体上把握有标假设复句的语用功能，我们将其分为两个大类。

第一大类，说话人用显性假设关联的方式对物质世界的各种联系表达自己的认识、观点、立场、态度、情感等。如果细分，可以分为：预测型、表态型、礼貌型、发誓型、希望型、告知型、强调型、规劝型、讲条件型、警告威胁型、委婉型、祈求型、献计献策型、懊悔型、感激型、惊讶型、喜悦型、愤怒型、惋惜型、无奈型、忧惧型、责备型……

第一种：预测型。这类有标假设复句中，说话人从假设前提出发，对未来的发展态势予以预测。

（330）甲：不得了，房价还在涨，完全买不起房子了。

乙：唉。如果房价一直这么涨下去，那不只是你，很多人都会买不起房子啊。

（331）如果继续做下去，他的生命将在手术台上就结束。（皮皮《比如女人》）

第二种：表态型。这类有标假设复句中，说话人针对假设前提表明自己的态度立场。

（332）甲：老头子，女儿想自己开一家公司。

乙：有开拓精神，这一点值得赞成。不过，如果没有做好充分准备，我不主张她草率行事。

（333）如果广州工人屈服，我们就不赞成。（欧阳山《三家巷》）

第三种：礼貌型。这种类型的有标假设复句中，说话人往往出于礼貌作出某种假设。比如：

（334）甲：有什么事吗？

乙：如果不妨碍您工作，我想向您请教一个问题。

（335）如果你不介意，我权且这么形容聊天室。（《人民日报》2001 年 8 月 03 日）

第四种：发誓型。这类有标假设复句中，说话人针对假设前提发表誓言。通过誓言的表白，让对方相信自己。

（336）甲：这事你可千万不要跟别人说啊。

乙：放心吧。如果我把这事泄露出去，天打五雷轰！

（337）“我发誓！”她一本正经地举起手来：“如果我不是这么问的，我马上给车撞死！”（琼瑶《梦的衣裳》）

第五种：希望型。这类有标假设复句，说话人在假设前提下引发出自己的某种希望。

（338）如果我有这种荣幸，我希望能将这个时代定义为“翟子卿时代”。（梁晓声《泯灭》）

（339）如果是女孩，我希望她成为辛吉斯那样的优秀网球运动员。（《长江日报》1998 年 10 月 6 日）

第六种：告知型。这类有标假设复句中，说话人旨在通过显性假设关联的方式告知对方一些客观规律或者自己的一些主观看法。

（340）甲：爸爸，天上没有太阳会怎么样？

乙：如果没有太阳，地球上将到处是黑暗，到处是寒冷，没有风、雪、雨、露，没有草、木、鸟、兽，自然也不会有人。

（341）如果每个人都这样说，天下就太平了。（亦舒《红尘》）

前例中，乙用显性假设关联的方式告诉儿子一些自然界的客观规律。后例中，说话人借显性假设关联的方式将自己的一些主观看法告诉对方。

第七种：强调型。这类有标假设复句中，说话人借显性假设关联强调突出某一情况。

（342）甲：你怎么这么早就起床啊？

乙：如果不是要开会，我才不会这么起得这么早呢。

（343）如果你不是罗上春的儿子，我也早就杀了你！（司马紫烟《荒野游龙》）

前例中，乙用有标假设复句强调突出就是因为要开会，所以才起得这么早。后例中，说话人旨在强调突出就是因为对方是罗上春的儿子，所以才没杀他。

第八种：规劝型。这类有标假设复句中，说话人针对假设前提规劝对方采取某种行动。

（344）你如果没这个胆子，我劝你最好是卷铺盖走路。（二月河《雍正皇帝》）

（345）如果你以为此言不谬，我劝你还是勒一勒裤腰带，买它一台，早点进入"机耕"时代。（《长江日报》1997 年 1 月 8 日）

第九种：讲条件型。这类有标假设复句中，说话人要么在假设前提里提出某种条件，要么针对假设前提提出某种条件。

（346）甲：儿子，这次期末考试要争取门门打满分啊。

乙：如果你寒假让我去北京玩，我就门门打满分。

（347）如果你希望我晚上去赴约，你现在就要答应我的要求。（琼瑶《聚散两依依》）

如上所示，前例属于假设前提里提出条件，后例属于针对假设前提提出条件。

第十种：警告威胁型。这类有标假设复句中，说话人就假设前提里所说事情警告威胁对方。

（348）如果发现你干了什么见不得人的事，立刻就会对你深恶痛绝，甚至不共戴天！（张平《十面埋伏》）

（349）如果你说一句假话，我马上砍掉你的脑袋。（知侠《铁道游击队》）

第十一种：委婉型。这类有标假设复句中，说话人委婉地把某些不便于直接表达的事情说出来。

（350）甲：你看我这房子布置得怎么样？

乙：嗯，不错。如果墙上再搞几幅字画，那就更完美了。

（351）这次"铁壁合围"表现得更出色，所以这些时他一直很想念他，他想，振江虽没有二虎那样泼辣，但比二虎机智稳重得多。如果很好地培养一下，是一个不坏的指挥员。（李晓明、韩安庆《平原枪声》）

前例中，乙不便于直接说甲墙上布置得不完美，于是就以显性假设关联的方式委婉地提示甲应该在墙上添几字画。后例中，有标假设复句委婉表明振江现在还不是一个优秀的指挥员，还有待培养。

第十二种：祈求型。这类有标假设复句中，说话人在假设前提成立的情况下恳请对方答应自己的某种要求。

（352）你如果能了解我，请你接受我的真心，也请将你的真心给我。（苏雪林《棘心》）

（353）你如果不能宽恕，那么我只求你不要生气，别以为我是戏弄你。（杨

绛《洗澡》）

第十三种：献计献策型。这类有标假设复句中，说话人旨在通过显性假设关联的方式给对方出主意。

（354）甲：再过几个月就高考了，真是急，不知道怎么办。

乙：如果要我说，你不妨先针对自身的实际情况制订好计划表。

（355）“这样子做很好，不着痕迹。”醇王欣然同意之余，又不免顾虑：“不知道六爷自己的意思怎么样？倘或恩旨倒下来了，他不愿意干，让我对上头怎么交代？”“不会的。六王爷也是受国深恩的近支亲贵，怎么能推辞？”许庚身又说，“再说，像王爷这样，尚且不避小嫌，以国事为重，六王爷如果高蹈不出，且不说问心有愧，清议怕亦不容。王爷如果再不放心，不妨先打个招呼。”（高阳《慈禧全传》）

前例中，在甲一筹莫展的时候乙为他献计献策，建议他先制订计划表。后例中，许庚身为醇王出谋划策，建议他先跟六王爷打个招呼。

第十四种：懊悔型。这种类型的有标假设复句一般是用假设前提下的好结果去比照过去某种行为所导致的不好的结果，从而表达说话人对过去某种行为的后悔。

（356）“不是你的错！”世纬激动地喊：“是我的错！本来早就可以放学了，是我要他们整理教室……如果早十分钟，不，早五分钟，甚至早一分钟出来，就不会出事了！我偏偏在那个要命的时刻，把他们带出来……”（琼瑶《青青河边草》）

（357）打开衣柜，江月蓉才发现自己鲜艳的衣服实在少得可怜。她很后悔昨天拒绝了朱海鹏逛逛商场的建议。如果在这种较量中，能带上朱海鹏买的一根针一条线，关键时候完全可以当做核武器使用。（柳建伟《突出重围》）

前例中，世纬用假设前提（“如果早十分钟，不，早五分钟，甚至早一分钟出来”）下的好结果（“就不会出事了”）去比照过去某种行为（“我偏偏在那个要命的时刻，把他们带出来”）所导致的不好的结果——出了事，进而表达自己的极度后悔之情（见方框部分）。后例中，江月蓉用假设前提（“如果在这种较量中，能带上朱海鹏买的一根针一条线”）下的好结果（“关键时候完全可以当做核武器使用”）去比照过去某种行为（“昨天拒绝了朱海鹏逛逛商场的建议”）所导致的不好的结果——想穿件像样的衣服都不行，因为自己鲜艳的衣服实在少得可怜。细心观察不难发现，文中明确标示了她的这种懊悔之情（见方框部分）。

第十五种：感激型。这类有标假设复句中，说话人对对方心存感激，因为正是由于对方的某种行为，才导致了好结果的产生。

（358）甲：感谢我干什么？我又没帮你什么忙。

乙：别谦虚了，我都知道了。如果不是你出手相助，我们公司早就倒闭了。

（359）如果不是你及时做工作，我那价值三点六万元的货物不知何时才能到手。多谢了！（《长江日报》1994 年 4 月 27 日）

前例中，乙对甲深表感谢，因为正是由于他的出手相助，乙的公司才没有倒闭。后例中，说话人对对方的行为心存感激，因为正是由于对方及时做工作，说话人价值三点六万元的货物才能到手。

第十六种：惊讶型。这类有标假设复句中，说话人因某事出乎自己的意料而感到惊讶、诧异。

（360）甲：听说小王考上北大了。

乙：真的？如果他都能考上北大，那真是不可思议啊。

（361）如果不是亲身体验，听谁说都难以置信！（《长江日报》1994 年 11 月 28 日）

第十七种：喜悦型。这类有标假设复句中，说话人旨在通过显性假设关联表达自己内心的喜悦。

（362）甲：据说今年起就不要交农业税了。

乙：你没骗我吧？如果不要交农业税，那可真是太好了！

（363）这日午后，李莲英正躺在软椅上，悠闲地品尝着“铁观音”，忽听李三顺说都察院御史朱一新来访，不由得一愣，心想我与这朱一新平日里并没甚来往，他来找我作甚？莫不成他听说自己要成亲，也来表示一下？如果能得这位不怕死的言官祝贺，那可太好了。想到这里，急忙起身迎了出去。（斯仁《李莲英》）

第十八种：愤怒型。这类有标假设复句中，说话人借显性假设关联表达心中的愤懑。

（364）甲：看了这个电影，有何感受？

乙：如果我是那个女的，我一定会杀了那个男的。

（365）如果说炎热还能令人忍耐的话，组织工作之混乱，叫人恨不得“拍案而起”。（《人民日报》1997 年 8 月 20 日）

第十九种：惋惜型。这类有标假设复句中，说话人对某种好结果未能实现而深表遗憾、惋惜。

（366）甲：听说你儿子只比录取线低一分啊。

乙：是啊，唉！如果他再多考一两分，那就好了。

（367）如果不是常少乐年龄过了线，关于演习的绝妙谋略，足以把常少乐推到将官的平台上。（柳建伟《突出重围》）

前例中，乙为自己儿子因为差一分而没读上重点大学深感惋惜。后例中，说话人对常少乐因为年龄过线而未能上将官平台一事深表遗憾、惋惜。

第二十种：无奈型。这类有标假设复句中，说话人着重表达自己的进退两难，无可奈何。

（368）甲：他要是不理你怎么办？

乙：唉，他如果真不理我，我又能怎样呢？

（369）罗维民突然觉得自己竟是如此卑鄙下作，但事已至此，也只能这样了。如果这些真会给赵中和带来什么不利的话，那也只能日后再做解释了。（张平《十面埋伏》）

第二十一种：忧惧型。这类有标假设复句中，说话人借显性假设关联侧重于表达自己的忧虑、恐惧。

（370）甲：你儿子今年高三了吧。成绩怎么样？

乙：唉，整天为这个事发愁呢。如果他考不上理想的大学，那可怎么办呢？

（371）如果沛沛长大后，也跟个有妇之夫闹恋爱，我这做母亲的如何是好？（梁凤仪《风云变》）

第二十二种：责备型。这类有标假设复句中，说话人借显性假设关联对某种行为表示谴责。

（372）甲：我不想向他道歉。

乙：啊？你怎么这个样子？如果做错了事却不愿意向别人道歉，那还算什么男子汉？

（373）如果为了“钱”，把自己的社会责任乃至起码的原则与良心都弃之不顾，该把的关也完全不把，那就太可悲了。（《长江日报》1996年1月15日）

第二大类，说话人用显性假设关联的方式对物质世界的各种联系表达自己的疑惑，希望得到某种解答。比如，称代性求解型、确认性求解型等①。

第一种：称代性求解型。这类有标假设复句中，说话人针对某个疑点发问，并希望自己或者受话人针对这个疑点予以回答，具体阐述其指代内容。

（374）甲：如果哪一天你中了五百万，你会怎么处理这笔钱？

乙：我会在家乡建一所希望小学。

（375）“如果联手，你打算出多少？”“200万吧。”她对这个数字早有准备，虽然自己个人账下有300万，但得留100万以备不测。（张卫《你别无选择》）

① 有关称代性求解及确认性求解的详细情况，我们后面的相关章节将进行具体研究，这里只是从语用功能的角度作粗线条的探讨。

第二种：确认性求解型。这类有标假设复句中，说话人希望受话人（有时候是说话人自己）对某种想法、提议或者有待抉择的事情予以判断、确认，从而达到释疑的目的。

（376）甲：如果我去了美国，你会不会来看我？

乙：肯定会啦。

（377）“如果我提出正式分手，你还会把我当成好朋友看吗？”唐龙不说话，掏出烟点上了。邱洁如说：“我不是闹着玩的。你说呀！”唐龙说：“当然是好朋友。我们的合作也不会受到影响，法拉利跑车将来还是你的。”（柳建伟《突出重围》）

值得一提的是，由于人的心理活动的复杂性、心理动机的多重性以及语用需求的多层面性，有标假设复句的语用功能也会呈现出复合性特点。

（378）甲：爸，恋爱是自由的，你凭什么不许我跟张明谈？

乙：你反了是不是？如果你敢跟他谈，我打断你的狗腿！

乙运用这个有标假设复句，既有警告威胁的味道，又反映出乙的怒不可遏，从而表明了乙的态度——绝不允许自己的女儿跟张明谈恋爱。可见，这个有标假设复句同时兼具了几项语用功能：警告威胁、表达愤怒、表明态度。

接下来我们谈谈“使用价值”的问题。“使用价值”原本是经济领域的术语，指的是商品的有用性（任祖耀，2000）。我们这里将其借用到语言领域，指的是语言形式的有用性，即能在特定的语用场合满足特定的语用需求。在“小三角”理论看来，一个语法单位能够在语言系统中存在，在语言交际中承传，必然有其语用价值上的根据，不然就会被淘汰（邢福义，1996）。我们认为，这种看法是很有道理的。具体到有标假设复句，从上面的讨论可以看出，它能在各种各样的语用场合满足说话人各式各样的语用需求。也就是从它的这种强大的语用功能里，我们看到了它不容忽视的使用价值。

那么，在假设复句这个家族里，为什么既有无标假设复句，又有有标假设复句呢？换而言之，无标假设复句和有标假设复句并存于假设复句的内在依据是什么？如果从哲学的高度思考这个问题，或许可以这样解释：无标假设复句和有标假设复句之间对立统一的辩证关系是它们能并存于假设复句的内在依据。二者的统一性表现在都是以假设关联的方式表达说话人对客观世界各种联系的主观认识；二者的对立性表现在无标假设复句是以隐性假设关联的方式表达，而有标假设复句是以显性假设关联的方式表达。无标和有标、隐性和显性的对立暗示了它们各自的独特作用。如果从语言运用的角度来看，不管是无标假设复句还是有标假设复句，都能在某种特定的语用场合最大限度地满足说话人的语用需求。也就是说，无标假设复句和有标假设复句之间呈现出某种互补性。在某种情况下，前者更能满足说话人的语用需求，而在另一种情况下，或许后者又更能满足说话人的语用需求。有趣的是，有时能用有标假设复句表达的意思却不怎么好用无标假设复句表达。

（379）如果悲剧是一口井，那么柯家历代似乎都逃不过陷溺的命运。（琼瑶《鬼丈夫》）→

悲剧是一口井，柯家历代似乎都逃不过陷溺的命运。（？）

（380）如果不怕死亡，那么剩下的就是专注于美丽人生了。（张炜《柏慧》）→

不怕死亡，剩下的就是专注于美丽人生了。（？）

这从一个侧面反映出，在某些场合下，有标假设复句相对无标假设复句而言具有不可替代性。正因为如此，有标假设复句的使用价值更加得以彰显。

3.5 小　　结

本章论及四个方面的内容。

第一，有标假设复句的前呼句或者后应句，既有可能是小句，也有可能是小句关联体。如果是小句，以谓词性结构为常。尽管十二类小句关联体均可充当前呼句或后应句，但其自由度有高低之分，其兼容性有强弱之别，关系标记之间的包孕与被包孕也存在一些限制性。比如，因果型小句关联体与前呼前置式假设关系标记的兼容性较强，而推断型小句关联体与前呼前置式假设关系标记的兼容性较弱。又比如，同样都是选择型小句关联体，“要么……要么……”类能被前呼前置式假设关系标记所包孕，但“是……还是……”类却不行。

第二，有标假设复句前呼句常携带陈述语气，较难携带感叹语气，很难携带祈使语气。至于疑问语气，一般只有当有标假设复句简省成定型化形式，才能附着在前呼句末尾。与前呼句相比，后应句携带语气类型较为丰富，陈述、感叹、祈使、疑问四种语气都能自由出现在后应句末尾。

第三，有标假设复句语义涵容性较大，几乎能与其他所有关系类型复合。“双合型”语里关系达到十种之多，“三合型”语里关系虽然不多，但也还是有。当然，假设关系与其他关系复合也存在诸多限制条件。比如，同样是因果关系，由果溯因型小句关联体能与假设型小句关联体复合，而由因导果式则不能与假设型小句关联体复合。有标假设复句语义关系的丰富多样性，很大程度上决定了其使用范围之广，使用频率之高。

第四，我们既可以从显性意图与隐性意图的表达观察说话人对有标假设复句的运用，也可以从句法管控和句域管控的双重视角观察听话人对有标假设复句所传递信息的理解。有标假设复句之所以无时无处不在，主要是因为它能在各种不同的场合恰如其分地传情达意，进而满足说话人灵活多变的语用需求。有标假设复句强大的语用功能，主要体现在两个大的方面：其一，说话人用显性假设关联的方式表达对物质世界和精神世界的认知、观点、立场、态度、情感等；其二，说话人用显性假设关联的方式表达自己的疑惑，希望得到某种解答。这两个大的方面可以继续细分为很多种不同的类型，运用于不同的领域，借以实现言谈者的交际目的。

第 4 章　面向中文信息处理的有标假设复句层次关系研究

4.1　导　　言

有关复句的本体研究，邵敬敏、胡宗哲（1996）曾经这么说："国内有关现代汉语复句的研究有两大家，一是邢福义先生，二是王维贤先生。"确实，两位先生在这个领域内做了大量卓有成效的研究，这是我们有目共睹的。特别值得关注的是，邢先生不仅占据了汉语复句本体研究的阵地，而且敏锐地捕捉到了时代信息，及时开启了复句的应用研究，其重要标志就是"211 工程"重点学科建设项目"小句中枢说在汉语与临界领域研究中的应用与验证"下面的子项目"小句中枢理论的应用与复句信息工程"的实施。根据统筹安排，笔者承担了有标假设复句的研究任务。我们认为，对有标假设复句层次关系信息处理所做的探索，至少有以下三方面的价值：其一，在应用领域验证小句关联理论的可行性。其二，结合复句信息处理研究实践，在"句处理"层面做出初步探索。其三，通过联合攻关，推动学科发展。

应该说，有标假设复句在应用领域有很多方面值得研究，本章之所以把层次关系作为首选对象，主要是考虑到：要想准确全面地理解有标假设复句，就必须理清它的层次关系。而且，有标假设复句层次关系的自动识别，有助于计算机准确理解有标假设复句内部句法语义关系，进而提高相应句式的机器翻译水平。

4.2　理 论 基 础

任何科学研究都离不开理论的指导，因此，科学实践中人们总是自觉不自觉地运用某种理论来指导自己的研究工作，本书也不例外。我们之所以选择小句关联理论作为有标假设复句层次关系信息处理基础，是基于以下几方面的考虑。第一，从哲学角度来讲，"形式"与"内容"是一对关系紧密的范畴。这一对范畴投射到语言学领域，就是语言形式与语言意义之间的关系。第二，就有标复句而言，语言形式特征突出地体现为关系标记所构成的语表序列，语言意义特征则主要表现为小句与小句之间、小句与小句关联体之间、小句关联体与小句关联体之间的层次关系。语表序列和层次关系之间具有较强的映射关系，因此，可以在二者之间构建一种“由表及里”的识别路径。有标假设复句作为有标复句的一个子类，当然也不例外。第三，小句关联理论包含句法关联、语义关联、表里关联三个分支，其中最重要的是表里关联，因为它涵盖了这一理论的主要思想。计算机能迅速捕捉的是形式化信息，语义信息属于底层信息，需要通过与形式特征之间构建联系从而外化为可识别信息。

此外，关系标记句法语义属性的分析，小句之间关联机制的探索，离不开句管控理论的指导；对合用型关系标记的自动识别，需要借助认知语言学象似性原则的相关思想；关系标记搭配频率的统计，需要数理语言学做支撑；有标复句层次关系知识库建设，则需要语料库语言学提供理论支持。

4.3　范 畴 辨 析

有标假设复句层次关系信息处理的顺利进行，有赖于以下几对范畴的准确把握。

4.3.1　“小句”与“非小句”

对人而言，区分二者并不是太大的难事，前者是最小的具有表述性和独立性的语法单位（邢福义，1996），而后者往往只是某个句法成分，它不具有表述性和独立性。但对计算机来说，如果不事先赋予它识别规则，它就会把由标点符号隔开的字符段通通判断为小句。为此，我们就必须把非小句的句法形式特征用规则加统计的方式告诉计算机。具体说来，可以分为如下几类：第一类，整个字符段具有较为固定的外在形式特征且不具有表述性和独立性。这类非小句可以通过后台建表入库的方式予以筛选，比如惯用独立语之类的，就可以用这种方式处理。第二类，整个字符段没有述谓性词类，或者即使有，但采用的是“X 的 Y”形式。第三类，整个字符段具有较典型的标记词，要么居首，要么居尾，要么首尾兼具。第四类，整个字符段虽然具备小句的形式特征，但事实上充当其他字符段的句法成分。这类非小句识别难度最大，往往需要将规则建立和数理统计二者结合起来。从规则的角度来看，它之前的字符段里，往往含有“证明”“说明”“表明”等可以携带宾语从句的动词。

4.3.2　“小句关联体”与“辖域”

前者是从小句之间关联组合的角度予以界定的，后者是从关系标记管控范围的角度界定的。小句关联体范畴的引入，是为了更加清晰明确地了解有标复句里小句之间的句法语义关联规律。辖域范畴的引入，是为了更好地给关系标记定性，更好地给它划界，有助于厘清关系标记之间的关系。小句关联体和辖域之间既相互联系，又彼此区分。小句关联体一定是辖域，辖域不一定是小句关联体。准确把握二者之间的关系，有利于有标假设复句层次关系的自动识别。

4.3.3　“前指式关联”与“后指式关联”

关系标记的关联方向，有的指向前面，即“前指式关联”，有的指向后面，即“后指式关联”。关联指向范畴的引入，便于关联模式的构建，也能让计算机更加准确快捷地判断所有关系标记的句法搭配及语义关联的方向。正常情况下，大多数关系标记要么是前指式，要么是后指式。只有少数关系标记，在某种语言环境中是前指式，在另一种语言环境里又变成后指式，这类关系标记给计算机的自动识别带来一定难度，计算机遇到这类关系标记的时候，需要扫描它前面以及后面的字符段，才能综合研判它的关联指向。相对而言，假设关系标记的关联指向比较简单，但多重假设复句往往会包孕其他类型的有标复句，所以弄清各类关系标记的关联指向是很有必要的。

4.3.4　“连用”与“合用”

“连用”与“合用”范畴，用于阐释有标复句里关系标记之间的关系。综合来看，关系标记之间如果句法上不构成搭配关系，语义上不构成前呼后应关系，同时又处于同一个小句里，那就属于“连用”。连用的关系标记，有的类属相同，往往是通过并置的方式加强某种功能。比如“如果”和“要是”连用，一般是为了增强假设意味。不同关系类型的关系标记连用，则彼此之间一般存在包孕与被包孕的关系。管控能力强，管辖范围宽的关系标记，往往包孕着管控能力弱，管辖范围窄的关系标记。就有标假设复句而言，“如果”“要是”等前呼型假设关系标记包孕能力较强，所以，经常可以看到它们与其他各种类型的关系标记连用。合用则是指辖域之间或者关系标记之间句法上互相搭配，语义上前呼后应。不难看出，连用与合用存在以下几点不同：第一，连用的对象是关系标记；而合用的对象除了关系标记还有辖域。第二，连用的关系标记处于同一个小句里；而合用的关系标记处于不同的小句里。第三，连用的关系标记之间要么是等立关系，要么是包孕关系；合用的关系标记之间体现的是一种呼应关系。第四，关系标记之间的连用，往往具有某种临时性；而关系标记之间的合用，很多都是惯常搭配。

4.4　规 律 探 求

4.4.1　关系标记句法语义属性

对关系标记句法语义属性的探求，有助于关系标记自动识别工作的开展。根据关系标记的句法位置（前置还是后置）、关联方向（前呼还是后应）、典型与否

（强式还是弱式）、关系类型（12 类），可以对有标复句里任何一个关系标记做出综合界定。以假设关系标记为例，理论上应该存在如下八种类型：前呼前置强式假设关系标记、前呼前置弱式假设关系标记、前呼后置强式假设关系标记、前呼后置弱式假设关系标记、后应前置强式假设关系标记、后应前置弱式假设关系标记、后应后置强式假设关系标记、后应后置弱式假设关系标记。当然具体到某一种语言，不一定每种类型都有。关系标记句法语义信息综合抽取，为接下来的形式化表征以及语表序列的自动提取奠定了坚实的基础。

4.4.2　关系标记语表序列模式

任意一个有标复句，如果将它的关系标记抽取出来，从形式上看，它会形成一个线性序列，而从句法搭配及语义关联的角度看，它是一个层级梯度组合。我们必须根据关系标记自身的句法语义属性、所处语言环境、连用或合用规律等统筹判断它的实际关联情况。以两句式有标假设复句为例，其关系标记语表序列模式如表 4-1 所示。

表 4-1　两句式有标假设复句关系标记语表序列模式

序号	语表序列模式
1	①qqqcjs②hqrcjs
2	①qqqcjs②kb
3	①qqrcjs②hqrcjs
4	①qqrcjs②kb
5	①qhrcjs②hqrcjs
6	①qhrcjs②kb
7	①qqqcjs · qqrcjs②hqrcjs
8	①qqqcjs · qqrcjs②kb
9	①qqqcjs · qhrcjs②hqrcjs
10	①qqqcjs · qhrcjs②kb
11	①qqrcjs · qhrcjs②hqrcjs
12	①qqrcjs · qhrcjs②kb
13	①qqqcjs · qqrcjs · qhrcjs②hqrcjs
14	①qqqcjs · qqrcjs · qhrcjs②kb
15	①qqqcjs②hqrcjs · hqqcyg
16	①qqrcjs②hqrcjs · hqqcyg
17	①qhrcjs②hqrcjs · hqqcyg
18	①qqqcjs · qqrcjs②hqrcjs · hqqcyg
19	①qqqcjs · qhrcjs②hqrcjs · hqqcyg

续表

序号	语表序列模式
20	①qqrcjs · qhrcjs②hqrcjs · hqqcyg
21	①qqqcjs · qqrcjs · qhrcjs②hqrcjs · hqqcyg
22	①qqqcjs②hqqcyg
23	①qqrcjs②hqqcyg
24	①qhrcjs②hqqcyg
25	①qqqcjs · qqrcjs②hqqcyg
26	①qqqcjs · qhrcjs②hqqcyg
27	①qqrcjs · qhrcjs②hqqcyg
28	①qqqcjs · qqrcjs · qhrcjs②hqqcyg
29	①qqqcjs②hqrcjs · hqrctd
30	①qqrcjs②hqrcjs · hqrctd
31	①qhrcjs②hqrcjs · hqrctd
32	①qqqcjs · qqrcjs②hqrcjs · hqrctd
33	①qqqcjs · qhrcjs②hqrcjs · hqrctd
34	①qqrcjs · qhrcjs②hqrcjs · hqrctd
35	①qqqcjs · qqrcjs · qhrcjs②hqrcjs · hqrctd
36	①qqqcjs②hqrctd
37	①qqrcjs②hqrctd
38	①qhrcjs②hqrctd
39	①qqqcjs · qqrcjs②hqrctd
40	①qqqcjs · qhrcjs②hqrctd
41	①qqrcjs · qhrcjs②hqrctd
42	①qqqcjs · qqrcjs · qhrcjs②hqrctd
43	①qqqcjs②hqrcjs · hqqctj
44	①qqrcjs②hqrcjs · hqqctj
45	①qhrcjs②hqrcjs · hqqctj
46	①qqqcjs · qqrcjs②hqrcjs · hqqctj
47	①qqqcjs · qhrcjs②hqrcjs · hqqctj
48	①qqrcjs · qhrcjs②hqrcjs · hqqctj
49	①qqqcjs · qqrcjs · qhrcjs②hqrcjs · hqqctj
50	①qqqcjs②hqqctj
51	①qqrcjs②hqqctj
52	①qhrcjs②hqqctj
53	①qqqcjs · qqrcjs②hqqctj
54	①qqqcjs · qhrcjs②hqqctj

续表

序号	语表序列模式
55	①qqrcjs • qhrcjs②hqqctj
56	①qqqcjs • qqrcjs • qhrcjs②hqqctj
57	①qqqcjs②hqrcjs • hqrctj
58	①qqrcjs②hqrcjs • hqrctj
59	①qhrcjs②hqrcjs • hqrctj
60	①qqqcjs • qqrcjs②hqrcjs • hqrctj
61	①qqqcjs • qhrcjs②hqrcjs • hqrctj
62	①qqrcjs • qhrcjs②hqrcjs • hqrctj
63	①qqqcjs • qqrcjs • qhrcjs②hqrcjs • hqrctj
64	①qqqcjs②hqrctj
65	①qqrcjs②hqrctj
66	①qhrcjs②hqrctj
67	①qqqcjs • qqrcjs②hqrctj
68	①qqqcjs • qhrcjs②hqrctj
69	①qqrcjs • qhrcjs②hqrctj
70	①qqqcjs • qqrcjs • qhrcjs②hqrctj
71	①qqqcjs②hqrcjs • hqqcmd
72	①qqrcjs②hqrcjs • hqqcmd
73	①qhrcjs②hqrcjs • hqqcmd
74	①qqqcjs • qqrcjs②hqrcjs • hqqcmd
75	①qqqcjs • qhrcjs②hqrcjs • hqqcmd
76	①qqrcjs • qhrcjs②hqrcjs • hqqcmd
77	①qqqcjs • qqrcjs • qhrcjs②hqrcjs • hqqcmd
78	①qqqcjs②hqrcjs • hqrcbl
79	①qqrcjs②hqrcjs • hqrcbl
80	①qhrcjs②hqrcjs • hqrcbl
81	①qqqcjs • qqrcjs②hqrcjs • hqrcbl
82	①qqqcjs • qhrcjs②hqrcjs • hqrcbl
83	①qqrcjs • qhrcjs②hqrcjs • hqrcbl
84	①qqqcjs • qqrcjs • qhrcjs②hqrcjs • hqrcbl
85	①qqqcjs②hqrcjs • hqrclg
86	①qqrcjs②hqrcjs • hqrclg
87	①qhrcjs②hqrcjs • hqrclg
88	①qqqcjs • qqrcjs②hqrcjs • hqrclg
89	①qqqcjs • qhrcjs②hqrcjs • hqrclg

续表

序号	语表序列模式
90	①qqrcjs · qhrcjs②hqrcjs · hqrclg
91	①qqqcjs · qqrcjs · qhrcjs②hqrcjs · hqrclg
92	①qqqcjs · qqrcxz②hqrcjs · hqrcxz
93	①qqrcjs · qqrcxz②hqrcjs · hqrcxz
94	①qhrcjs · qqrcxz②hqrcjs · hqrcxz
95	①qqqcjs · qqrcjs · qqrcxz②hqrcjs · hqrcxz
96	①qqqcjs · qqrcxz · qhrcjs②hqrcjs · hqrcxz
97	①qqrcjs · qqrcxz · qhrcjs②hqrcjs · hqrcxz
98	①qqqcjs · qqrcjs · qqrcxz · qhrcjs②hqrcjs · hqrcxz
99	①qqqcjs · qqrcdj②hqrcjs · hqqcdj
100	①qqrcjs · qqrcdj②hqrcjs · hqqcdj
101	①qhrcjs · qqrcdj②hqrcjs · hqqcdj
102	①qqqcjs · qqrcjs · qqrcdj②hqrcjs · hqqcdj
103	①qqqcjs · qqrcdj · qhrcjs②hqrcjs · hqqcdj
104	①qqrcjs · qqrcdj · qhrcjs②hqrcjs · hqqcdj
105	①qqqcjs · qqrcjs · qqrcdj · qhrcjs②hqrcjs · hqqcdj
106	①qqqcjs · qqqcdj②hqrcjs · hqqcdj
107	①qqrcjs · qqqcdj②hqrcjs · hqqcdj
108	①qhrcjs · qqqcdj②hqrcjs · hqqcdj
109	①qqqcjs · qqrcjs · qqqcdj②hqrcjs · hqqcdj
110	①qqqcjs · qqqcdj · qhrcjs②hqrcjs · hqqcdj
111	①qqrcjs · qqqcdj · qhrcjs②hqrcjs · hqqcdj
112	①qqqcjs · qqrcjs · qqqcdj · qhrcjs②hqrcjs · hqqcdj
113	①qqqcjs②hqrcjs · hqqczz
114	①qqrcjs②hqrcjs · hqqczz
115	①qhrcjs②hqrcjs · hqqczz
116	①qqqcjs · qqrcjs②hqrcjs · hqqczz
117	①qqqcjs · qhrcjs②hqrcjs · hqqczz
118	①qqrcjs · qhrcjs②hqrcjs · hqqczz
119	①qqqcjs · qqrcjs · qhrcjs②hqrcjs · hqqczz
120	①qqqcjs②hqqczz
121	①qqrcjs②hqqczz
122	①qhrcjs②hqqczz
123	①qqqcjs · qqrcjs②hqqczz
124	①qqqcjs · qhrcjs②hqqczz

续表

序号	语表序列模式
125	①qqrcjs • qhrcjs②hqqczz
126	①qqqcjs • qqrcjs • qhrcjs②hqqczz
127	①qqqcjs②hqrcjs • hqrcrb
128	①qqrcjs②hqrcjs • hqrcrb
129	①qhrcjs②hqrcjs • hqrcrb
130	①qqqcjs • qqrcjs②hqrcjs • hqrcrb
131	①qqqcjs • qhrcjs②hqrcjs • hqrcrb
132	①qqrcjs • qhrcjs②hqrcjs • hqrcrb
133	①qqqcjs • qqrcjs • qhrcjs②hqrcjs • hqrcrb
134	①qqqcjs②hqrcrb
135	①qqrcjs②hqrcrb
136	①qhrcjs②hqrcrb
137	①qqqcjs • qqrcjs②hqrcrb
138	①qqqcjs • qhrcjs②hqrcrb
139	①qqrcjs • qhrcjs②hqrcrb
140	①qqqcjs • qqrcjs • qhrcjs②hqrcrb

表 4-1 中，qqqcjs 表示前呼前置强式假设关系标记，qqrcjs 表示前呼前置弱式假设关系标记，qhrcjs 表示前呼后置弱式假设关系标记，hqrcjs 表示后应前置弱式假设关系标记，hqqcyg 表示后应前置强式因果关系标记，hqrctd 表示后应前置弱式推断关系标记，hqqctj 表示后应前置强式条件关系标记，hqrctj 表示后应前置弱式条件关系标记，hqqcmd 表示后应前置强式目的关系标记，hqrcbl 表示后应前置弱式并列关系标记，hqrclg 表示后应前置弱式连贯关系标记，qqrcxz 表示前呼前置弱式选择关系标记，hqrcxz 表示后应前置弱式选择关系标记，qqrcdj 表示前呼前置弱式递进关系标记，qqqcdj 表示前呼前置强式递进关系标记，hqqcdj 表示后应前置强式递进关系标记，hqqczz 表示后应前置强式转折关系标记，hqrcrb 表示后应前置弱式让步关系标记。

4.4.3　合用型关系标记自动识别规律

合用型关系标记的自动识别，要考虑四条规律，即语序制约律、相互制约律、亲密度制约律、句法空间制约律（尹蔚、罗进军，2007）。具体来说，第一，合用型关系标记的搭配，往往次序比较稳定，因此，绝大多数关系标记的关联指向也是相对固定的。根据这一特点，计算机比较容易判断某一关系标记的配搭对象，进而予以准确匹配，这就是我们所说的语序制约律。第二，前呼型标记与后应型标记之间相互依存，构成一个关系场，一方的存在往往以另一方为前提条件，身份的辨别也常常需要借助另一方才能最终判定，这就是上文所说的相互制约律。第三，有些关系标记，能与不同的关系标记搭配，如果同一语表序列里出现两个以上可搭配对象，如何判定它到底与哪一个关系标记构成前后呼应的关系？这时需要借助关系标记的搭配频率，搭配频率高的关系标记比搭配频率低的关系标记更容易构成合用型关系标记，这就是前文所说的亲密度制约律。第四，根据认知语言学的距离象似性原则，概念上比较接近，语义关系比较紧密的成分，句法距离也会比较近。若将此原则引申开来，运用在合用型关系标记上，就会发现，句法距离比较靠近的关系标记，更容易成双结对，这就是前面提到的句法空间制约律。

综合考虑合用型关系标记之间的惯常语序、相互依存度、搭配频率、句法空间距离等因素，有利于提高计算机的自动识别率。

4.4.4 关系标记语表序列聚类规律

计算机自动提取的语表序列，如何才能与关系标记语表序列模式对接？这需要用到化归的思想，这样才能将各种各样复杂多变的关系标记序列聚集到相应的模式下面去。为此，必须做到：第一，小句构件数目必须一样多；第二，相应小句中的关系标记或者关系标记组合必须能够互相置换而不影响层次关系；第三，同一关系类型的强式关系标记与弱式关系标记可以互相置换；第四，同一关系类型的前置式关系标记与后置式关系标记可以互相置换；第五，同一小句内，同类连用的关系标记串可以用其中任何一个关系标记置换；第六，关系类型相同的合一性合用型关系标记与单用型关系标记可以互相置换。

4.5 有标假设复句层次关系知识库架构

有标假设复句层次关系自动识别，需要一个相应的知识库作为支撑。如果涉及多层关系，需要考虑的往往不止假设关系本身。因此，虽然我们需要处理的是有标假设复句，但我们必须站在全局的角度考察其他所有不同类型的有标复句。总的说来，有标假设复句层次关系信息处理知识库需要涵盖如下几方面的内容。首先，以词表的方式构建各种子库：第一，根据关系标记自身的句法语义属性，按照前面所说的类型参项对所有关系标记进行形式化表征，构建关系标记表征库。第二，将有典型外在特征的非小句汇集在一起，构建非小句识别库。第三，编定程序自动提取大量语表序列，在此基础上总结归纳各种配搭模式，构建语表序列模式库。第四，从有标复句的层次关系入手，结合数学领域的排列组合知识，在限定小句数量的基础上，构建层次关系模式库。第五，将语表序列模式与层次关系模式进行对接，构建有标假设复句表里关联模态库。第六，将特定的框式简图、树型图与特定的层次关系对接起来，构建有标假设复句层次关系图库。其次，建立各种规则库。比如，关系标记识别规则、非小句识别规则、语表序列提取规则、语表序列聚类规则、表里关联对接规则等。

4.6　有标假设复句层次关系信息处理流程

有标假设复句层次关系信息处理流程如下：第一步，预处理。具体一点讲，就是将需要提取语表序列的有标假设复句经过分词软件的处理。第二步，识别非小句。就是将有标假设复句中属于非小句的字段识别出来，并在该字段后面标上“/fxj”的符号。第三步，给有标假设复句中的各小句按先后顺序编号。第四步，识别关系标记并标上相应的形式化符号。第五步，对于那些没有关系标记引领的无标小句，在其后标上“/kb”的符号，以表示这是个无标小句。第六步，按照有标假设复句中各小句的先后顺序，将其中的编号、关系标记的形式化符号及空标符号提取出来。此外，如果关系标记连用，则在它们相应的形式化符号之间隔之以“·”。第七步，根据聚类规则，将提取出来的语表序列和表里关联模态库里的语表序列模式进行匹配。第八步，匹配成功后，根据表里对接规则给待处理有标假设复句标注层次关系，并提供相应框式简图和树型图。

4.7　有标假设复句表里关联模态构建的示例性研究

如上所说，有标复句表里关联模态的构建是层次关系自动识别中至关重要的一环。因此，要想实现有标假设复句层次关系的自动识别，就必须构建好有标假设复句的表里关联模态。上面我们也提到，如果将有标复句的小句构件数目限定在 $2\leqslant N\leqslant4$，则其层次关联模式充其量也就是 15 种，但是如果把语里关系考虑进来，则其层次关系模式将会达到一千种左右[①]（有标假设复句的层次关系模式及相应例句见附录[②]）。鉴于篇幅等因素的考虑，我们这里不打算一一构建有标假设复句的表里关联模态，只是选择其中的一部分作为代表，进行示例性研究。

4.7.1　两句式有标假设复句表里关联模态构建

从层次关联的角度看，两句式有标假设复句只有一种模式，那就是“1”式。

---

① 具体数目将视具体类型的有标复句而定。

② 附录内容扫描后记中二维码阅读，后续不再赘述。

联系语里关系来看，如果是单纯型语里关系，则其层次模式为：1js。据此，我们组造相应的有标假设复句如下。

（1）如果你工作了，就把钱还给他。

经过计算机自动处理，可以获知这个有标假设复句的语表序列模式为：

①qqqcjs②hqrcjs

因此，该类有标假设复句的表里关联模态为：

①qqqcjs②hqrcjs→1js

可以用框式简图（图 4-1）和树型图（图 4-2）表示如下。

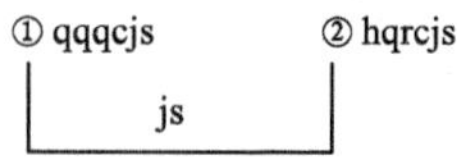

图 4-1　“1js”型有标假设复句表里关联之框式简图

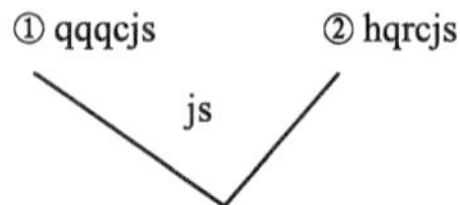

图 4-2　“1js”型有标假设复句表里关联之树型图

如果是复合型语里关系，比如假设关系与因果关系复合，则其层次关系模式为：1js+yg[①]。据此，我们组造相应的有标假设复句如下。

（2）如果王军能来，那全是因为他爸爸做了很多幕后工作。

计算机自动提取上例的语表序列，得到的结果是：

①qqqcjs②hqrcjs · hqqcyg

所以，该类有标假设复句的表里关联模态为：

①qqqcjs②hqrcjs · hqqcyg→1js+yg

用框式简图（图 4-3）和树型图（图 4-4）表示如下。

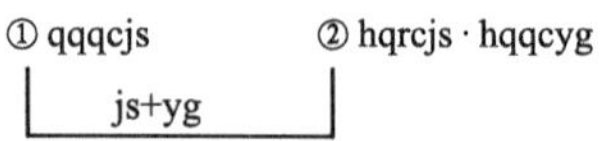

图 4-3　“1js+yg”型有标假设复句表里关联之框式简图

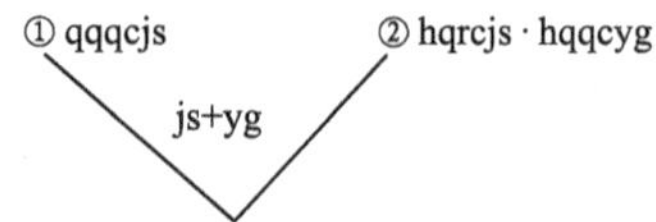

图 4-4　“1js+yg”型有标假设复句表里关联之树型图

① 这里的“+”表示语里关系的复合。

又如假设关系与择优推断关系复合，其层次关系模式为：1js+td。据此，我们组造相应的有标假设复句如下。

（3）如其舍近求远，那还不如从近处着眼。

经过计算机自动处理，得到上例的语表序列为：

①qqqcjs②hqrcjs・hqrctd

因此，该类有标假设复句的表里关联模态为：

①qqqcjs②hqrcjs・hqrctd→1js+td

用框式简图（图 4-5）和树型图（图 4-6）表示如下。

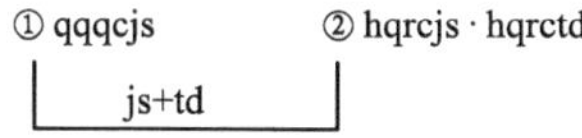

图 4-5　“1js+td”型有标假设复句表里关联之框式简图

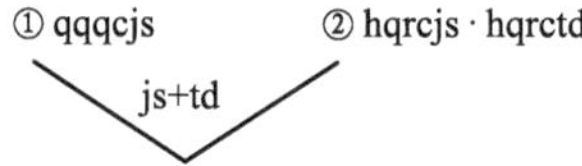

图 4-6　“1js+td”型有标假设复句表里关联之树型图

同理，其他类似的有标假设复句也可以这样构建其表里关联模态。

4.7.2　三句式有标假设复句表里关联模态构建

如上所说，就有标复句总体而言，三句式有标复句有三种层次关联模式，即“11”式、“12”式、“21”式。但三句式有标假设复句只有两种层次关联模式，分别为“12”式和“21”式。

先来看“12”式。根据我们的考察，“12”式有标假设复句的层次关系模式总共有 12 种，详情见附录。我们以其中的 1js2tj 为研究对象组造有标假设复句如下。

（4）如果他肯帮忙，那只要他打个电话给市长，市长就会同意拨款的。

经过计算机自动处理，得到其相应的语表序列为：

①qqqcjs②hqrcjs・qqqctj③hqrctj

因此，该类有标假设复句的表里关联模态为：

①qqqcjs②hqrcjs・qqqctj③hqrctj→1js2tj

用框式简图（图 4-7）和树型图（图 4-8）表示如下。

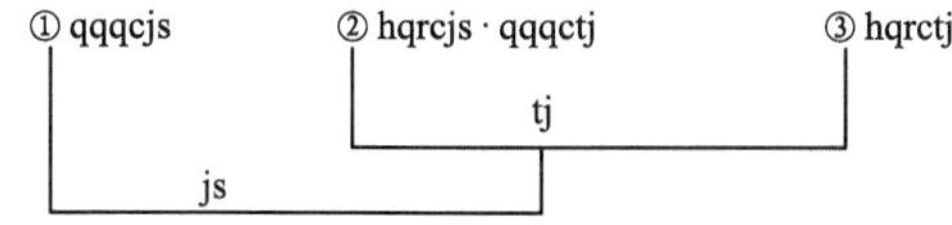

图 4-7　“1js2tj”型有标假设复句表里关联之框式简图

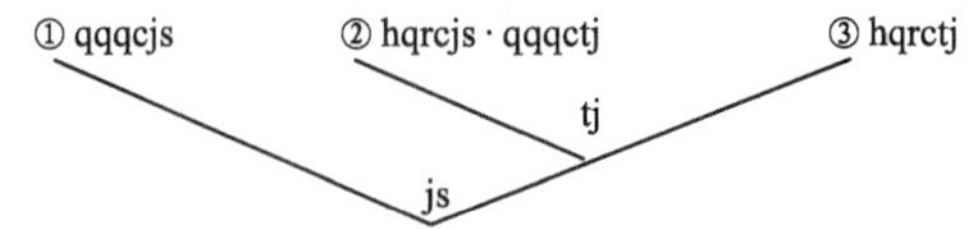

图 4-8　“1js2tj”型有标假设复句表里关联之树型图

再来看“21”式有标假设复句。根据我们的考察，“21”式有标假设复句的层次关系模式也有 12 种，详情见附录。我们以 2tj1js 为研究对象，组造有标假设复句如下。

（5）如果只要努力，就能成功，那么我们一起加油吧。

经过计算机自动提取，得到的语表序列为：

①qqqcjs • qqqctj②hqrctj③hqrcjs

因此，该类有标假设复句的表里关联模态为：

①qqqcjs • qqqctj②hqrctj③hqrcjs→2tj1js

用框式简图（图 4-9）和树型图（图 4-10）表示如下。

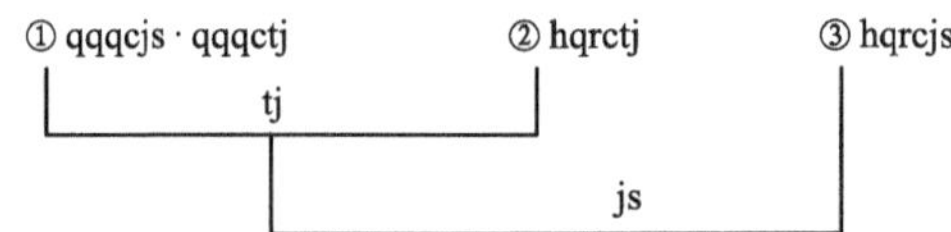

图 4-9　“2tj1js”型有标假设复句表里关联之框式简图

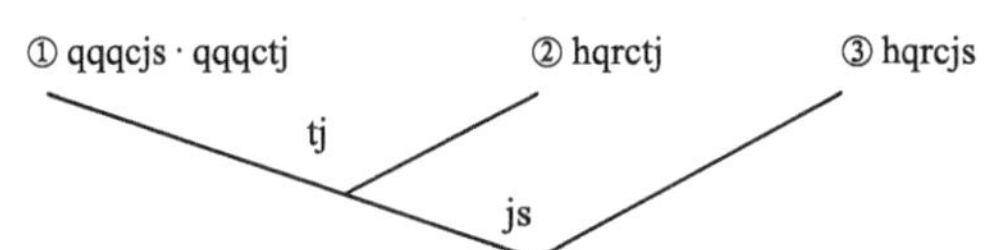

图 4-10　“2tj1js”型有标假设复句表里关联之树型图

同理，其他三句式有标假设复句也可以用这种方式构建表里关联模态。

4.7.3　四句式有标假设复句表里关联模态构建

就有标复句总体而言，四句式有标复句总共有 11 种层次关联模式。但是具体到有标假设复句，只有 7 种层次关联模式，分别是：“122”式、“123”式、“132”式、“212”式、“221”式、“231”式、“321”式。没有“111”式、“112”式、“121”式、“211”式这四种层次关联模式。

根据我们的考察，“122”式有标假设复句总共有 3 种层次关系模式。如果以 1js2bl2bl 为研究对象，可以组造如下有标假设复句。

（6）你如果再晚一个小时去食堂，就会又没饭吃，又没菜吃，又没汤喝。

自动提取之后，得到语表序列为：

①qqqcjs②hqrcjs・qqrcbl③hqrcbl④hqrcbl

所以，该类有标假设复句的表里关联模态为：

①qqqcjs②hqrcjs・qqrcbl③hqrcbl④hqrcbl→1js2bl2bl

用框式简图（图 4-11）和树型图（图 4-12）表示如下。

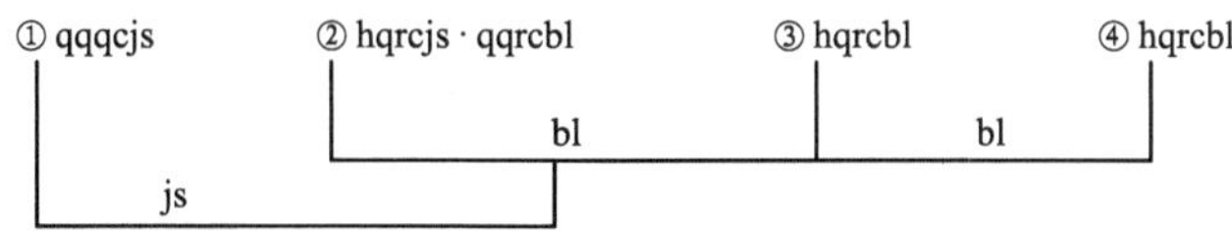

图 4-11　“1js2bl2bl”型有标假设复句表里关联之框式简图

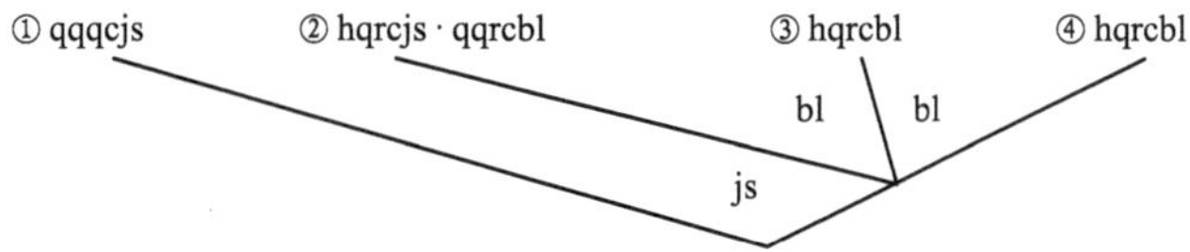

图 4-12　“1js2bl2bl”型有标假设复句表里关联之树型图

根据我们的考察，“123”式有标假设复句总共有 141 种层次关系模式，详情见附录。如果以 1js2js3md 为研究对象，可以组造如下有标假设复句。

（7）如果你是丁丁的爸爸，那么要是你没有准时出席今晚的家长会，老师就会批评你，以免你下次又迟到。

自动提取之后，得到的语表序列为：

①qqqcjs②hqrcjs・qqqcjs③hqrcjs④hqqcmd

因此，该类有标假设复句的表里关联模态为：

①qqqcjs②hqrcjs・qqqcjs③hqrcjs④hqqcmd→1js2js3md

用框式简图（图 4-13）和树型图（图 4-14）表示如下。

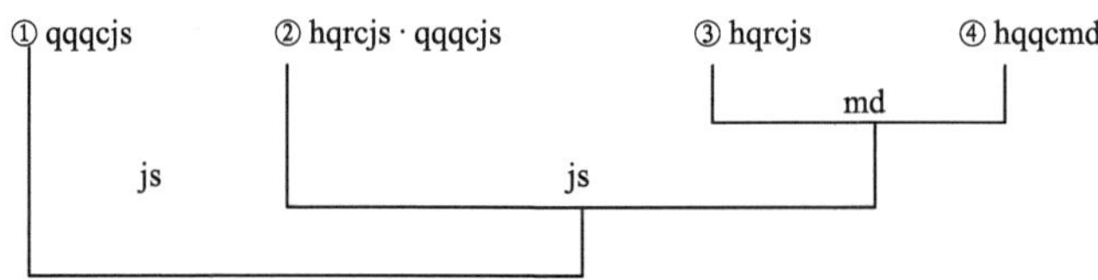

图 4-13　“1js2js3md”型有标假设复句表里关联之框式简图

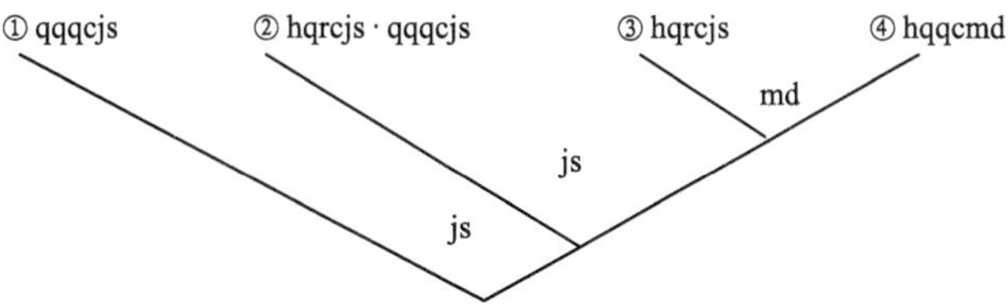

图 4-14　“1js2js3md”型有标假设复句表里关联之树型图

根据我们的考察，“132”式有标假设复句总共有 144 种层次关系模式，详情见附录。若以 1js3js2yg 为研究对象，可以组造如下有标假设复句。

（8）如果你有足够的勇气，那你要是这次没考上大学，就不要再考了，因为考大学并不是唯一的选择。

自动提取之后，得到的语表序列为：

①qqqcjs②hqrcjs・qqqcjs③hqrcjs④hqqcyg。

因此，该类有标假设复句的表里关联模态为：

①qqqcjs②hqrcjs・qqqcjs③hqrcjs④hqqcyg→1js3js2yg

用框式简图（图 4-15）和树型图（图 4-16）表示如下。

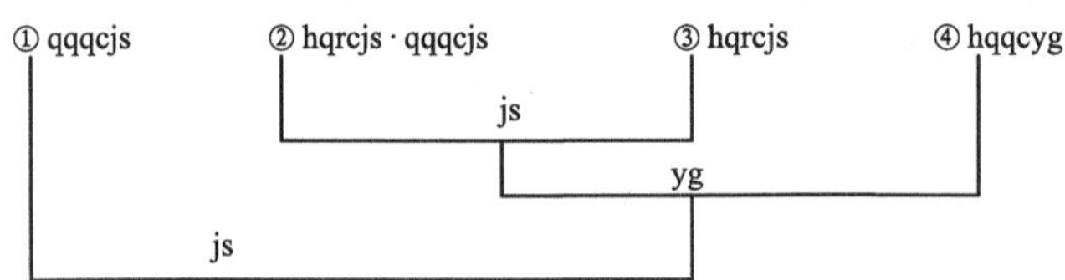

图 4-15　“1js3js2yg”型有标假设复句表里关联之框式简图

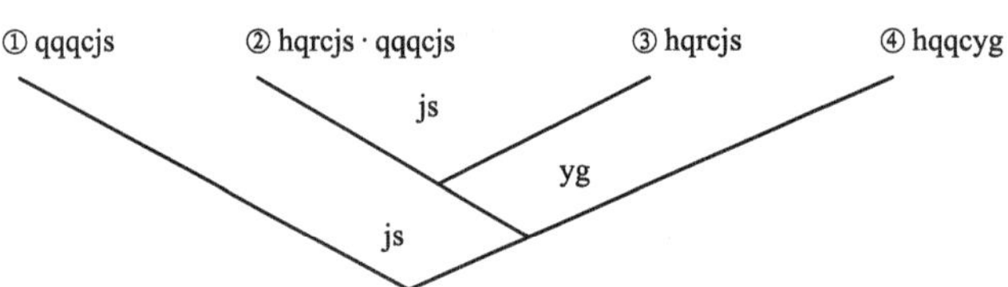

图 4-16　“1js3js2yg”型有标假设复句表里关联之树型图

附录中，“212”式有标假设复句总共有 143 种层次关系模式。以 2yg1js2yg 为例，可以组造如下有标假设复句。

（9）如果因为你年纪小，所以不要搞军训，那我身子骨弱，因此也不能搞军训。

自动提取之后，得到语表序列为：

①qqqcjs・qqqcyg②hqqcyg③hqrcjs④hqqcyg

所以，该类有标假设复句的表里关联模态为：

①qqqcjs・qqqcyg②hqqcyg③hqrcjs④hqqcyg→2yg1js2yg

用框式简图（图 4-17）和树型图（图 4-18）表示如下。

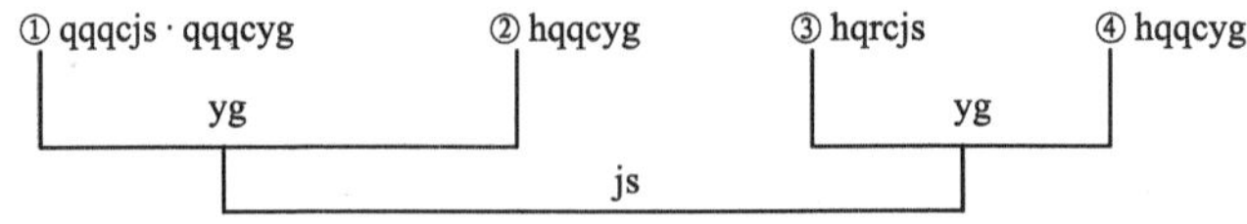

图 4-17　“2yg1js2yg”型有标假设复句表里关联之框式简图

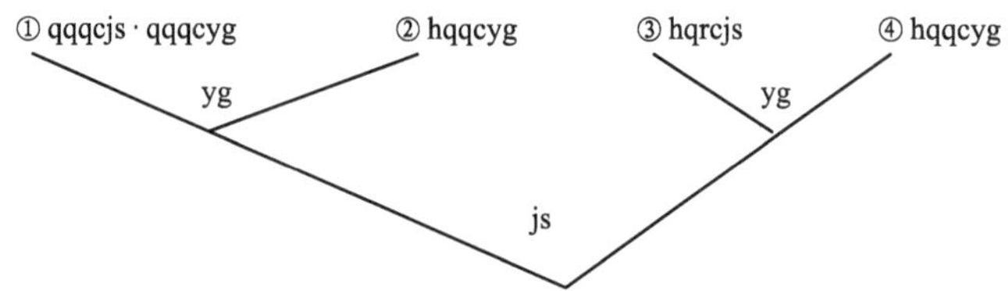

图 4-18　“2yg1js2yg”型有标假设复句表里关联之树型图

根据我们的考察，“221”式有标假设复句总共有 3 种层次关系模式，以 2bl2bl1js 为例，可以组造如下有标假设复句。

（10）如果你又不说话，又不吃饭，又不睡觉，那你父母肯定会很伤心的。

自动提取之后，得到其语表序列为：

①qqqcjs・qqrcbl②hqrcbl③hqrcbl④hqrcjs

因此，该类有标假设复句的表里关联模态为：

①qqqcjs・qqrcbl②hqrcbl③hqrcbl④hqrcjs→2bl2bl1js

用框式简图（图 4-19）和树型图（图 4-20）表示如下。

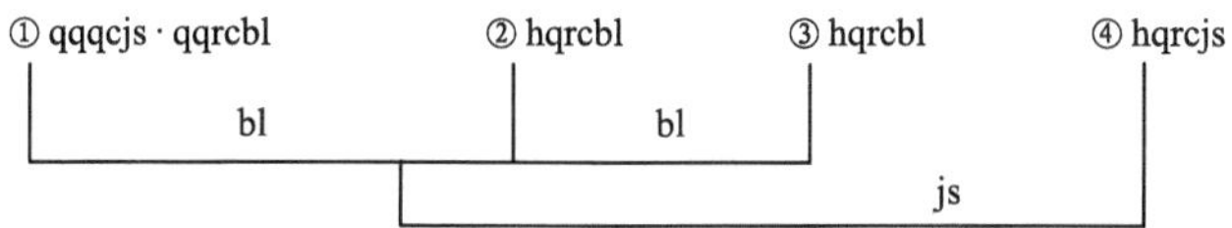

图 4-19　“2bl2bl1js”型有标假设复句表里关联之框式简图

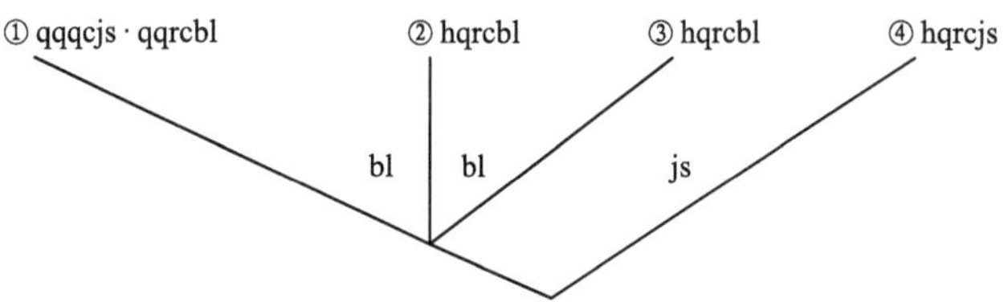

图 4-20　“2bl2bl1js”型有标假设复句表里关联之树型图

如附录所示,“231”式有标假设复句总共有 143 种层次关联模式。以 2yg3js1js 为例，可以组造如下有标假设复句。

（11）如果因为你当上了县长，所以要是家里有点什么风吹草动，马上就有一大班人马过来的话，那充分说明你县长没当好。

自动提取之后，得到语表序列为：

①qqqcjs・qqqcyg②hqqcyg・qqqcjs③hqrcjs・qhrcjs④hqrcjs

因此，该类有标假设复句的表里关联模态为：

①qqqcjs・qqqcyg②hqqcyg・qqqcjs③hqrcjs・qhrcjs④hqrcjs→2yg3js1js

用框式简图（图 4-21）和树型图（图 4-22）表示如下。

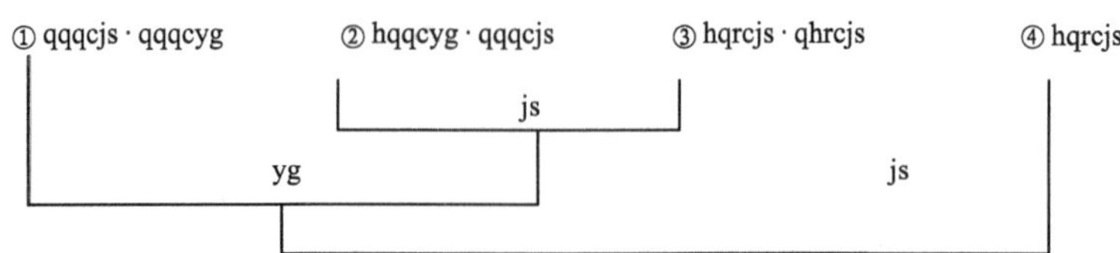

图 4-21　“2yg3js1js”型有标假设复句表里关联之框式简图

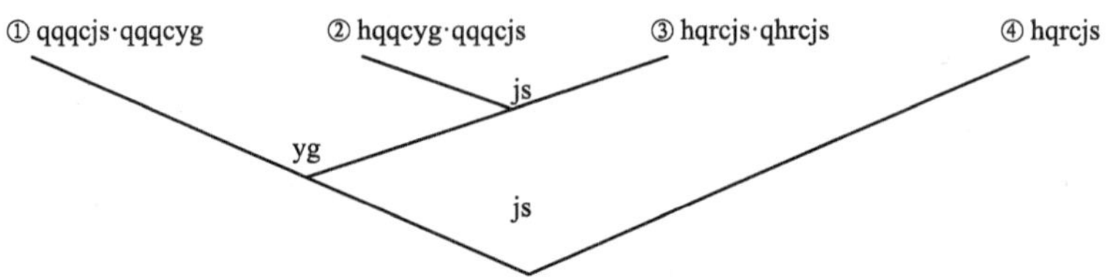

图 4-22　“2yg3js1js”型有标假设复句表里关联之树型图

在附录中，“321”式有标假设复句总共有 143 种层次关系模式。以 3yg2js1js 为例，可以组造如下有标假设复句。

（12）要是因为我帮了你，所以你要重谢我，那是没必要的，如果你真把我当朋友的话。

自动提取之后，得到语表序列为：

①qqqcjs • qqqcyg②hqqcyg③hqrcjs④qqqcjs • qhrcjs

因此，该类有标假设复句的表里关联模态为：

①qqqcjs • qqqcyg②hqqcyg③hqrcjs④qqqcjs • qhrcjs→3yg2js1js

用框式简图（图 4-23）和树型图（图 4-24）表示如下。

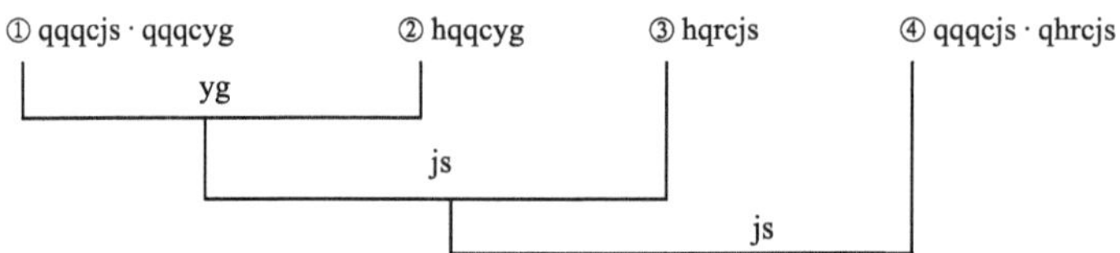

图 4-23　“3yg2js1js”型有标假设复句表里关联之框式简图

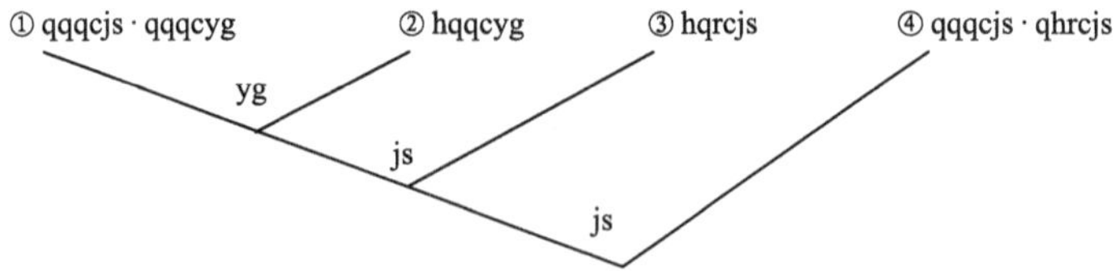

图 4-24　“3yg2js1js”型有标假设复句表里关联之树型图

同理，其他四句式有标假设复句也可以这样构建表里关联模态。

结合上面的相关数据，我们可以通过 Access 数据库构建有标假设复句的表里关联模态示例表。

表 4-2　有标假设复句表里关联模态示例表

序号	小句构件数目	语表序列模式	层次关系模式
1	2	①qqqcjs②hqrcjs	1js
2	2	①qqqcjs②hqrcjs·hqqcyg	1js+yg
3	2	①qqqcjs②hqrcjs·hqrctd	1js+td
4	3	①qqqcjs②hqrcjs·qqqctj③hqrctj	1js2tj
5	3	①qqqcjs·qqqctj②hqrctj③hqrcjs	2tj1js
6	4	①qqqcjs②hqrcjs·qqrcbl③hqrcbl④hqrcbl	1js2bl2bl
7	4	①qqqcjs②hqrcjs·qqqcjs③hqrcjs④hqqcmd	1js2js3md
8	4	①qqqcjs②hqrcjs·qqqcjs③hqrcjs④hqqcyg	1js3js2yg
9	4	①qqqcjs·qqqcyg②hqqcyg③hqrcjs④hqqcyg	2yg1js2yg
10	4	①qqqcjs·qqrcbl②hqrcbl③hqrcbl④hqrcjs	2bl2bl1js
11	4	①qqqcjs·qqqcyg②hqqcyg·qqqcjs③hqrcjs·qhrcjs④hqrcjs	2yg3js1js
12	4	①qqqcjs·qqqcyg②hqqcyg③hqrcjs④qqqcjs·qhrcjs	3yg2js1js

由此可见，上述示例性研究的意义在于，其方法是可以类推的。这也就是说，我们不仅可以通过这种方法构建有标假设复句的表里关联模态表，从而实现有标假设复句层次关系的自动识别；而且可以用这种方法构建其他有标复句的表里关联模态表，进而最终实现有标复句层次关系的自动识别。特别值得一提的是，通过上述方法，我们还可以构建一个大规模的有标复句表里关联模态图库，其中既有框式简图，又有树型图。

4.8　小　　结

有标假设复句层次关系的信息处理是一项系统工程，涉及多个学科，要综合考量、全面统筹方方面面的工作。就大的方面而言，本体领域里必须弄清楚诸多范畴的内在属性及外在表现，要深入发掘它们的内部规律，要以计算机熟悉的方式制定各种识别规则、聚类规则等。应用领域里则需要各种分析工具，比如分词软件、识别程序、提取程序、标注程序等。毫无疑问，这需要跨学科协同攻关，至少涉及语言学和计算机科学两支队伍。

按照邢福义（2001a）对复句的关系分类，二级复句有 12 类，有标假设复句是其中的一种。我们的探究路径是“由点到面”，先行摸索有标假设复句层次关系信息处理各个环节当中遇到的各种各样的问题，探究相应的解决办法，得到实践验证之后再将相关经验运用于其他有标复句的层次关系自动识别。

我们认识到，小句句法关联是有标复句层次识别的基础，因此，我们必须注重句法形式特征的考察，特别是关系标记与关系标记所构成的语表序列的考察。小句语义关联是有标复句语里关系识别的基础，因此，我们借助数学里排列组合的方法全面探究它的语义关联类型，从而做到以少驭多，以简驭繁。小句表里关联是有标复句层次关系自动识别的最关键的一环，借助数学里的映射思想，再结合本体建模的方式，就可以构建有标假设复句的表里关联模态。

有标假设复句层次关系的自动识别，重中之重就是表里关联模态的构建，这一工作的平稳推进有赖于层次关系模式与语表序列模式之间的顺利对接。这一对接既可以由表及里，也可以由里及表。但从工作难度来看，由里及表相对来说更容易一些。这是因为，从理论上讲，有标假设复句层次关系模式是可以通过数学方法推知的，数量相对有限，程序简单可控。如果通过海量提取语表序列来探究其配搭模式，在此基础上再推导出相应的层次关系模式，则其难度大大增加。

加强有标假设复句联结机制的分析可以使计算机对句法语义的理解从单句内部上升到小句之间。弄清小句之间的句法语义关系，对段落和篇章句间结构的理解将具有重要意义。由此可见，有标复句联结机制分析已成为中文信息处理应对当前需求的重要手段。

与此同时，我们也意识到，新时代对语言信息处理提出了更多更高的要求。就有标假设复句及其他类型的有标复句而言，有如下两个方面值得进一步思考。

首先，从理论上讲，有标复句语表序列和层次关系之间至少存在三种对应关系。第一种是“一对一”，即一种语表序列对应一种层次关系；第二种是“多对一”，即多种语表序列对应一种层次关系；第三种是“一对多”，即一种语表序列对应多种层次关系。相对说来，自动识别难度最高的是第三种情况。这是因为，“一对多”类有标复句，其层次关系的自动划分标注有赖于语义识别，而现有中文信息处理领域中，语义识别依然是软肋。如何突破这一瓶颈，值得进一步探讨。

其次，无论是前期准备阶段，还是后期实施阶段，各项工作的开展，都建立在报刊语料和文学语料的基础上。若将其运用于其他文本，层次关系自动识别过程中是否会遇到新的问题，现在尚不得而知。

因此，未来的研究工作，需要我们综合运用各学科领域更多更新更好的理论方法，比如深度学习理论，就值得我们在实践中验证它的可行性。让计算机能够在海量文本里准确识别各类有标复句的层次关系，这是一个更深远的目标。

第5章 “前呼型假设句＋后应型疑问句”类有标假设复句

5.1 导　言

邢福义（1996）指出，假设式是使用范围最广的复句句式，后分句可以用陈述、疑问、祈使、感叹等语气。本章我们来具体考察其中的“假设－疑问”类，即“前呼型假设句＋后应型疑问句”类有标假设复句。这里所说的“前呼型假设句”是指由前呼型假设关系标记引领的前呼句，“后应型疑问句”是指由各类疑问句式充当的后应句，二者共同构成“前呼型假设句＋后应型疑问句”类有标假设复句。比如“①如果这种感觉消失了，②你将怎么办？”中，①小句是前呼型假设句，由“如果”这个前呼型假设关系标记引领，充当整个有标假设复句的前呼句；②小句是后应型疑问句，由特指问句式构成，充当整个有标假设复句的后应句。

有关疑问句的研究，邵敬敏（1996）从研究概况、疑问句的分类、疑问语气词的研究、疑问点与答问的研究、疑问程度的研究、疑问句内部类型的研究、特殊疑问句研究等七个方面对其进行了总结归纳，并作出相应说明。有鉴于此，我们不打算对疑问句的研究现状再作具体说明，只是强调一点，即前人所做的各种有益探索为我们研究工作的深入进行奠定了坚实的基础。另外需要说明的是，本章并非对疑问句进行专门考察，只是在有标假设复句这个句法语义环境中探讨“前呼型假设句”和“后应型疑问句”之间的关联机制。如果从关联特点来看，“前呼型假设句＋后应型疑问句”类有标假设复句可以分为“假设—求解”型有标假设复句和“假设—反判”型有标假设复句。

5.2 “假设—求解”型有标假设复句

人类思维认知有个特点，就是总能根据已知的东西去探求未知的东西，我们把这一过程称为“求解”。这一特点反映到语言生活中来，便是大量“假设－求解”型有标假设复句的存在。例如以下四句。

（1）如果我说那天完全是她的阴谋，你信吗？（于晴《红苹果之恋》）

（2）如果要是有人提议马上把罗维民拘禁起来，是不是你也一样会表示同意？（张平《十面埋伏》）

（3）朱海鹏猛地抬起冷峻的目光直射楚天舒的眼睛，十分严肃地说："天舒兄，如果这是战争，你又拥有了这些技术，你是等明早和敌人正面决战呀，还是采取其他行动？"（柳建伟《突出重围》）

（4）如果你的目标和你丈夫的意见有冲突，你怎么办呢？（白帆《寂寞的太太们》）

如若从后应句看，以上四例分别代表四种类型，即"前呼型假设句＋后应型是非问句""前呼型假设句＋后应型正反选择问句""前呼型假设句＋后应型列项选择问句""前呼型假设句＋后应型特指问句"。尽管这四例采取的疑问形式各不相同，但它们却反映了相同的说话模式：说话人先作某种主观假设→然后针对所作的主观假设发问并希望得到解答。这种说话模式与我们上面提到的人类思维认知特点极其相似：我们人在思考问题的时候，也是根据已知的东西探求未知的东西。

换而言之，说话人把事先所作的某种主观假设看成了已知的东西，发问的过程就好比探求的过程，希望得到解答就好像希冀揭开未知世界的神秘面纱。可能正是由于这种相似性，因此语言实际生活中到处可见这类"假设－求解"型有标假设复句。

5.2.1　"假设－求解"型有标假设复句中前呼型假设句的主导制约性

"假设－求解"型有标假设复句中，前呼型假设句对后应型疑问句有一种主导制约性，即发问内容必须针对主观假设而不能偏离它。因此，后应型疑问句必须与前呼型假设句有这样那样的联系，否则就会显得不协调。试看几个例子。

（5）如果你吃完了，那其余的菜怎么办？

（6）如果你吃完了，我还可不可以继续吃？

（7）如果你吃完了，我们可以走了吗？

（8）如果你吃完了，吕老师下课了没有？（*）

观察可知，前面三例都能说，因为问话都是针对主观假设的某个方面而展开的，并非空穴来风。比如第一例"你吃完了"，但是菜还没有"上完"，于是自然就有了后应型特指问"那其余的菜怎么办？"。第二例中，说话人担心"你吃完"的时候自己还没吃完，但是又不知道是否可以继续吃，因此便有了后应型正反选择问"我还可不可以继续吃？"。第三例中"你吃完了"和"我们可以走"之间有一种条件性联系，即只有你吃完了，我们才可以走。第四例的问话就显得有些突兀，因为从常规角度看，"你吃完"与"吕老师下课"没有多大联系。当然，也并不是说这句话完全不能说，只是它的成立要受到较为严格的句域管控。比方，张三来李四学校找吕老师，李四告诉张三吕老师正在上课，说先去吃点东西，这个时候张三可能就会说："如果你吃完了，吕老师下课了没有？"这样一来，"你吃完”和“吕老师下课”之间便构成了一种时间联系，既有可能你吃完的时候吕老师还没下课，也有可能你吃完的时候吕老师早就下课了，当然也不排除你吃完的时候正是吕老师下课的时候。到底是哪种情况，张三心里没底，因此便问李四。

由此可见，前呼型假设句虽然不能强制性规约后应型疑问句采用何种疑问形式，但是对后应型疑问句的内容却有一种主导制约性。表现在那些与前呼型假设句内容相关、联系紧密的问句更容易成为后应型疑问句，而那些与前呼型假设句内容不怎么相关、联系不怎么紧密的问句则较难成为后应型疑问句。语言实际生活中，很多“假设－求解”型有标假设复句的问句都与前呼型假设句内容相关，联系紧密。

（9）“你说，”我问安佳，“如果一个人吃饱了饭没事干，他怎么消磨时间最好？”（王朔《一点正经没有》）

（10）如果我不做你的一只手或一只脚，而是为你求仙拜神乞求灵丹妙药，使你浑身自如起来，手和脚也都灵活起来，那么你是要我做你的一只手或一只脚，还是要我为你去求那一剂灵丹妙药呢？（陈忠实《白鹿原》）

前例后应型疑问句里面的“消磨时间”与前呼型假设句里面的“吃饱了饭没事干”内容相关，联系紧密。后例的后应型疑问句与前呼型假设句内容更相关，联系更紧密。

5.2.2 “假设－求解”型有标假设复句中后应型疑问句的承前启后性

前面我们讨论了“假设－求解”型有标假设复句中前呼型假设句的主导制约性，下面我们来探讨“假设－求解”型有标假设复句中后应型疑问句的承前启后性。先看几个例子。

（11）白茹笑了笑，“如果在学滑雪的时候，我说我不学，大家也说不学，你能怎样对我们呢？”“那我非逼你们学不可！学不会我要给你下小操。”（曲波《林海雪原》）

（12）他马上就问我：“如果我骗你，你会恨我吗？”他问我这话的时候，我的心里非常非常别扭，就好像他已经把我骗了。我说：“会恨你的。也许我会杀了你，因为我为你付出了那么多。”（安顿《绝对隐私》）

（13）“如果我早出生十三年，和明珠一样三十二岁，你会选我还是她？”“当然要你，你是我的白雪公主，她不是。”（岑凯伦《织千个梦》）

（14）肖振邦此时终于把脸转向了苏禹。“苏禹，你刚才在电话里说。这个服刑人员交代出来的情况，给 1·13 和 4·17 案件提供了重要线索。我现在要问的是，如果这两起大案确实与这个服刑人员有关系，是不是涉及了一个很大的犯罪团伙？”“极有可能是。而且还可能是一个跨地

区的，带有明显黑社会性质的重大犯罪团伙。”苏禹似乎也一改初衷，说得斩钉截铁，坚决果断。（张平《十面埋伏》）

（15）刘不才很高兴地说，“文山兄，光棍一个人，住在上海最好，吃喝嫖赌，样样方便。你如果不嫌弃，我们一起做生意好不好？”“怎么不好？”沈文山笑道，“我一上船，把事情看清楚以后，就盘算好了，到上海还是回我的老本行。”（高阳《李鸿章》）

仔细观察以上五个例子便可发现，其中的后应型疑问句尽管形式上各不相同，但功能上却大同小异。表现在：其一，都是在前呼型假设句的基础上衍生而来，都要受到前呼型假设句的制约。其二，都会启发、引导受话人（或者说话人自己）做进一步的思考，从而有望得出某种答案。这两点合在一起，就是我们所说的“承前启后性”。譬如第一例，后应型疑问句“你能怎样对我们呢”生发于前呼型假设句“如果在学滑雪的时候，我说我不学，大家也说不学”，同时又开启下文，引导受话人围绕这个问题展开思考，进而得到答案“那我非逼你们学不可！学不会我要给你下小操”。后面四例的后应型疑问句虽然在形式、内容上与第一例的后应型疑问句有所不同，但功能特征是一样的，都具有“承前启后性”。我们可以用简图（图 5-1）来表示“假设－求解”型有标假设复句中后应型疑问句的“承前启后性”。

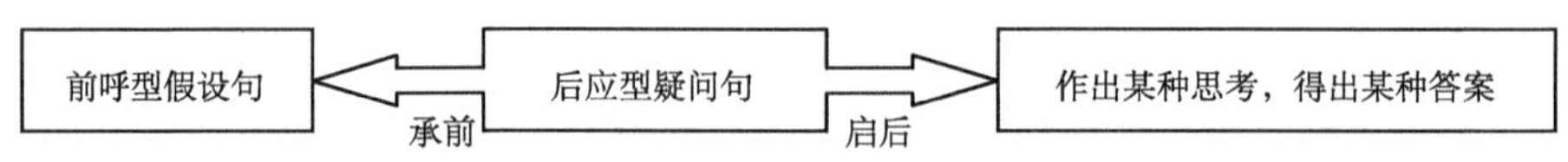

图 5-1　后应型疑问句的“承前启后性”

需要说明的是，语言实际生活中，并非所有后应型疑问句的后面都会有明确的答案，这是因为，从客观的角度来看，问题有难易之分，对于那些棘手的问题，往往一时半会难以找到合适的答案。从主观的角度来看，受话人有时出于某种考虑，不愿说出具体的答案。

（16）康熙静坐在帐篷里，一点睡意都没有。明天，如果明天葛尔丹乘机来攻，将如何应付呢？半夜时分，突然帐外响起了一阵急促的马蹄声，侍卫进来禀报：“皇上，北路军年羹尧将军有急事求见！”此刻康熙最担心的是北路军。一听这话，马上宣召年羹尧进帐，年羹尧报名觐见，康熙对这位年轻将领是知道的。他一向身穿白衣白甲白袍，打起仗来，骁勇非常。可是，现在见他被烟熏火燎的，脸上、身上，竟连一块干净的地方都没有了，康熙皇上不由得一阵心疼：“年羹尧，你们都辛苦了，起来说话吧。”年羹尧并没有起身，却又重重地叩了个头说：“奴才年羹尧，特向主子请罪。”“请罪，请什么罪？你，你慢慢说。”“回圣上，北路军与回部会师，切断了葛尔丹的逃路。葛尔丹的侄子竖起降旗，归顺朝廷。葛尔丹身边只剩下百十个人，突围不成，他，他吞金自杀了。”“什么，什么，你、你再说一遍。”“葛尔丹已经吞金自杀。现在我军正面，是葛尔丹的女儿钟小珍带的队伍，尚在顽抗……”康熙简直不相信自己的耳朵了。（二月河《康熙大帝》）

（17）田亮着急起来，几乎一手拉住白莲。这是最后关头，田亮自然不愿意再错过，否则，白莲说走就走，他岂不是白费心机。而且这是千载难得的机会，他再不开口，恐怕下一次未必能约到白莲。因此，他鼓起勇气说：“莲，我们相识已有两三年，近年来，我们天天见面，你认为我这个人怎样？缺点多不多，有没有优点？”白莲心内卜卜直跳，从田亮的话，白莲就证明白莉猜得不错，田亮的确想向她求婚，就算不是求婚，也想表露爱意。白莲不禁心惊，因而她说话时，亦是小心谨慎，不想有半点说错，她说：“你可以算得上是我的恩人，所以，在我的眼中，你只有优点，没有缺点。”“如果我不是你的恩人，那你的看法又怎样？”田亮不想白莲把他当作恩人，因为，正如白莉所说，报恩是一回事，恋爱又是另一回事。“你是我的恩人嘛，这个感觉，已经先入为主了，我又怎样可以把它改变，而且，我也不想加以改变。”“那就不大好，因为，我不要报恩式的感情。”（岑凯伦《合家欢》）

前例中，从“康熙静坐在帐篷里，一点睡意都没有”可以看出如何应付葛尔丹乘机来攻这个问题之棘手，因此，后应型疑问句后面没有明确的应对策略也是可以理解的。而且，尽管下文没有直接回答这个问题，但从年羹尧的军情汇报中可以得知，这个问题事实上已经解决了，因为“葛尔丹已经吞金自杀”。既然人都死了，也就不存在如何应付葛尔丹乘机来攻的问题了。后例中，田亮在试探白莲对自己的看法。由于白莲并不爱田亮，可作为朋友又不想伤害他，因此，在田亮第一次试探时，白莲的回答既小心谨慎，又委婉巧妙，“你可以算得上是我的恩人，所以，在我的眼中，你只有优点，没有缺点”。也就是说白莲是带着一颗感恩的心去评价田亮的，可“田亮不想白莲把他当作恩人，因为，正如白莉所说，报恩是一回事，恋爱又是另一回事”。于是田亮又开始了第二次试探，“如果我不是你的恩人，那你的看法又怎样？”很明显，田亮想知道白莲对自己除了感恩之外，还有没有别的什么感情，有没有男女之间的那种好感乃至爱意。但是白莲并不想把自己的真实感受和看法直接告诉他，因为说得太直接可能会伤害到他。所以，面对田亮的第二次试探，白莲没有作出针对性的回复，而只是一味地强调他就是自己的恩人，自己不能也不愿改变这个事实，以此暗示：对他除了感恩，别无其他。从后文可知，田亮听出了白莲的弦外之音，所以回应道，“那就不大好，因为，我不要报恩式的感情”。

不过，即使是上面这种情况，也与“假设－求解”型有标假设复句中后应型疑问句的“启后”功能不矛盾，因为尽管其后没有明确答案，但却是围绕后应型疑问句而展开或者与其相关的。

5.2.3　“假设－求解”型有标假设复句中“求解对象”探析

既然是求解，就存在一个向“谁”求解的问题，也就是“求解对象”是“谁”的问题。根据“求解对象”的不同，我们将“假设－求解”型有标假设复句分为“自解”式和“他解”式。所谓“自解”式就是说话人向自己求解，寻求某种答案；而“他解”式则是指说话人向受话人求解，寻求某种答案。

（18）但是，蔼如是不是一定会在烟台呢？他心里在想：她这句话是不是一种试探？如果是试探，自己又该怎么回答？这样转着念头，便不自觉地抬眼去看蔼如。（高阳《状元娘子》）

（19）由于洪钧表示过，有许多话要跟蔼如谈，潘司事当然不能在一旁惹厌，因而就自然而然地将他“撵”到了西屋。“潘老爷还没有娶亲，是不是？”蔼如向与她并坐在床沿上的洪钧问。“你真喜欢管闲事。”洪钧笑道：“他亲是没有娶；不过，这不是一厢情愿的事。倪家说不定愿意重收覆水呢！”“那当然不谈，如果霞初能恢复自由之身，三爷，你看，潘老爷怎么样？”“什么怎么样？”“他愿意不愿意要霞初？”“哪有不愿之理。”（高阳《状元娘子》）

前例中，他（洪钧）在心里思量如何应对蔼如的话，属于“自解”式，文中有“他心里在想”这样的提示性话语表明是他自己问自己。后例中，蔼如问洪钧有关潘老爷跟霞初的事，属于“他解”式，文中的提醒性独立语（邢福义，1996）“你看”以及洪钧的答话“什么怎么样？”都可以表明这一点。

根据后应型疑问句主语的不同，“自解”式与“他解”式又各自细分为几种情况。首先来看“自解”式。

情况一：主语要么是说话人自己，要么与说话人有关。

（20）但反过来想，如果我走上法庭，面对我昔日的情人，去告她入狱，让她受苦，我会由此而特别快乐吗？这一点我似乎同样不敢肯定。（海岩《玉观音》）

（21）我便想，如果父亲打我一巴掌，我的屁股会不会也多一块肉呢？（《长江日报》1996 年 6 月 14 日）

前例中，后应型疑问句的主语“我”代指说话人自己；后例中，后应型疑问句的主语与说话人“我”有关，“我”是“屁股”的领属定语。

情况二：主语要么是假想中的受话人，要么与假想中的受话人有关。

（22）王芳拖着沉重的脚步回到了自己的房间，一屁股坐在椅子上，脑海里浮现出男朋友冲着自己吼的情景，眼泪不知什么时候又流了出来，嘴巴里面还喃喃道：“如果我没惹你生气，你会不会骂我？”

（23）尽管团长告诉李兰，王刚在一次战斗中莫名其妙地“失踪”了，但她还是相信自己的丈夫仍然活着，而且每天晚上都会在梦里撕心裂肺地呼喊：“如果你还活着，你到底在哪里？”

（24）由于气温太高，又加上长时间没有休息，李书记一头倒在了工地上。送到医院后，医生把刘秘书叫了出来，跟他小声说：“你要做好思想准备，他可能这一倒下就起不来了。”小刘的心好像被电击了一般，眼泪也滚了下来，“书记啊，如果你就这么走了，你的老婆孩子怎么办呢？”

这三例都是说话人自己问自己，具体说来，前例中后应型疑问句的主语“你”代指王芳的男朋友，是她假想的受话人，因为事实上当时她男朋友并不在场。中间一例后应型疑问句的主语“你”代指李兰的丈夫，也是假想的受话人，因为他并没有在李兰的梦境中出现。后例中后应型疑问句的主语虽然不是假想中的受话人，但是与假想中的受话人“你”有关，因为“老婆孩子”领属于“你”。

总之，这种情况的“自解”式从形式上看有点像“他解”式，但事实上说话人问话的时候，受话人并不在场，因此，就其本质而言还是说话人自己问自己。

情况三：主语既包括说话人也包括假想中的受话人，或者与说话人以及假想中的受话人都有关。

（25）远在美国的朋友给李静打来了电话，告诉她在这次空难事故中，她丈夫不幸遇难，挂掉电话后，李静不禁失声痛哭，“老公，如果有来生，我们还做夫妻好吗？”

（26）得知丈夫去世的噩耗，她当场就晕了过去，等到醒了之后，又抱头痛哭，“如果你就这么走了，我们的孩子还能不能生下来？”

不难看出，前例中后应型疑问句的主语“我们”既包括说话人李静，也包括假想中的受话人——李静的丈夫。后例中后应型疑问句的主语既与说话人“她”有关，也与假想中的受话人——她丈夫有关。

情况四：主语为说话人以及假想中的受话人之外的第三方，或者与第三方有关。

（27）又快到八点了，小王加快了脚步朝教室走去，心里不禁担心起来，“如果又迟到了，刘老师会不会告诉爸爸妈妈？”

（28）刘安现在是左右为难，按照他的意思办吧，又违背了自己的良心，“可是如果不按照他的意思办，他的独门绝技会不会不传授给我呢？”

前例中后应型疑问句的主语“刘老师”既非说话人也非假想中的受话人，属于说话人以及假想中的受话人之外的第三方。后例中后应型疑问句的主语虽然不是说话人以及假想中的受话人之外的第三方，但是与第三方有关，因为“独门绝技”隶属于“他”。一般说来，这种情况的“自解”式是说话人对第三方可能采取的行动进行预测，探求其具体内容。

与“自解”式相对应，“他解”式也可以分为如下几种情况。

情况一：主语是说话人自己或者与说话人有关。

（29）花君老二在沙发上坐了下来，眼望着铜床，脑际自然而然浮起了第一回与吴少霖在这里的影子。“那天——”那天先是挣扎，接着是合作，吴少霖自然是捡了一个大便宜，但花君老二也不觉得自己是吃了亏。“你的鬼把戏真多。”她似嗔非嗔地斜睨着，“以后再也不出你这种断命堂差了。”接下来便是吴少霖为她去弄了镜箱来，看她重新梳头，同时谈廖衡。“老廖这趟来，能弄多少钱？”她不称廖衡为“廖三爷”了。“那可不一定。”吴少霖答说：“大概万把元总有的。”“他跟我说过，要娶我，问我有多少债务？我说有五六千。他说，他替我还了债，是不是就可以跟他了？我说是。你倒想，这趟他有了这么一注财香，如果真的给我五六千元，我怎么办？”吴少霖想一想说：“你的意思不想嫁他？”（高阳《八大胡同》）

（30）老杨猛吸了一口烟，碰了碰坐在身边的经理，小心翼翼地问道：“如果条件允许，我老婆是否可以跟我一起去上海参加世博会？”

前例中，后应型疑问句的主语“我”代指说话人“花君老二”，这是“花君老二”在问“吴少霖”怎样才能不嫁给“廖衡”。后例中后应型疑问句的主语虽然不是说话人，但是领属于说话人“老杨”。

情况二：主语是受话人或者与受话人有关。

（31）教官炯炯有神的目光扫视着大家，每个人都感到肩上的千钧分量。“截获对方电波讯号，破译对方密码，需要庞大的侦听系统和专门机构，我们今天就不详细讲了。还有一条失密途径，就是——”教官顿了一下，学员们洗耳静听。“——丢了密码本！”“你们要永远记住，密码重于你们个人生命的一百倍！一千倍！！一万倍！！！”“如果你携带密码，同司令部在一起，情况非常紧急，必须立即撤退，你怎么办？”教官的目光严峻了。“立即将文件销毁。”秦帅北回答。（毕淑敏《伴随你建立功勋》）

（32）秦王终于开口了，“但……为何到现在还让我焦急？”“你不明白吗？是为了让你更加思念我啊！”赵姬面似桃花，娇艳异常。秦王摇摇头。“你有没有考虑过，让我来这儿，如果有人说三道四，你的名声怎么办？”“我不在意，如果说你我二人之间最终什么也没发生过，对我来说，会很遗憾。”秦王不再说话，俯身抱起赵姬。（荒俣宏《荆轲刺秦王》）

前例中后应型疑问句的主语“你”代指受话人——学员们，对于教官的提问，其中的一个学员秦帅北作了回答。后例中后应型疑问句的主语“名声”隶属于受话人“你”，即赵姬。

情况三：主语既包括说话人又包括受话人，或者与说话人和受话人都有关。

（33）艾莉转变了一个话题，她说：“明珠，你今天有没有约好天恩？如果没有约好，我们去看电影好不好？”（岑凯伦《合家欢》）

（34）校门口每天都有人在那里发传单，孙大娘今天又收到了几份，其中有一份引起了她的注意，那就是“暑期书法培训班”。因此，一到家她就大声喊道：“老头子，快出来！”“什么事啊？”孙大爷慢腾腾地从书房里走了出来。“你说，如果可以的话，咱们小宝是不是也去搞一下书法培训啊？”

前例中，后应型疑问句的主语“我们”既包括说话人“艾莉”也包括受话人“明珠”。后例中，后应型疑问句的主语“小宝”既与说话人“孙大娘”有关，也与受话人“孙大爷”有关。

情况四：主语是说话人和受话人之外的第三方，或者与第三方有关。

（35）过了不大工夫，杨米贵就领着十几个战士，出没在竹林里，砍竹子，捆竹子，背竹子，忙个不停。他们的身上湿漉漉的都是雪水。杨米贵真的像是造船司令似地不断提醒着人们一些注意事项，而且具有鲜明的原则性：“同志们！请注意，不要把公竹子砍光了！”“什么公竹子？杨二郎，难道还有母竹子吗？”人们一片笑声。“莫笑，莫笑，确实有公竹子、母竹子的！我小时候干过的。”杨米贵一本正经地说。接着，他领着人们指看什么是公竹子，什么是母竹子，然后说：“如果我们把公竹子或者母竹子全砍了，这片竹林以后就不存在了，那么老百姓怎么办？”（魏巍《地球的红飘带》）

（36）鉴于病情进一步恶化，医生把负责照顾王大爷的小赵喊了过来，跟他说目前唯一有效的治疗方法就是截肢，小赵咬了咬嘴唇说：“如果不截肢，他的腿会不会烂掉？”

前例中，后应型疑问句的主语“老百姓”既不是说话人“杨米贵”，也不是受话人“十几个战士”，而是说话人和受话人之外的第三方。后例中，后应型疑问句的主语“腿”隶属于“他”（王大爷），即与第三方有关。

综上所述，如果不联系具体的上下文，不考察动态语境，也就是说如果不进行入句考察，我们很难判断某个“假设－求解”型有标假设复句到底是“自解”式还是“他解”式。因为从静态角度看，“自解”式与“他解”式在很多方面都相似。二者的本质区别就在于说话人问话的时候受话人是否在场，而要判断这一点，很多情况下都必须结合上下文，弄清楚它在具体的句法语义环境下所受到的特定规约。“汉语语法，只有在语言片段入句之后，在动态的句管控中，才能充分展示各方面的规则。离开句子，就事论事，很难作出准确而全面的描写和解释。”（邢

福义，2004）

5.2.4　“假设－求解”型有标假设复句中“求解方式及内容”探析

上面我们探讨了向“谁”求解的问题，接下来谈谈“怎样”求解以及求解“什么”的问题。我们以“求解方式”作为切入口进而讨论“求解内容”。总的说来，求解方式可以分为两大类。

5.2.4.1　称代性求解

所谓“称代性求解”是指说话人针对某个疑点发问，并希望自己或者受话人针对这个疑点予以回答，具体阐述其指代内容。这类求解方式的后应型疑问句一般含有疑问代词，由于“这类代词不是直接称代，而是通过提问寻求称代”（邢福义，1996），所以总是要求针对疑点作出具体答复。从“求解内容”来看，称代性求解可以用于很多方面。

1）询问人

（37）慈禧太后见恭王如此怕事，自然不满，但细想一想，他的话亦不是全无道理，因而问道：“如果派人查办，你们看是谁去好？”“如果真的要查办，自以左宗棠为宜。不过，左宗棠正请病假，天气又热，长途跋涉，不甚相宜。”恭王又说，“这一案，派大员出京，必定引起外间揣测，平添许多风波。臣请旨，是否可以寄信给刘坤一，让他明白回奏。”（高阳《慈禧全传》）

这个例子中，慈禧太后在跟大臣们商讨派人下去查办的人选问题，很明显，“谁”是疑点，慈禧太后针对“谁”而发问。再看后文可以知道，恭王经过左右权衡之后针对慈禧太后心中的疑点“谁”而作出答复，觉得“刘坤一”是合适的人选。当然，除了疑问代词“谁”之外，“哪”以及与“谁”同义的短语或短语词如“什么人”“哪个”“哪位”“哪些”等也可以用来问人（邢福义，1996）。

2）询问物

（38）罗龙文将他的话，从头细想了一遍，发觉还有最要紧的一件事没有问：“赵侍郎告诉我，你要单独见他。如果赵侍郎接见了，你预备跟他说些什么？”“不是说些什么，是问些什么！”“这话我又不懂了！”“很好明白的。我当然说我义父如何忠顺。然后就看他的意思，拿话套话；这一谈下来，他为人如何，心里是何打算，以及跟胡总督是和衷共济，还是各干各的，就统统都知道了！”（高阳《草莽英雄》）

（39）“舒氏在早期也是小公司？”“废话！一个公司是要慢慢成长的，哪可能一日变大！”“如果有个比舒氏还大的公司，您愿意选择哪个呢？”“当然是舒氏。它是我一手建立的，其中包括我多少心血与感情，我是绝

不会放弃它的。我也不会把舒氏拱手让人，我要它世世代代传下去。”（于晴《嗨！偷心俏佳人》）

前例是罗龙文在问毛海峰准备跟赵侍郎“说些什么”，其中“什么”是罗龙文心中的疑点所在，毛海峰针对“什么”作出回答，“我当然说我义父如何忠顺”。后例是霏霏在问舒大刚愿意选择哪个公司，“哪个”是霏霏的疑点所在，舒大刚针对“哪个”作出解答，“当然是舒氏……”。除了“什么”“哪个”外，“啥”“哪”“哪些”等也可以用来问物。

3）询问方所

（40）康熙放声大笑：“哈……朕问你，如果你有一颗珍珠，不想让人知道，那么，藏在哪里最保险呢？”方苞略一思忖：“放在鱼眼睛里。”（二月河《康熙大帝》）

（41）田晓霞决定立刻去找孙少平。上次实习走前，少平告诉她，南关柴油机厂的活不久就要完工了。不知他现在是否还在那里？如果他已经离开了，她又上哪儿去找他呢？但她又想，有一点是肯定的，他不会离开黄原城。只要他在这个城市里，她就一定要找到他！（路遥《平凡的世界》）

前例是康熙在问方苞藏珍珠最保险的位置，“哪里”是康熙心中的疑惑所在，因此他针对“哪里”发问，方苞也作出了针对性的回答，认为应该“放在鱼眼睛里”最保险。后例是田晓霞决定去找孙少平，但不知道“上哪儿去找他”，故针对“哪儿”自己问自己；经过思考之后，她针对“哪儿”作出判断，觉得“他不会离开黄原城”。除了“哪里”“哪儿”之外，“哪”也可以用来询问方所，前例的“哪里”和后例的“哪儿”都可以说成“哪”。

4）询问数量

（42）少年说：“老人家不要急。我问你，如果开茶楼，需要多少银子？”周老汉回答说：“至少也得三百多银子。”“好吧，这三百多银子我拿了。”（伍心铭《包青天》）

（43）赵三麻子对这答复并未满意，他这时突然发现了田青，屹立于七八丈之外，立即故作不见，说：“如果墨兄和他动手，大概要几招？”墨七麻子大声说：“其实也差不多！大约四五招吧！嗯！我想不会超过五招……”（东方白《盖世雄风》）

前例是少年在问周老汉开茶楼所需银子数，“多少”是疑点所在，周老汉针对少年心中的疑点作出回答，“至少也得三百多银子”。后例是赵三麻子在问墨七麻子“几招”可以赢田青，“几”是疑点所在，墨七麻子针对“几”作出回答，“我想不会超过五招……”。除了“多少”“几”之外，“多”“几多”“几何”“几许”等也可以用来询问数量。

5）询问时间

（44）“如果你要去，什么时候走？”我问。“明年春天，我结训以后。不过，这还要看你，你不去，我也不去。”（琼瑶《翦翦风》）

（45）“如果我没叫你出来，你几点可以吃午餐？”“四点左右吧。”羽容用汤匙把覆在浓汤上的酥皮拨开一个洞，浓郁的食物香味四散，立刻勾起了她的食欲。她急急舀了一口汤，正要送进嘴里，却被屠军拦住，“小心烫口。”（碧洛《复制灵魂》）

前例是蓝采在问柯梦南出国的时间，“什么时候”是蓝采心中的疑点，故而据此发问，柯梦南也作出了针对性的回答，“明年春天，我结训以后……”。后例是屠军在问羽容惯常的午餐时间，“几点”是他心中的疑惑所在，羽容据此作答，“四点左右吧”。除了“什么时候”“几点”之外，“几时”“哪会儿”等也可以用来询问时间。

6）询问方式方法、对策

（46）“妈，你不要哭好不好，你应该明白，我实在是左右为难的，一方面，我孝顺母亲，不想让母亲伤心，另一方面，我又深爱我的妻子，我不能够抛弃她，做一个忘情之人，如果你是我，你会怎样做？”“如果我是你，我就会顾及孝心，同时也不会抛弃妻子。佑才，我并没有叫你抛弃安妮，其实，我也很喜欢安妮，她也没有做过什么错事，只是不能生养罢了！我们不能因为她生理上有问题就不要她，可是，为了你后继有人，你应该再娶另一个女人。”（岑凯伦《合家欢》）

（47）冈山宽慰地笑笑，看着申涛：“如果我得到了秀秀的消息，又该怎么办呢？”“那就赶紧告诉我。”（礼平《小站的黄昏》）

前例中，佑才要母亲进行换位思考，从而寻求解决问题的方式方法，“怎样”是疑点所在，母亲针对儿子的疑点作了回答，那就是“顾及孝心，同时也不会抛弃妻子”，在此基础上“再娶另一个女人”。后例中，冈山向申涛寻求对策，“怎么办”是疑点所在，申涛作了针对性的回复，“那就赶紧告诉我”。除了“怎样”“怎么办”之外，“怎么”“怎么样”“如何”等也可以用来询问方式方法、对策。

7）询问原因

（48）贺楠并不求爱，也不献殷勤，反而叫夏卉惶惑起来。慢慢地，和贺楠谈话不再敷衍了事，贺楠这两个字牢牢地在她心里扎了根。“他是多么懂得感情呵！那么是他的羞涩和自卑在作怪吗？如果不是，那又是为什么？一定是他没有把握，他怕连已经得到的也失去了。再观察二十天，就二十天，到时你不说我说。世界上难道真有这样的一种男人？”（柳建伟《夏日悠长》）

（49）如果按布什的要求，巴人在年底前完成上述各项改革，为什么还要等三年才能立国呢？而且还是临时的？为何不让巴人在他的首个任期内立国呢？明眼人一看就知道，布什是为了避免得罪以色列和犹太人，拉美国犹太人的选票，争取下届连选连任，故将巴立国的时间定在其梦想的第二个任期。(《人民日报》2002 年 7 月 2 日)

前例是夏卉在内心思忖贺楠既不向她求爱也不向她献殷勤的原因，在排除“他的羞涩和自卑”之后，夏卉觉得“一定是他没有把握，他怕连已经得到的也失去了”。后例在探究布什不让巴人在他的首个任期内立国，而要他们等三年才能建立临时性国家的原因，从后文可知，“布什是为了避免得罪以色列和犹太人，拉美国犹太人的选票，争取下届连选连任，故将巴立国的时间定在其梦想的第二个任期”。除了“为什么”“为何”之外，“干嘛”“怎么”等也可以用来询问原因。

8）询问结果

（50）一明大师目光转到上清道长的身上，道：“道长，咱们两人如果硬拼一掌，那会是什么样的结果？”上清道长道：“同时毒发，两个时辰内，双双死亡。”(卧龙生《双凤旗》)

（51）乐一申沉下脸道：“如果小徒通不过贵教的考验，结果如何？”骆老庄严地沉声道：“乐兄是知道本教底细的，令徒必须通过考验。”吱呀两声，窗门被拉开了，穿了夜行衣戴了头罩的赵羽飞一跃而入，笑道：“如果通不过，死路一条。”(司马翎《浩荡江湖》)

前例中，一明大师问上清道长“硬拼一掌”的结果，“什么样”是疑点所在，上清道长据此作答，“同时毒发，两个时辰内，双双死亡”。后例中，乐一申担心自己的徒弟通不过考验，因此向骆老询问通不过考验的结果。骆老的回答含蓄、委婉，软中带硬，“令徒必须通过考验”，而赵羽飞的回答则相当直接，“如果通不过，死路一条”。除了“什么样”“如何”之外，“怎样”“怎么样”“什么”“啥”等也可以用来询问结果。

9）询问性质

（52）甲：如果我们上山摘草莓，什么颜色的比较好呢？

乙：当然是红的啦。

（53）如果说大笑姑婆是面憎心精的人，那么，“生癖帮”帮主盛一吊又是个怎样的人呢？(温瑞安《少年追命》)

前例问的是草莓的颜色，属于事物的一种属性。后例问的是人的品性，也属于询问性质类。

10）询问状态

（54）甲：如果是春天，你的家乡将会是什么样子呢？

乙：肯定是绿油油的一片啦。

（55）如果在下非三位放手，此刻又会是什么样子？(柳残阳《鹰扬天下》)

前例中，从乙的回答可以看出，甲询问的是乙的家乡春天所呈现的状态。后例中，说话人询问的是一种生活状态或精神状态。

5.2.4.2　确认性求解

所谓“确认性求解”是指说话人希望受话人（有时候是说话人自己）对某种想法、提议或者有待抉择的事情予以判断、确认，从而达到释疑的目的。一般说来，这类求解方式的后应型疑问句多为是非问句、选择问句。

（56）“如果我现在就调你到专业队，你愿意来吗？”他问。这姑娘抬起一双黑盈盈、动人的眼睛，那鼓鼓的小脸儿居然放出光彩。她点点头说：“现在？我愿意。”她说得一点也不含糊。（冯骥才《爱之上》）

（57）你们再想想，如果讲镇守国家，安抚百姓，源源不绝地运送军饷，究竟是我行，还是萧何行？”大家异口同声地回答：“当然萧何行！”刘邦又笑了：“你们如果不这样回答，就太没良心了，吃饱了肚子还不记情！大家说得对，在保障粮饷供应上，我确实不如萧何！……”。（张毅《谋圣张良》）

（58）“让阿狗把她接回来。元规，你能不能设法找一处隐秘的地方安置她。”“那当然找得到。不过，我不知道应该找在什么地方？”“就在这附近一带找。”胡宗宪说，“让她跟明山见见面。”“如果明山答应下来了，三爹，王翠翘是不是也跟着他一起去呢？”“不行！那一来就露马脚了。”（高阳《草莽英雄》）

前例中，后应型疑问句为是非问句，这是“他”（卢教练）在征求“她”（肖丽）的意见，“她”用肯定的方式（“我愿意”）确认了“他”的提议。中间一例，后应型疑问句为列项选择问句，这是刘邦要大臣们对有待抉择的事情（“究竟是我行，还是萧何行？”）予以判断、确认，大臣们肯定了其中的一方，“当然萧何行”，不仅如此，刘邦自己也有条件地肯定了萧何，“在保障粮饷供应上，我确实不如萧何”。后例中，后应型疑问句为正反选择问句，这里元规希望胡宗宪对“王翠翘是否会跟着明山一起去”进行预测、确认，胡宗宪以否定的方式作出确认（“不行！”）。

从“求解内容”看，确认性求解主要用于以下几个方面。

1）用于征求对方意见

（59）刘不才很机警，虽不知他心里怎么在想，反正他愿客人上门的意思，却很明显。自己有意将表坠子留在他那里，原是要安排个单独相处的机会；这不必一定到他家，还有更好的地方。“小张大爷，”他想定了就说：“你如果不嫌弃，我们明天约个地方见面，好不好？”“好啊！你说。”（高阳《红顶商人胡雪岩》）

（60）“大娘，是位好老人家……”“如果你……觉得我对你冷淡了，多理解

我一点儿，行吗？”“行……”（梁晓声《泯灭》）

前例中，刘不才就“我们明天约个地方见面”的事情向小张大爷征求意见，小张大爷以肯定的方式予以确认（“好啊！”）。后例中，“她”（翟子卿的妻子）向“我”（翟子卿的朋友）征求意见，希望“我”能多理解“她”一点，“我”作出了肯定的答复（“行……”）。

2）用于探求对方的观点、态度

（61）陈皓若问道：“如果蓝军采取闪击作战方针，红军的兵力是不是过于分散了？”童爱国道：“我也这样问过范英明。他认为，现代局部战争，作为防守的一方，不宜把兵力过于集中。理由是，防守一方很难在战争爆发第一时段取得制空权。这次又引入了地对地、空对地导弹，如兵力集中，主力极易在丧失制空权的时段遭受毁灭性打击。演习第一阶段，A 师因为轻敌，留下一千五百多人留守。这次又多投入了一千人。加上两支伪装部队配属，A 师在兵力上已足够。”（柳建伟《突出重围》）

（62）邱洁如说：“如果我提出正式分手，你还会把我当成好朋友看吗？”唐龙不说话，掏出烟点上了。邱洁如说：“我不是闹着玩的。你说呀！”唐龙说：“当然是好朋友。我们的合作也不会受到影响，法拉利跑车将来还是你的。”（柳建伟《突出重围》）

前例中，陈皓若就红军兵力是否过于分散的问题探求童爱国的观点，童爱国借范英明之口否定了这一想法，从而间接地表明了自己的立场，陈皓若也因此得知了童爱国在这一问题上的看法。后例中，邱洁如在试探唐龙对待“如果我提出正式分手”这一事情的态度，即是否“还会把我当成好朋友看”，对此，唐龙从肯定的方面予以确认（“当然是好朋友”）。

3）用于预测某种可能性

（63）由于这个眼色的提示，赵文华不免自问，如果自己下令，命俞大猷出击，他会不会遵从？（高阳《草莽英雄》）

（64）赵羽飞道：“他们如果突然转向，会不会撞毁我们的船？”任远笑道：“要论控航掌舵的功夫，附近数百里内，小侄是此中魁首，傲视群伦，即使是对向而行，他们也休想撞及。你看那些舱窗，是否看出异处？”（司马翎《浩荡江湖》）

前例中，赵文华在对“俞大猷遵从自己命令”的可能性进行预测。后例中，赵羽飞要任远对“他们撞毁我们船”的可能性进行预测，从后文可知，任远的预测结论是：“即使是对向而行，他们也休想撞及”。

5.2.4.3 称代性求解与确认性求解异同

如果我们从“问－答”角度对“假设－求解”型有标假设复句的两大求解方

式进行比较，就会发现，称代性求解的“问－答”模式是：抽象→具体，而确认性求解的“问－答”模式则是：不定→确定。详细一点说，称代性求解中，说话人希望受话人（或者说话人自己）针对问话中的疑点（抽象的东西），作出具体阐释（具体化过程）；而确认性求解中，说话人希望受话人（或者说话人自己）针对问话中不确定的事项作出判断，予以确认，进而将其确定下来。试比较以下四例。

（65）问：“如果年底要派员工去美国培训，会派谁去呢？”
答：“会派张明去。”

（66）“如果年底要派员工去美国培训，会派张明去吗？”
答话一：“会。”
答话二：“不会。”

（67）“如果年底要派员工去美国培训，会不会派张明去呢？”
答话一：“会。”
答话二：“不会。”

（68）“如果年底要派员工去美国培训，派张明去好不好？”
答话一：“好。”
答话二：“不好。”

第一例是称代性求解，后三例是确认性求解。第一例中，后应型疑问句中的“谁”是抽象的，它代表的是一个“类”，每一名员工都是隶属于这个“类”的具体“实例”。因此，从理论上讲，任何一名员工都有可能成为“派”的对象，但是到语言实际生活中，问话中的“谁”会在答话中具体化为某一名员工。在这里，问话中的“谁”在答话中具体化为“张明”，其“问－答”模式可以表示为：抽象（谁）→具体（张明）。后三例的后应型疑问句尽管形式上各不相同，但语义上存在共性，那就是能否最终“派张明去”是不定的，需要在答话中将其确定下来。不难看出，受话人既有可能作出肯定的回答，也有可能作出否定的回答。但不管是哪种回答，都是使不确定的事项确定下来，都体现了“不定→确定”的“问－答”模式。

当然，我们既要看到称代性求解与确认性求解之间的区别性，也应该看到它们之间的某种相似性。因为从某种意义上说，从抽象到具体的过程也就是从不定到确定的过程。只不过称代性求解中的“不定”是一种抽象的不定，而确认性求解中的“不定”是一种具体的不定；另外，称代性求解通常以“具体阐释”的方式使答案得以确定，而确认性求解则通常以“肯定或否定”的方式使答案得以确定。由此看来，称代性求解与确认性求解是同中有异，异中有同。值得一提的是，这里讨论的是一般的情况，即说话人所问的受话人知情而且愿意回答。特殊情况下，比如说话人所问的受话人不知情或者虽然知情但是不愿意回答，这个时候，称代性求解与确认性求解的答话有可能完全一样。

（69）问：“如果年底要派员工去美国培训，会派谁去呢？”
答：“不知道。”
（70）问：“如果年底要派员工去美国培训，会派张明去吗？”
答：“不知道。”
（71）问：“如果年底要派员工去美国培训，会不会派张明去呢？”
答：“不知道。”
（72）问：“如果年底要派员工去美国培训，派张明去好不好？”
答：“不知道。”

上面四例，问话各异而答话一致。我们分两种情况讨论。

第一种情况：后应型疑问句的缺省主语是受话人。

后应型疑问句的缺省主语是受话人，意味着受话人是施为者，所以“派谁去”，是否“派张明去”，他心里应该是有底的，可是这四例中，受话人却一律回答“不知道”。明明知道却说“不知道”，其中必有“隐情”。第一例中，有可能是受话人不愿意或者出于保密不便于向说话人透露具体细节，可又不想让说话人看出自己的这一“隐情”，于是就装作“不知道”，因此造成一种假象：不是我（受话人）不愿意告诉你（说话人）详情，而是我（受话人）确实不知道。但说话人心里很清楚：既然你（受话人）是决策者，怎么会不知道呢？既然你（受话人）心口不一，那肯定是另有隐情。这样一来，说话人对受话人的答话动机也便心领神会。第二、三例中，说话人在试探受话人对“派张明去美国培训”的观点态度，希望得到受话人明确的答复，可遗憾的是，受话人并没有将问话中不确定的事项确定下来，而是不置可否地说“不知道”。这种有违常规的答话，一方面使得说话人问了等于没问（说话人仍旧不知道会不会派张明去美国培训），另一方面让说话人明白：受话人不愿或者不便就此事发表言论。第四例中，说话人在向受话人征求意见，一般说来，受话人的回答应该是“好”或者“不好”一类的言辞，可是这里受话人的回复却是“不知道”。这种反常规的答话透露出来的信息是：受话人很有可能不同意派张明去，可是出于礼貌或者碍于情面，受话人不想直接否定说话人的提议，于是便以这种违反言语交际合作原则的方式委婉地拒绝了说话人的提议。就问答方式而言，这四例有别于常规的“问－答”模式。第一例是称代性求解，常规“问－答”模式应该是：抽象→具体，可这里却是：抽象→抽象。后三例是确认性求解，常规“问－答”模式应该是：不定→确定，但这三例都表现为：不定→不定。

第二种情况：后应型疑问句的缺省主语不是受话人。

后应型疑问句的缺省主语不是受话人，意味着受话人不是施为者，因此，“派谁去”，是否“派张明去”，受话人既有可能知情，也有可能不知情。具体说来，前面三例中，说话人之所以这么问，有两种可能：其一，说话人认为受话人尽管不是施为者，但是知道内部消息，所以向受话人打听相关情况；其二，说话人不清楚受话人是否知道内部消息，只是希望他预测相关情况。如果是第一种，受话人的回答（“不知道”）会让说话人觉得他知情但是不愿意告诉自己实情；如果是第二种，受话人的回答（“不知道”）会让说话人觉得他既不知情也不愿意预测。第四例中，说话人在试探受话人对“派张明去”的看法，受话人的答话（“不知道”）让说话人明白，他不愿或者不便就此事表明观点。

另外需要说明的是，大多数情况下，如果受话人知情而且愿意回答，一般会采取直接作答的方式，也就是上面所说的“称代性求解通常以‘具体阐释’的方式使答案得以确定，而确认性求解则通常以‘肯定或否定’的方式使答案得以确定”。但有时受话人也会间接作答，试比较下面四例。

（73）问：“如果年底要派员工去美国培训，（你）会派谁去呢？”

答话一：“会派张明去。”

答话二：“谁考过了托福就派谁去。”

（74）问：“如果年底要派员工去美国培训，（你）会派张明去吗？”

答话一：“会/不会。”

答话二：“为什么不派他去？/为什么派他去？”

（75）问：“如果年底要派员工去美国培训，（你）会不会派张明去呢？”

答话一：“会/不会。”

答话二：“为什么不派他去？/为什么派他去？”

（76）问：“如果年底要派员工去美国培训，（你）派张明去好不好？”

答话一：“好/不好。”

答话二：“为什么不派他去？/为什么派他去？”

这四例中，每一例的“答话一”都是受话人针对说话人的问话直接作答，而“答话二”则是受话人针对说话人的问话间接作答。直接作答的好处就在于直截了当，一语中的，因此广泛运用于日常交际中。不过特定情况下，出于特定的原因或目的，受话人也常常使用间接作答的方式。比如第一例中，答话二相对于答话一而言，淡化了决策上的主观色彩，因为受话人不想让说话人觉得是自己的主观因素导致了派张明去，所以便作出客观性和公正性都比较强的答复——“谁考过了托福就派谁去”，而事实上受话人很有可能早就知道张明是公司里面唯一考过了托福的人。因此，受话人这样作答，可谓一箭双雕：既践行了自己的意志，又凸显了自己的公正、客观。第二、三、四例中，答话二从表面上看答非所问，但事实上是以反问的形式从肯定或者否定方面将问话中的不确定事项确定下来。较之答话一，答话二语气有所加强，强调意味更重。比如第二例中的答话二，“为什么不派他去？”，言下之意是“当然会派他去啦！”；相应地，“为什么派他去？”意即“当然不会派他去啦！”。看得出来，从“会”到“当然会……”，从“不会”到

“当然不会……”，受话人意在强调突出答话内容。

综上所述，称代性求解和确认性求解之间是对立统一的辩证关系，二者既有这样那样的区别，也有千丝万缕的联系。不过区别也好，联系也罢，都得到具体的句法语义环境下去考察，因为只有这样才有可能揭示其中的规律。

5.3 “假设－反判”型有标假设复句

上面我们从多个角度观察了“假设－求解”型有标假设复句，下面我们继续讨论与之相对应的另一种句式：“假设－反判”型有标假设复句。先请看例子。

（77）如果连亲兄弟都不放过，你哪还有资格做人？

（78）如果连亲兄弟都不放过，你还是人吗？

（79）如果连亲兄弟都不放过，你还是不是人？

（80）如果连亲兄弟都不放过，你是人还是禽兽？

以上四例，后应型疑问句的疑问形式各不相同：第一例是特指问，第二例是是非问，第三例是正反选择问，第四例是列项选择问。但不同的疑问形式却都用来表示反问，都是说话人针对前呼型假设句作出的某种判断，即认为受话人没有人性，不配做人。诸如此类的句子，就是我们所说的“假设－反判”型有标假设复句。与“假设—求解”型有标假设复句相比，这类句式的典型特征就是后应句用反问的方式对前呼型假设句作出某种判断，所以我们将其命名为“假设－反判”型有标假设复句。

（81）甲：“如果她真的想死，谁能救她？”

（82）甲：“如果她中途昏过去，谁能救她？”

乙：“我能。”

这两例中，后应型疑问句都是“谁能救她？”。但前例的后应型疑问句采用的是反问的方式，意思是“没有谁能救她”“任何人都救不了她”，这是说话人（甲）针对前呼型假设句“如果她真的想死”作出的判断；而后例的后应型疑问句采用的是非反问的方式，意即“谁有能力救她？”，这是说话人（甲）针对前呼型假设句“如果她中途昏过去”提出的疑问，旨在得到某种解答，从后文可知，受话人（乙）对此作出了回答。

由以上比较我们可以得到三点认识：第一，“假设－反判”型有标假设复句的后应型疑问句采用反问的方式，而“假设－求解”型有标假设复句的后应型疑问句采用非反问的方式。第二，“假设－反判”型有标假设复句的后应型疑问句是针对前呼型假设句作出的某种判断，而“假设－求解”型有标假设复句的后应型疑问句是针对前呼型假设句提出的某种疑问。第三，“假设－反判”型有标假设复句不要求作答，而“假设－求解”型有标假设复句要求（或者希望）作答。

当然，想知道某个句子到底是“假设－反判”型有标假设复句还是“假设－求解”型有标假设复句，往往要结合具体的语境进行考察，才有可能作出准确的判断。这是因为，有时同一个句子在一种情况下是“假设－反判”型有标假设复句，但在另一种情况下却是“假设－求解”型有标假设复句。

（83）甲：“你如果不爱我，为什么要对我这么好？”

乙：（沉默无语）。

（84）甲：“你如果不爱我，为什么要对我这么好？”

乙：“因为你很像我的亲妹妹。”

观察可知，同样都是“你如果不爱我，为什么要对我这么好？”，在前例中是“假设－反判”型有标假设复句，在后例中却是“假设－求解”型有标假设复句。前例中，甲之所以这么说，有两种可能：第一种，乙暗恋甲，可是由于自己性格非常内向，一直不敢向甲表白，即使甲问起这事，也不敢当面承认自己对甲的感情，只知道默默无闻地关心甲。这个时候，甲说这句话，意思是“你如果不爱我，就不会对我这么好，既然对我这么好，就说明你爱我”。甲这样说的目的在于“逼”乙承认这份爱，而乙的“沉默无语”则暗示已经默认了甲的观点。第二种，乙一直把甲当妹妹看待，无微不至地关心她，照顾她。甲为乙的这种行为所感动，并且对乙产生了爱意，觉得乙是因为爱自己，所以才对自己这么好。可当甲向乙询问此事的时候，乙却告诉她只是把她当妹妹看。这时甲就会说：“你如果不爱我，为什么要对我这么好？”意思是“你如果不爱我，就不应该对我这么好”。看得出来，甲觉得乙欺骗了自己的感情，因此语气里面带着一种愤怒、责备，而乙的“沉默无语”也表明他陷入了深深的自责之中。不过，不管是“就不会对我这么好”，还是“就不应该对我这么好”，都是甲针对假设前提所作的判断。所以，前例中甲的这句话属于“假设－反判”型有标假设复句。后例中，乙觉得甲很像自己的妹妹，所以对甲就像兄长对妹妹一样。乙的这种行为让甲很迷惑，因为在甲看来，男女交往中，只有一方爱另一方，才会对她（他）这么好，可是甲又觉得乙不是因为爱她才对她这么好。因此甲很想知道，除了爱之外，还有什么原因可以使乙对自己这么好。这种情况下，甲就会问：“你如果不爱我，为什么要对我这么好？”意思是“你对我这么好，如果不是因为爱我，那是因为什么呢？”不难看出，这里的“为什么要对我这么好”并不是针对假设前提作出的判断，而是针对假设前提提出的疑问，甲希望乙予以解答。从后文可知，乙的回答“因为你很像我的亲妹妹”解开了甲心中的疑团。因此，后例中甲的这句话属于“假设－求解”型有标假设复句。

不仅如此，要想弄清楚说话人在运用“假设－反判”型有标假设复句时的意旨所在，同样需要结合具体语境来考察。

（85）甲：你这样看着我干嘛？

乙：看你有没有干坏事。

甲：我能干什么坏事？

乙：我看你就是干了坏事，你是不是砍了公家的树了？

甲：你不要乱说啊，我砍公家的树干什么？

乙：如果你没有砍公家的树，你又为什么会坐立不安呢？

（86）甲：唉，命不好啊。教书二十载，仍是民办教师一个。

乙：你自己作孽有什么办法呢？如果你没有砍公家的树，你不早就转正了吗？

（87）甲：兄弟，我总是担心乡亲会怀疑我砍了公家的树。

乙：那你到底有没有砍公家的树呢？

甲：废话！我砍公家的树干什么？

乙：那不就得了。如果你没有砍公家的树，那你有什么好担心的？

（88）甲：谁说我砍了公家的树了？

乙：别人都这么说。

甲：我要是砍了公家的树，我不得好死！

乙：你真的没砍公家的树？

甲：别人不相信我，你也不相信我？我是真的没砍啊。

乙：啊？那你还愣在这里干什么？如果你没有砍公家的树，你干嘛不快去跟村支书说清楚？

上面四例中的画线部分都是“假设－反判”型有标假设复句，其中前呼型假设句都是“如果你没有砍公家的树”，后应型疑问句各不相同。如上所示，相同的前呼型假设句与不同的后应型疑问句关联，体现了说话人不同的意旨。具体说来，第一例中，乙觉得甲砍了公家的树，可是甲又不承认。于是乙便采用了这一句式，目的在于证明甲说了假话。乙的推理过程为：如果你没有砍公家的树，就不会坐立不安，可是你现在却坐立不安，所以你肯定是砍了公家的树。由此可见，乙在这里的说话意旨在于：否定前呼型假设句，也就是反过来证明假设前提的不成立，从而也就证明了甲确实说了假话。我们把这种类型的句子叫作证伪式“假设－反判”型有标假设复句。第二例中，甲认为自己之所以教书二十载还是民办教师是因为命不好，可乙则认为不是命理因素，而是人为因素，即：就是因为你砍了公家的树才导致没转正。可见，此处乙的说话意旨在于：突出强调前呼型假设句中蕴含的已然事实对后应型疑问句中蕴含的已然结果的决定性作用。因此，我们把这种类型的句子叫作强致使式“假设－反判”型有标假设复句。第三例中，甲总是担心乡亲会怀疑自己砍了公家的树，乙知道实情后安慰甲。画线部分的意思是除非你砍了公家的树，否则没什么好担心的。换而言之，在乙看来，只要没砍公家的树，就不必要担心。由此看来，这里乙旨在强调突出：需不需要担心取决于你是否砍了公家的树。这也就是说，前呼型假设句里面所说事情是后应型疑问句里面所说事情得以实现的重要条件，因此，我们将这种类型的句子称为强条件式“假设－反判”型有标假设复句。第四例中，甲以毒誓向乙表明自己的清白，乙相信了甲的话。画线部分的言下之意是：如果你没有砍公家的树，就应该快点去跟村支书说清楚。看得出来，乙说这话的目的在于建议甲采取某种行动。我们把这种类型的句子称为劝谏式“假设－反判”型有标假设复句。

语言实际生活告诉我们，“假设－反判”型有标假设复句是一种使用范围很广、使用频率很高的句式。之所以如此，恐怕要归功于它具有广泛的用途，也就是在各种各样的语言环境中表达各种各样的交际目的。鉴于时间、精力以及篇幅等多种因素的影响，我们不太可能穷尽性地描写“假设－反判”型有标假设复句的所有用途。为此，我们精心选取了几个较有特色的句式作为代表，希望能从它们身上看到“假设－反判”型有标假设复句的这一典型特征。

5.3.1　证伪式“假设－反判”型有标假设复句

先看几个例子。

（89）如果他是你爸爸，难道会见死不救？

（90）如果他不是你爸爸，为什么舍命保你？

前例中，说话人的推理过程是这样的：按照常理，如果他是你爸爸，他就不会见死不救；可现在的事实是他的确见死不救，因此他不是你爸爸。后例中，说话人的推理过程可以这样描述：照理说，如果他不是你爸爸，就不会舍命保你；可事实却是他舍命保你，因此他是你爸爸。上述推理过程可以用如下式子表达。

（按照常理）如果 p，则 q。

（事实上）非 q，所以非 p。

由此可见，说话人说话的目的就是要证明 p 不成立，也就是证明 p 是假的。如果从逻辑学的角度来看，这种推理的依据是：如果原命题为真，则它的逆否命题也为真。

原命题：$p \rightarrow q$（真）

逆否命题：非 $q \rightarrow$ 非 p（真）

至于说话人使用这种句式的动因，很重要的一点就是，有人认为 p 是真的，而说话人不这么认为，因此就必须证明 p 是假的。也就是说，这种句式是为“驳”而生的。不难看出，预设 $p \rightarrow q$ 为真是很重要的一环。如上所说，一般情况下，预设 $p \rightarrow q$ 为真是符合常理的，是一种常识，因此得出的结论也往往不容置疑。比如下面两句。

（91）如果你是我儿子，为什么我们的 DNA 不一样？

（92）如果刚下过大雨，为何地面没有湿？

前例中，说话人的预设是：如果你是我儿子，我们的 DNA 就应该一样。这种预设符合人们的认知常识，即父亲和儿子的 DNA 是一样的。但现在的情况是“我们的 DNA 不一样”，因此，说话人最终得出的结论“你不是我儿子”很具有说服力。后例中，说话人的预设是：刚下过大雨，地面就应该是湿的。这个预设也是符合常理的，因为下雨确实会导致地湿，更何况雨是刚下过，而且是大雨。可是“地面没有湿”，所以说话人推导出 “刚才没下雨”的结论是合情合理的。

不过需要说明的是，并非任何预设都是符合常理的，有时说话人的预设带有较强的个体主观性。

（93）男：请你相信我，我是真心爱你的！

女：你真心爱我？哼！

男：你不信？

女：你如果真心爱我，为什么不跟我一起吸烟？

你如果真心爱我，为什么不跟我一起喝酒？

你如果真心爱我，为什么不跟我一起狂欢？

你如果真心爱我，为什么不去偷钱给我用？

上例四处画线部分都是证伪式“假设－反判”型有标假设复句。其中，第一处画线部分隐含的预设为：你如果真心爱我，就应该跟我一起吸烟。第二处画线部分隐含的预设为：你如果真心爱我，就应该跟我一起喝酒。第三处画线部分隐含的预设为：你如果真心爱我，就应该跟我一起狂欢。第四处画线部分隐含的预设为：你如果真心爱我，就应该去偷钱给我用。不难看出，这四个预设都带有较强的个体主观性，与人们对真爱的理解有出入。绝大多数的人都不会认为爱一个人就得跟他（她）一起吸烟、喝酒、狂欢甚至去偷钱，可是此处说话人（女）鉴别真爱的标准却是如此。以这些超乎常理的预设为参照标准，说话人（女）推导出的最终结论是：你不是真心爱我。

为了更深刻地体会这一句式的特点，我们不妨到实际语篇中去考察它的使用情况。

（94）白太太不大喜悦：“不过，我就不相信她要带运好给我们看看会有困难，她一定是自私自利，怕运好见了你，就不再认她做母亲，孩子，你一向直肠直肚的，人家说一两句好话，你就以为她是个好人，其实，世界上哪有真正的好人，而且你还是她的情敌，她有什么理由会对你好，你自己应该会想的。”“妈，我也不是傻瓜，不会把好人当坏人，坏人当好人。现在她在高家的情形并不很好，自从她小产之后，高夫人就不太喜欢她了，既然高夫人不喜欢她，她在高家，还有什么地位？所以，她一定是有着困难，并非为了妒忌我。”白莲解释说：“既然，她把运好养得这样好，就证明她不是一个坏人，如果她不好，又怎会厚

待运好？”（岑凯伦《合家欢》）

（95）“你听着！”她急促而慌乱的，恨不得一口气赶紧说完，然后赶紧离开。“我今天之所以来见你，是要告诉你，从今以后，你我划清界线，请你不要再突然出现，不要再跑到我家去，更不要叫人传什么话，就当咱们是从不曾见过的陌生人，再也不见，永远都不见……”原先为了她而打架，他的脸已瘀伤了一块，现在，为了她说的话，他负伤的脸上又多了一层深受打击的表情，看来如此绝望、灰心、沉默，而且可怜。她越说越痛惜不忍，只好逼着自己转开视线，把心一横，继续期期艾艾地往下说：“至于……至于那个绣屏，我应当拿来还给你的，可是……我难以自圆其说……反正，反正我不会赖账的，等我存够了钱，一定会还给你。我已经知道你是柯起轩，钱该还到什么地方去，我自会安排……”他仍然一声不响。她不敢看他，心里涨满了慌乱与酸楚，眼中则涨满了泫然欲泣的泪。“就……就这样吧，”她努力掩饰自己的依依不舍，低低地说：“我走了。”但她才刚转身，手臂就被他紧紧握住了。她仓促而震惊地抬头，视线正好触及他焦灼、痛楚的双眸。“如果你真的安心和我划清界线，又为什么掉眼泪呢？”她心慌意乱地试图挣脱他。“我没有掉眼泪……”然而话还没说完，原本盈盈欲落的泪就很不合作地掉了下来，令她越发恐慌。（琼瑶《鬼丈夫》）

前例中，画线部分是证伪式“假设－反判”型有标假设复句，方框部分是这一句式使用的起因。具体说来，白太太认为“她”（艾莉）自私自利，不是好人，但是白莲不同意白太太的这一观点，因此予以反驳。白莲的推理过程是：如果她不好，她就不会厚待运好；但事实上她对运好不错，所以她应该是好人。后例中，画线部分也是证伪式“假设－反判”型有标假设复句，它是针对前面的方框部分而言的。具体一点讲，女方说：“从今以后，你我划清界线”，男方不相信这是真的，因此用证伪式“假设－反判”型有标假设复句证明女方的话是假的。他的推理过程如下：如果你真的安心和我划清界线，那你就不会掉眼泪；可是你现在掉眼泪了，所以你不是真的安心和我划清界线。文中的“她越说越痛惜不忍”、“她努力掩饰自己的依依不舍”以及“原本盈盈欲落的泪就很不合作的掉了下来，令她越发恐慌”都证明了男方的推理是正确的。

通过以上的语篇考察，我们更深刻地理解了人们使用证伪式“假设－反判”型有标假设复句的深层动因，那就是由于不同意对方的观点，因而采用这一句式反驳对方的观点，证明对方观点不成立，即证伪。那么，说话人为什么不直接否认对方的观点，而采用这一句式来证伪呢？试比较下面两例。

（96）男：我是真心爱你的！

女：你说谎！

男：我说谎？你凭什么这么说？

（97）男：我是真心爱你的！

女：如果你是真心爱我的，为什么在我最困难的时候却不见你的影子？

男：我……

上面两组例子，第一组中女方直接反驳男方的观点，男方也不示弱，要女方拿出证据证明自己不是真心爱她。看得出来，双方言辞针锋相对。第二组例子中，女方没有直接反驳男方的观点，而是首先承认对方的观点成立，然后指出实际情况与对方观点后面隐含的常理很不一致。这样一来，对方的观点也就不攻自破。具体说来，女方的证伪过程为：如果你是真心爱我的，就应该在我最困难的时候陪在我身边，可事实上连你的影子都没看到，所以你根本就不是真心爱我的。从例中男方哑口无言的反应可以看出，女方的反驳是成功的。为什么证伪式“假设－反判”型有标假设复句有这种“克敌制胜”的本事呢？原来这种句式体现了“以己之矛攻己之盾”的言语策略，表现为先虚晃一招，承认对方的观点成立，然后拿出证据，指出现实状况与对方观点背后的常理极不协调，自相矛盾，从而顺理成章地证明对方的观点是站不住脚的。由于证伪过程有理有据，无懈可击，所以往往让对方无话可说。

5.3.2　强致使式“假设－反判”型有标假设复句

先请看几组例子。

（98）甲：表弟他现在过得怎么样？

乙：还能怎样？都怪你！如果你当时帮他一把，他怎么会活得如此窝囊？

（99）甲：表弟他现在过得怎么样？

乙：很好啊。话说回来，如果你当时没有帮他一把，他哪能这么风光？

（100）甲：我怎么这么倒霉啊？

乙：唉，如果你当初听天老爷的话，哪会落到这个下场？

（101）甲：我觉得自己好幸福啊！

乙：那是的，如果你当初没有听天老爷的话，哪来今天的幸福日子？

上述四组例子中，画线部分都是我们所说的强致使式“假设－反判”型有标假设复句。第一处画线部分的字面意思是：如果你当时帮他一把，他就不会活得这样窝囊。言下之意是：就是因为你当时没有帮他一把，所以他才活得如此窝囊。看得出来，乙在怪甲当时没有帮他表弟。第二处画线部分的字面意思是：如果你当时没有帮他一把，他不可能这么风光。言下之意是：就是因为你当时帮他一把，所以他才这么风光。此处，乙在夸奖甲当时的义举。第三处画线部分的字面意思是：如果你当初听天老爷的话，就不会落到这个下场了。言下之意是：就是你当初没有听天老爷的话，所以才落到这个下场。此处，乙在责怪甲当初为何不听天老爷的话。第四处画线部分的字面意思是：如果你当初没有听天老爷的话，就不会有今天的幸福日子。言下之意是：就是因为你当初听天老爷的话，所以才有今天的幸福日子。这里，乙在提醒甲喝水不忘挖井人。

分析、比较之后可以发现，强致使式“假设－反判”型有标假设复句有如下几个特征。

第一，前呼型假设句是说话人从已然事实或者认知事实的反面作出的某种假设。第一处画线部分的“你当时没有帮他一把（已然事实）→你当时帮他一把（反面假设）”，第二处画线部分的“你当时帮了他一把（已然事实）→你当时没有帮他一把（反面假设）”，第三处画线部分的“你当初没有听天老爷的话（认知事实）→你当初听天老爷的话（反面假设）”，第四处画线部分的“你当初听了天老爷的话（认知事实）→你当初没有听天老爷的话（反面假设）”，都无一例外地具有这一特征。那为什么说话人不直接从已然事实或者认知事实出发作出某种假设，而是从其反面作出假设呢？关于这个问题，我们的解释是：这种句式自身蕴含的深层语义关系决定了比较适合从反面作出假设而不太适合从正面作出假设。认真观察可知，这种句式自身蕴含的深层语义关系是“原因→结果”。讲得更具体一点就是：已然事实或者认知事实是原因，由这个原因导致了某种结果。比如第一处画线部分蕴含着“你当时没有帮他一把（原因）→他活得如此窝囊（结果）”，第二处画线部分蕴含着“你当时帮了他一把（原因）→他活得如此风光（结果）”，第三处画线部分蕴含着“你当初没有听天老爷的话（原因）→落到这个下场（结果）”，第四处画线部分蕴含着“你当初听了天老爷的话（原因）→过上了今天的幸福日子（结果）”。如果从已然事实或者认知事实出发作出假设，情况会怎样呢？

（102）如果你当时没有帮他一把，……？

（103）如果你当时帮他一把，……？

（104）如果你当初没有听天老爷的话，……？

（105）如果你当初听了天老爷的话，……？

上述四例，要想在其后添上后应型疑问句以表达上面所说的相应的深层语义关系，确实不是件容易的事。因此，对于强致使式“假设—反判”型有标假设复句来说，从已然事实或者认知事实的反面作出假设，带有某种内部必然性。

第二，说话人使用强致使式“假设—反判”型有标假设复句，其目的在于突出强调前呼型假设句里所说的已然事实或者认知事实对后应型疑问句里所说的已然结果的决定性作用[①]。哲学常识告诉我们，“因”与“果”之间的联系形式有：

---

① 邢福义（2001a）在研究“‘要不是 p，就 q’句式”时指出：这种假设句，反证的目的既是为了指明原因，更是为了强调原因的重要意义。在邢先生这一观点的指引下，我们对强致使式“假设－反判”型有标假设复句作出了进一步的探索。

一因一果，一因多果，多因一果，多因多果。这是就客观事实而言的，具体到语言实际生活中，人们在使用强致使式“假设－反判”型有标假设复句时，既有可能与客观事实一致，也有可能与客观事实有出入。但不管是哪种情况，其所体现的意旨却是相同的。我们假定某强致使式“假设－反判”型有标假设复句的前呼型假设句里面蕴含着 M（M≥1）个已然事实或者认知事实，后应型疑问句里面蕴含着 N（N≥1）个已然结果，那么，其所体现的意旨是强调突出 M（M≥1）个已然事实或者认知事实对 N（N≥1）个已然结果具有至关重要的作用，换而言之，正是 M（M≥1）个已然事实或者认知事实导致了 N（N≥1）个已然结果。拿上面的例子来说，说话人旨在强调突出：正是由于你当时没有帮他一把才导致他活得如此窝囊，正是由于你当时帮了他一把才导致他活得如此风光，正是由于你当初没有听天老爷的话才导致你落到这个下场，正是由于你当初听了天老爷的话才导致你过上了今天的幸福日子。不难看出，此处的 M＝1，N＝1。可事实上原因应该不止一个。唯物辩证法认为，事物发展的内部矛盾可称为事物发展的内因，内因是事物发展的根据，是第一位的原因。事物发展的外部条件，可称为事物发展的外因，外因是事物发展的外部条件，是第二位的原因。外因通过内因起作用（王绍臣，2003）。很明显，导致上面四个结果的内因不是说话人所说的已然事实或者认知事实，可是在说话人看来，他所说的已然事实或者认知事实就是最重要的原因，甚至是唯一原因。由此可见，强致使式“假设－反判”型有标假设复句带有较强的个体倾向性。

另外值得一提的是，有时某个句子到底是属于证伪式“假设－反判”型有标假设复句还是属于强致使式“假设—反判”型有标假设复句，要到具体的语言环境中才能确定。试比较以下四例。

（106）a_1.甲：表弟他现在过得怎么样？

乙：还能怎样？都怪你！<u>如果你当时帮他一把，他怎么会活得如此窝囊？</u>

b_1.甲：表弟现在过得不怎么好是吧？

乙：怎么，到我面前假装慈悲了？

甲：你怎么这么说呢？

乙：我为什么不能这么说？你若真是好人，当时为什么不帮他一把？

甲：谁说我当时没帮他？

乙：哼！<u>如果你当时帮他一把，他怎么会活得如此窝囊？</u>

（107）a_2.甲：表弟他现在过得怎么样？

乙：很好啊。话说回来，<u>如果你当时没有帮他一把，他哪能这么风光？</u>

b_2.甲：表弟很不错啊，把生意做得这么红红火火！

乙：那还不都是你的功劳！你也很不错啊，我这个亲弟弟不帮，却帮表弟！

甲：我没有帮他，全是别人自己努力的结果啊。

乙：我不是三岁小孩子啦！如果你当时没有帮他一把，他哪能这么风光？

（108）a_3.甲：我怎么这么倒霉啊？

乙：唉，如果你当初听天老爷的话，哪会落到这个下场？

b_3.甲：唉，我真是倒霉啊！

乙：有什么办法，当初要你听天老爷的话，你充耳不闻。

甲：我怎么没听了？

乙：你还不承认？如果你当初听天老爷的话，哪会落到这个下场？

（109）a_4.甲：我觉得自己好幸福啊！

乙：那是的，如果你当初没有听天老爷的话，哪来今天的幸福日子？

b_4.甲：我觉得自己好幸福啊！

乙：是啊，这可全是因为你听天老爷的话，所以老天赏赐你。

甲：什么？听天老爷的话？天老爷会说话吗？我听过他的话吗？我怎么从来都不知道啊？

乙：你不要在我面前演戏了！如果你当初没有听天老爷的话，哪来今天的幸福日子？

如果从语表形式看，a 组中的画线部分和 b 组中的画线部分没有什么区别。但事实上 a 组中的画线部分是强致使式“假设－反判”型有标假设复句，而 b 组中的画线部分是证伪式“假设－反判”型有标假设复句。结合具体语境来看，a_1 中的画线部分，说话人乙要强调突出的是“就是因为你当时没有帮他一把才导致他活得如此窝囊”；而 b_1 的画线部分，说话人乙着意反驳甲的观点，证伪过程为：如果你当时帮他一把，他就不会活得如此窝囊，可事实上他活得非常窝囊，由此可见你当时没有帮他。不难看出，乙的这番话是针对甲的“谁说我当时没帮他”而言的。a_2 中的画线部分，说话人乙旨在强调突出“就是因为你当时帮了他一把才导致他这么风光”；而 b_2 中的画线部分，说话人乙重点在否定甲的观点，即“我没有帮他”，其证伪过程为：如果你当时没有帮他一把，他就不会这么风光，可事实上他非常风光，所以肯定是你帮了他。a_3 中，说话人乙意在凸显“就是因为你当初没有听天老爷的话才导致落到这个下场”；而 b_3 中，说话人乙见甲不承认，为了证明甲说的是假话，便采用了证伪式“假设－反判”型有标假设复句，其证伪过程为：如果你当初听了天老爷的话，你就不会落到这个下场，可如今你的确是落到这个下场了，因此你当初肯定是没有听天老爷的话。a_4 中，说话人乙旨在突出强调“正是因为你当初听了天老爷的话才有了今天的幸福日子”；而 b_4 中，说话人乙见甲不承认当初听了天老爷的话，于是便采取了这一证伪句式，其证伪过程为：如果你当初没有听天老爷的话，就不会有今天的幸福日子，可事实上你现在过得很幸福，所以肯定是你当初听了天老爷的话。由以上的分析、比较可以看出，某个句子到底是强致使式“假设－反判”型有标假设复句还是证伪式“假设－反判”型有标假设复句，主要取决于说话人的意旨。但说话人意旨所在，往往要通过上下文，要结合具体的语言环境才能获知。邢福义等（2004）指出，词的语法性质，只有在接受了“句管控”之后，才得以落实；词语的表意传情，只有在接受了“句管控”之后，才得以显现；前后小句之间的关系，只有在接受了具体语篇的“句管控”之后，才得以确定；一般规律和特殊现象并存，各自存在的条件只有在“句管控”中才得以区别；普通话和方言的语法差异，只有通过“句管控”的分析，才能够弄清楚。正因如此，我们说：句法机制在管控着整个汉语语法面貌的大局。联系我们上面的讨论，似乎可以再加上一条：说话人意旨的准确探察，只有在接受了具体语言环境的“句管控”之后，才得以顺利进行。具体语言环境的“句管控”，也就是邢先生所说的“句域管控”，即不同句法领域对语法事实的管束和制约，涉及的是具体语言片段的动态语境（邢福义等，2004）。当然，“句法管控”也好，“句域管控”也好，它们只是从不同角度启示我们：观察、描写和解释语法事实时，不可离句。汉语语法，只有在语言片段入句之后，在动态的句管控中，才能充分展示各方面的规则。离开句子，就事论事，很难作出准确而全面的描写和解释（邢福义等，2004）。为了更深刻地感受强致使式“假设－反判”型有标假设复句的运用特征，我们不妨再看两个实际用例。

（110）真快，青影一下子便挡在方捕头前面。来人正是沙成山！两个女子皆身穿紫衣，眼看着就要得手，忽见有人扑来，一怔，年长的女子冷冷道：“朋友，来搅局的？”沙成山冷冷道：“没这个意思！”年轻的女子尖声道：“看你也不是官家人，何苦为这些鹰犬爪牙拦是非？快走开，免得惹祸上身！”面无表情，来人淡淡地道：“官差也好，鹰犬也罢，他们还是得奉命行事。如果没有他们，天下岂不大乱？到那时，谁听谁的？”（柳残阳《断刃》）

（111）母亲又用温和的语调对他说：“子卿啊，这也是婶儿的一片心意呢！如果不是你在学习上帮着你弟，带着你弟，他哪儿能和你一样考上重点中学呢？婶儿心里别提对你有多感激了。我知道你心里是怎么想的。常言道‘无功不受禄’，你心里这么想的是不？可婶儿今天要说，你对你弟，对婶儿，对你叔，对我们一家，是有大功的呀！不但是功，还是恩呐！用句文话，你受之无愧的嘛！孩子，别想那么多，也别说什么，什么都不必说，乖乖地你得给我收下。你要敢不收，婶可就生气了……”（梁晓声《泯灭》）

前例中，沙成山说这话的目的在于突出强调：正是因为有他们，天下才没有大乱。这样一来，沙成山舍命救方捕头也就在情理之中了。后例中，“母亲”是怀着感恩的心对子卿说这番话的，意在突出强调：正是由于你在学习上帮着你弟，带着你弟，他才能和你一样考上重点中学。从文中“你对你弟，对婶儿，对你叔，对我们一家，是有大功的呀！不但是功，还是恩呐”也可以看出“母亲”对子卿的感激之情。不难理解，这种强烈的感激之情是“母亲”采用强致使式“假设－反判”型有标假设复句的情感动因。

5.3.3 强条件式“假设－反判”型有标假设复句

先请看以下两组例子。

（112）甲：哥们，我心里直打鼓啊。

乙：为什么？

甲：我担心别人知道后，我就彻底完蛋了。

乙：真是杞人忧天！如果你不说出去，有谁知道？

（113）甲：大家意见分歧这么大，这事看来还真是有点麻烦呢。

乙：没什么麻烦的！

甲：此话怎讲？

乙：如果你出面调停，谁敢不听？

上述两例中的画线部分就是我们所说的强条件式“假设－反判”型有标假设复句。先看前例，画线部分相当于说：除非你说出去，否则没人知道。换而言之，只要你不说出去，别人不可能知道。可见，别人知不知道取决于你是否说出去。再看后例，画线部分相当于说：除非你不出面调停，否则没人敢不听。也就是说，只要你出面调停，别人都会听。由此可知，别人听不听取决于你是否出面调停。以上分析告诉我们，说话人采用强条件式“假设—反判”型有标假设复句，主要是为了强调突出前呼型假设句里所说事情是后应型疑问句里所说事情得以实现的一个非常重要的条件。不过，前呼型假设句里所说事情是否会发生，说话人是不能确定的。我们不妨将强条件式“假设—反判”型有标假设复句与证伪式“假设—反判”型有标假设复句以及强致使式“假设—反判”型有标假设复句作一比较。

（114）a_1.甲：哥们，我心里直打鼓啊。

乙：为什么？

甲：我担心别人知道后，我就彻底完蛋了。

乙：真是杞人忧天！如果你不说出去，有谁知道？

b_1.甲：你神情这么严肃，发生了什么事？

乙：别装疯卖傻了！说！你是不是把这事告诉他们了？

甲：冤枉啦！我真的没有把这事告诉过任何人！

乙：你还狡辩！这事我只告诉过你！如果你不说出去，有谁知道？

c_1.甲：真是不可思议，他怎么会知道这事呢？

乙：一定是你告诉谁了，要不他怎么会知道呢？

甲：告诉过谁？让我想想，哦，我想起来了，我告诉过我爸爸，可我并没有告诉他呀！

乙：这不就得了，你告诉你爸爸，你爸爸再告诉他。唉，如果你不说出去，有谁知道？

（115）a_2.甲：大家意见分歧这么大，这事看来还真是有点麻烦呢。

乙：没什么麻烦的！

甲：此话怎讲？

乙：如果你出面调停，谁敢不听？

b_2.甲：你的提议没通过，我很遗憾。不过，我已经尽力了。

乙：尽力？真是会演戏！昨天的董事会议你连脸都没露一个，这也叫尽力？

甲：你又没参加会议，你凭什么说我没出面调停？

乙：哼！如果你出面调停，谁敢不听？

c_2.甲：你的建议村委会采纳了没有？

乙：你都不在，他们怎么会听我的呢？

甲：哦，我有这么高的威信吗？

乙：怎么没有呢？如果你出面调停，谁敢不听？

先看前例，就语表形式而言，a_1 和 b_1 以及 c_1 中的画线部分没有什么两样。可实际上 a_1 中的画线部分是强条件式“假设－反判”型有标假设复句，b_1 中的画线部分是证伪式“假设－反判”型有标假设复句，而 c_1 中的画线部分是强致使式“假设－反判”型有标假设复句。具体说来，a_1 中，说话人乙旨在强调突出你是否说出去是别人知道与否的重要条件，不过，乙心里并不能确定甲是否会说出去或者已经说出去。b_1 中，甲说自己没有把这事告诉过任何人，乙认为甲在说谎，因此有针对性地反驳甲的这一说法，其证伪过程为：如果你不说出去，别人就不会知道，可事实上他们已经知道了，因此一定是你说出去了。这里，说话人乙心里已经确定甲将这事说出去了。c_1 中，甲对他知道此事迷惑不解，因为自己只告诉过爸爸，没有告诉过他。乙则认为，既然你已将此事说出去，那么尽管他不能直接获知此事，但他可以间接获知此事。因此，乙采用强致使式“假设－条件”型有标假设复句是为了凸显：就是因为你说出去，他才会知道。不难看出，说话人乙心里已经确定甲把这事说出去了，而且事实也是如此。再看后例，与前例类似的是，就语表形式而言，a_2、b_2、c_2 中的画线部分完全一样。可事实上 a_2 中的画线部分是强条件式“假设－反判”型有标假设复句，b_2 中的画线部分是证伪式“假设－反判”型有标假设复句，而 c_2 中的画线部分则是强致使式“假设－反判”型有标假设复句。具体一点讲，a_2中，甲因为大家的意见分歧大而发愁，乙为甲献计献策。看得出来，乙运用强条件式“假设－反判”型有标假设复句的目的在于突出强调你是否出面调停是别人听不听的一个非常重要的条件。当然，甲会不会出面调停，乙不能确定。b_2中，甲说自己为了乙的提议出面调停过，但乙不相信甲为了自己的提议而出面调停，理由是：如果甲出面调停，别人都会听，那么提议也会通过；可事实上提议没有通过，所以甲没有出面调停。可见，乙确定甲没有出面调停。c_2中，乙采用强致使式“假设－反判”型有标假设复句旨在凸显：就是因为你没有出面调停，他们才敢不听我的建议。这里，甲没有出面调停是已然事实，乙也知道此事，从“你都不在”可以看出这一点。

通过以上分析、比较，我们得到以下几点认识。

第一，强条件式“假设－反判”型有标假设复句中，前呼型假设句所说事情是否会发生，说话人是不能确定的，尽管他会有自己的心理偏向，比如希望它发生，或者希望它不要发生。证伪式“假设－反判”型有标假设复句以及强致使式“假设－反判”型有标假设复句则与之不同，具体表现为：在这两种句式中，前呼型假设句中所说事情是否会发生或者是否已发生，说话人是能确定的。

第二，这三种句式所体现的说话意旨也是各不相同的。强条件式“假设－反判”型有标假设复句中，说话人旨在强调突出前呼型假设句中所说事情是后应型疑问句中所说事情得以实现的重要条件。证伪式“假设－反判”型有标假设复句中，说话人旨在证明前呼型假设句中所说事情不成立，此句式主要用来反驳对方的观点。强致使式“假设－反判”型有标假设复句中，说话人旨在强调突出前呼型假设句所说事情是导致后应型疑问句所说事情发生的重要原因。有时，强条件式“假设－反判”型有标假设复句容易与强致使式“假设－反判”型有标假设复句混淆。区分二者的一个重要标准是：前者的前呼型假设句中所说事情多是未然事实，而后者的前呼型假设句中所说事情一般为已然事实。

第三，尽管这三种句式所体现的说话意旨各不相同，但却可以采用相似甚至完全相同的语表形式。换句话说，语表形式相同的句式有可能在不同的语言环境中表达不同的说话意旨。这又一次证明了“句域管控”的作用（邢福义等，2004）。

再看几个实际用例。

（116）穆子煦从怀中掏出一张银票，让那个小和尚看：“小师父请看，这是家母让我带来的两千两银票，让我当面敬呈给性明法师的。<u>如果不能一见，我怎么回去呢？</u>”小和尚眼睛一亮，好家伙，一出手就是两千两，看来，今天碰上大施主了。嗯，不能让他白白走了：“阿弥陀佛！施主，请到前边斋房吃茶等候，待小僧回明了堂头大师傅，再做定夺如何？”“好好好，多谢了。请小师父带路。”（二月河《康熙大帝》）

（117）安琪向安娜解释：“不过，我对他的印象怎样，你先不用管，最重要还是妈妈，如果你让她知道你和一个混血男孩子交朋友，她一定会十分生气，而且会禁止你们来往。”“如果没有人告诉妈咪，妈咪又怎会知道我和佐治来往？”“我们当然不会告诉妈妈，我更加不会这样做，不过，你能瞒一年，可不能瞒一辈子，总有一天，妈妈会知道的，再说，要是你真的和佐治结婚，那么，妈妈就一定会知道了，她是不会让你嫁给佐治的，既然你们的爱情毫无出路，不能开花结果，那么，佐治要变坏就由他去吧！”（岑凯伦《合家欢》）

这两例中的画线部分都是强条件式“假设－反判”型有标假设复句。前例中，穆子煦说这话的目的在于突出强调：我能否回去取决于我能否与性明法师相见。联系上下文可以看出，穆子煦非常希望与性明法师见上一面。当然，能不能与性明法师见面，穆子煦是不能确定的。后例中，安娜使用强条件式“假设－反判”型有标假设复句，旨在凸显：妈咪是否知道我和佐治来往，取决于有没有人告诉妈咪。看得出来，安娜希望别人不要告诉妈咪这件事情。安琪也听出了安娜的弦外之音，所以答道：“我们当然不会告诉妈妈，我更加不会这样做。”如上所说，同样的语表形式在不同的语言环境中，有可能表达不同的说话意旨。拿后例来说，若是处在如下语言环境中，要表达的意思就不一样了。

（118）甲：听你这话的意思，你是不是怀疑我告诉了妈咪？

乙：我并没有怀疑你！不过我敢肯定有人告诉了妈咪。

甲：有谁会这么无聊呢？我看是你多疑吧？

乙：我多疑？如果没有人告诉妈咪，妈咪又怎会知道我和佐治来往？

（119）甲：你是说有人到妈咪那里打了小报告？

乙：没错。

甲：啊，有这样的人！你有什么证据吗？

乙：这还需要什么证据？道理再简单不过了，是个白痴也明白。如果没有人告诉妈咪，妈咪又怎会知道我和佐治来往？

前例中，甲认为不会有人去告诉妈咪，而是乙多疑了。乙不同意甲的观点，于是采用了证伪式“假设－反判”型有标假设复句予以反驳。证伪过程为：如果没有人告诉妈咪，妈咪就不会知道我和佐治来往，可事实上妈咪已经知道我和佐治来往了，所以肯定是有人将这事告诉了妈咪。后例中，甲想弄清楚乙为何知道有人到妈咪那里打了小报告，乙认为这无须证明。道理很简单：就是因为有人告诉了妈咪，妈咪才会知道我和佐治来往。

5.3.4　劝谏式“假设－反判”型有标假设复句

先看几组例子。

（120）甲：你说我该怎么办？

乙：什么怎么办？你今天说话怎么没头没脑的！

甲：我是说她今天终于答应我的求婚了。我接下来该干什么呢？

乙：傻小子！如果她都答应你的求婚了，那你干嘛还不快点去准备婚事？

（121）甲：走，跟我看婚纱去！

乙：啊？她答应嫁给你啦？

甲：没有，不过这应该是迟早的事吧。

乙：这样啊。如果她没答应你的求婚，那你何必急着去办婚事呢？

上述两例中的画线部分就是我们所说的劝谏式“假设－反判”型有标假设复句。先看前例，甲因为她答应了自己的求婚，高兴得不知道干什么了。正所谓当局者迷，旁观者清。乙觉得既然她都已经答应了甲的求婚，那甲就应该立刻去准备婚事才对。因此，乙使用劝谏式“假设－反判”型有标假设复句建议甲立刻采取行动。再看后例，甲邀请乙跟他一起去看婚纱，因为甲觉得她迟早会嫁给自己的。乙则认为，凡事都分个轻重缓急，当务之急不是忙着看婚纱，办婚事，而是她答应嫁给你。所以，乙在这里使用劝谏式“假设－反判”型有标假设复句意在劝说甲先不要急着办婚事，而要让她答应嫁给你。一般说来，说话人运用这一句式，旨在就前呼型假设句里所说事情发表自己的观点，表明自己的立场，并希望对方接受自己的观点立场。因此，在劝谏式“假设－反判”型有标假设复句中，说话人总是在建议、劝说对方干什么事情或者不干什么事情。比如前例中乙建议甲赶快准备婚事，后例中乙劝说甲不要急于办婚事。为了更清楚地看到劝谏式“假设－反判”型有标假设复句的特点，我们不妨将它与上面讨论的其他三种句式作一比较。

（122）甲：你瞪着我干什么？想吃了我吗？

乙：不想吃你，只是想看清楚你的心是红的还是黑的？

甲：你的心才是黑的呢！你没事干嘛骂人啊！

乙：没事？有事没事你自己心里清楚！骂人？我还想打你呢，谁叫你告密的？

甲：告什么密啊？你干嘛诬陷人啊？

乙：啊？你还不承认？如果你不告密，班主任怎么可能知道我逃课？

（123）甲：怎么啦，不高兴啊？

乙：我高兴得起来吗？一个我认为最值得信任的人，竟然是叛徒！

甲：你不是说我吧？到底发生什么事了？

乙：我就是说你！发生什么事你自己不清楚吗？用得着在我面前装蒜吗？

甲：我真的不清楚，请你把话说明白点！

乙：好，我问你，你为什么要到班主任那里告密？

甲：告密？哦，你说你逃课的事对吧？我不是有意说给班主任听的，无意中说出来被他听到了而已。

乙：我不管你有意无意，反正都是告密！如果你不告密，班主任怎么可能知道我逃课？

（124）甲：我还是有点怕，要不你上完课再去好不好？

乙：不行，上完课再去的话，那些可爱的小饰品就全卖完了！

甲：可是如果班主任知道了怎么办呢？你还不清楚他的厉害吗？

乙：你不是说班主任今天到教育局开会去了吗？你想想，他委托你看管我们，就是信任你。如果你不告密，班主任怎么可能知道我逃课？

（125）甲：我有事跟你商量。

乙：什么事？

甲：肖华要我去班主任那里揭发李均，可是我不敢去，但我又不愿意因此得罪肖华。你说我该怎么办啦？

乙：哦，就为这事头疼啊。

甲：你有好主意吗？

乙：这还不容易！如果你不告密，何不找人顶替你去？

上面四例中的画线部分，从语表形式来看，前三例完全一致，最后一例的前呼型假设句与前三例相同，后应型疑问句与前三例不同。但若从说话意旨来看，上述四例中的画线部分各不相同。第一例中，甲不承认自己告了密，乙对此予以反驳，故采用了证伪式“假设－反判”型有标假设复句，其证伪过程为：如果你不告密，班主任是不可能知道我逃课的，可事实上他知道了，所以肯定是你告了密。第二例中，甲向乙解释说明自己不是特意告密，而只是无心之失。可乙认为，不管甲有意无意，都属告密。乙之所以这样“霸道”，主要是他觉得：就是因为甲告密才致使班主任知道自己逃课。很明显，乙采用强致使式“假设－反判”型有标假设复句是为了强调突出前呼型假设句里所说事情是后应型疑问句里所说事情得以发生的一个非常重要的原因。第三例中，甲不敢替乙保守秘密，因为班主任一旦知道就麻烦了。乙则认为，班主任获取信息的渠道只有甲一个，因此，只要甲不告密，班主任是不可能知道的。换而言之，班主任知不知道我逃课取决于你告不告密。可见，乙在这里使用强条件式“假设－反判”型有标假设复句是为了强调突出前呼型假设句里所说事情是后应型疑问句里所说事情得以发生的一个非常重要的条件。第四例中，甲为肖华要自己去班主任那里揭发李均的事而发愁，故求助于乙。乙认为要解决这个问题并不难，因此向甲谏言：如果你不敢告密，可以另外找人顶替你去。看得出来，乙使用劝谏式“假设－反判”型有标假设复句旨在让甲接受自己的提议。

倘若我们再从说话人关注的焦点所在位置来观察，上述四类句式又可以归为两大类。具体说来，证伪式“假设－反判”型有标假设复句、强致使式“假设－

反判”型有标假设复句以及强条件式“假设－反判”型有标假设复句中，说话人关注的焦点都在前呼型假设句，我们把诸如此类的“假设－反判”型有标假设复句称为前聚焦式“假设－反判”型有标假设复句。在劝谏式“假设－反判”型有标假设复句中，说话人关注的焦点在后应型疑问句，我们把这样的“假设－反判”型有标假设复句称为后聚焦式“假设－反判”型有标假设复句。如图 5-2 所示。

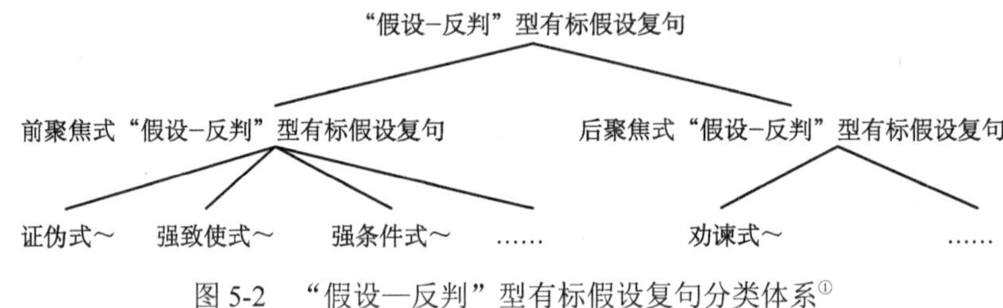

图 5-2　“假设—反判”型有标假设复句分类体系[①]

语言实际生活中，劝谏式“假设－反判”型有标假设复句也得到了较为广泛的运用。

（126）“我是东方女性，而且不少人夸我相貌漂亮、身材好。”叶若婷对他眨眨眼。“如果你找女主角找得这么辛苦，何不干脆考虑我？我虽然没有演过戏，但学什么都很快的，只要有你的指导。我觉得我可以办到。”“真是可怕的自信啊。”长冈皇子笑了笑。（陈美琳《宝贝紫娃娃》）

（127）谭正廷伸伸懒腰：“江湖人双肩担一口，行李简单，没有什么好准备的，说走就走。周兄，如果行程不急，何不在岳州歇歇脚？据兄弟所知，岳州的三湘剑客罗广是相当好客的。”“算了，老弟。”周正撇撇嘴：“三湘剑客罗老三人虽然不错，为人四海，但他那位罗老大真是令人不敢领教，那是个气量狭小，连狗都不想沾他的货色。你是本地人，应该知道贵地的人情风俗。”（云中岳《草泽潜龙》）

以上两例中的画线部分都是劝谏式“假设－反判”型有标假设复句。前例中，叶若婷从体贴长冈皇子的角度入手，向长冈皇子推荐自己，希望对方接受自己的这一建议。不过叶若婷在陈述理由的时候显得过于直率，甚至让人觉得不是很谦虚，所以长冈皇子感到她过于自信，也就降低了这一建议的可行性。后例中，谭正廷使用劝谏式“假设－反判”型有标假设复句旨在向周正建议“在岳州歇歇脚”，从后文周正的回答可以看出，周正委婉拒绝了谭正廷的这一提议。

一般情况下，说话人运用劝谏式“假设－反判”型有标假设复句都是向除自己以外的人提建议，但有时说话人内心独白的时候也会自己给自己提建议。

① “～”代表“‘假设－反判’型有标假设复句”。

（128）他突然想到方法了。如果那班人不回来工作，何不找金武堂的人马？虽然欠份人情，但总比神殿无法完工要来得好。何况金武堂的人根本不必买武当派的账。他越想越有道理，心情亦轻松起来了。（李凉《矛盾天师》）

当然，不管是给别人提建议还是给自己提建议，反正都是说话人针对前呼型假设句里所说事情发表自己的观点、看法，并希望这种观点、看法得到承认和执行。

上面我们集中探讨了四类“假设—反判”型有标假设复句，即：证伪式“假设—反判”型有标假设复句、强致使式“假设—反判”型有标假设复句、强条件式“假设—反判”型有标假设复句、劝谏式“假设—反判”型有标假设复句。接下来我们对与之相关的其他问题作出简要说明。

第一，我们前面讨论的“假设—反判”型有标假设复句隶属于“前呼型假设句＋后应型疑问句”类有标假设复句，其外在典型特征就是后应句以反问的形式对前呼型假设句作出某种判断。值得一提的是，除了反问形式外，其他形式的后应句也可以对前呼型假设句作出某种判断。具体情况如表 5-1 所示。

表 5-1 “假设—反判”型有标假设复句与其他类型之比较

其他类型有标假设复句	“假设－反判”型有标假设复句
a_1. 你如果不帮我这个忙，这事根本办不成。	b_1. 你如果不帮我这个忙，这事哪能办成？
a_2. 你如果不帮我这个忙，我就找别人去。	b_2. 你如果不帮我这个忙，我不会找别人吗？
a_3. 你如果不帮我这个忙，就请直说吧。	b_3. 你如果不帮我这个忙，何不直说呢？
a_4. 你如果不帮我这个忙，那真是让我大吃一惊！	b_4. 你如果不帮我这个忙，怎能不让我大吃一惊？

如上表所示，a_1、a_2 中，后应句以陈述形式对前呼型假设句作出某种判断，a_3 中，后应句以祈使形式对前呼型假设句作出判断，a_4 中，后应句以感叹形式对前呼型假设句作出判断。在 B 组有标假设复句中，后应句一律以反问形式对前呼型假设句作出某种判断。粗略一看，a_1 和 b_1、a_2 和 b_2、a_3 和 b_3、a_4 和 b_4 所表达的基本意思差不多。但若细细考究，还是可以体味到各自不同的意蕴。具体说来，a_1 中，倘若说话人希望这事办成，那说这话至少有两种可能：一种是这事已经办成，说话人对听话人表达感激之情；另一种是这事尚未办成，说话人肯定听话人的重要作用，希望听话人能够出手相助。倘若说话人不希望这事办成，同样有两种可能：一种是这事已经办成，说话人对听话人的行为予以责备；另一种是这事还没办成，说话人希望听话人不要插手这件事。与之相对，b_1 也能表达这样一些意思，但是又不止表达这样一些意思。比如在一定的语言环境下它还具有证伪功能，不仅如此，有时它还能起到凸显前呼型假设句里所说事情的强致使性或者强条件性的作用。另外，在感情的强烈程度上，b_1 也要高于 a_1。a_2 中，依据说话人

与听话人身份、地位的不同，说这话所附加的意思也不同。如果说话人的身份、地位与听话人相当，甚至高于听话人，那说这话就有提醒对方，甚至威胁对方的意思在里面。如果说话人的身份、地位低于听话人，那说这话则有无可奈何之意。b_2中，假若说话人身份、地位与听话人相当甚至高于听话人，那说这话则有较重的警告、威胁之意在里面。反之，如果说话人身份、地位不如听话人，那一般情况下说话人是不会采取这种说法的；不过要是说话人豁出去了，完全不考虑后果了，那也难免会这样说。因为这种说法带有较重的“火药味”，比较容易激发彼此之间的矛盾。a_3中，说话人希望对方坦诚相见，说这话显得彬彬有礼；而b_3中，说话人对听话人的不坦诚表示不满，说这话有责备之意。另外，a_3中，说话人不能确定对方到底会不会帮自己的忙，但在b_3中，说话人已经知道对方不帮自己的忙。a_4中，说话人对听话人不帮自己的忙大为吃惊；而b_4中，说话人除了表达这一层意思外，还有着另外一层意思，那就是：换了其他任何人，也会跟我一样大吃一惊的。说话人之所以本可用甲句式却偏要用乙句式是因为他觉得在某种特定的语言环境中，乙句式更能传情达意。

第二，我们上面讨论“假设－反判”型有标假设复句，其前呼型假设句绝大多数都是“如果”引领，这主要是考虑到：“如果”这个假设关系标记在假设关系标记家族里面较具典型性，选取它作为代表，相对说来更能说明问题，而且讨论起来也比较方便。事实上，除了“如果”之外，其他的前呼型假设关系标记也都可以引领“假设－反判”型有标假设复句的前呼型假设句。也就是说，不管是前呼前置强式假设关系标记还是前呼前置弱式假设关系标记，抑或是前呼后置弱式假设关系标记，只要符合句法、语义和语用条件，都可以出现在“假设－反判”型有标假设复句的前呼型假设句里。不仅如此，有时出于语用表达需求，前呼前置式假设关系标记还可以与前呼后置式假设关系标记间隔性连用。这也从一个侧面反映了它们的家族相似性。试看以下例句。

（129）如果你完全被别的事物占有了，还能称为幸福吗？（朱邦复《东尼》）→
假如你完全被别的事物占有了，还能称为幸福吗？
倘若你完全被别的事物占有了，还能称为幸福吗？
要是你完全被别的事物占有了，还能称为幸福吗？
设若你完全被别的事物占有了，还能称为幸福吗？
你完全被别的事物占有了的话，还能称为幸福吗？
如果你完全被别的事物占有了的话，还能称为幸福吗？
假如你完全被别的事物占有了的话，还能称为幸福吗？
…………

需要补充的是，我们说除“如果”之外的其他前呼型假设关系标记也可以引领“假设－反判”型的前呼型假设句，但这并不是说任何前呼型假设关系标记在任何情况下都可以引领“假设－反判”型有标假设复句的前呼型假设句，也不是说前呼型假设关系标记之间任何时候都可以无条件地替换，只是说由于它们在句法、语义、语用方面具有某种相似性，所以往往可以举一反三，触类旁通。

第三，人们说话做事总是会带有某种目的，“假设－反判”型有标假设复句的运用也不例外。要逐一地、穷尽性地描写每一类甚至每一个“假设－反判”型有标假设复句中说话人的交际目的不是一件容易的事，也似乎没有这个必要。因此，我们不如换一种角度思考问题，即考察说话人交际目的的表述机制。也就是说，我们要重点考察的是说话人在运用“假设－反判”型有标假设复句时，是如何向听话人表达自己的交际目的的。为此，我们选取了四类“假设－反判”型有标假设复句，通过对它们的考察，我们得到了如下认识：尽管每个“假设－反判”型有标假设复句所表达的具体的交际目的有可能是各不相同的，但它们表达交际目的的机制却是有规律可循的。总的说来，“假设－反判”型有标假设复句通过假设性关联传达说话人的交际目的。这里的假设性关联指的是说话人用反问的形式针对前呼型假设句里所说事情作出某种判断，借以发表自己的观点。具体一点讲，“假设－反判”型有标假设复句里交际目的的表达又可以分为两类：一类是通过假设性关联，说话人在前呼型假设句里表明自己的交际目的，即前面所说的“前聚焦式”。另一类是通过假设性关联，说话人在后应型疑问句里表明自己的交际目的，即前面所说的“后聚焦式”。邢福义等（2004）研究前后小句的联结相依时曾提到“顺序推衍”和“逆序裁定”，这给了我们很大的启发。邢先生指出：十分明显，顺序推衍与逆序裁定特别是逆序裁定，涉及语言片段与语言片段的句间联结与相依，已经是语篇问题，它们理所当然地受到明确的“句管控”，更不待言。对“假设－反判”型有标假设复句来说也是如此，表现在：我们要想准确把握说话人的交际目的，很多时候不能光借助前呼型假设句和后应型疑问句之间的假设性关联，还必须考虑到它所处的上下文环境。我们前面讨论的时候也经常看到，同一语表形式在不同的语言环境中能表达不同的交际目的。这就告诉我们，从说话人的角度来看，为了使听话人准确把握自己的交际目的，必须注意“句法管控”和“句域管控”的双重制约作用；从听话人的角度来看，为了准确领会说话人的交际目的，也必须充分考虑到“句法管控”和“句域管控”的双重制约性。这是因为，“句法管控”和“句域管控”，二者其实是你中有我、我中有你的关系（邢福义等，2004）。

第四，不难发现，我们上面讨论“假设－反判”型有标假设复句时，其前呼型假设句和后应型疑问句都分别由一个小句充当。之所以如此，主要是考虑到这样更便于说清楚问题。事实上，“假设－反判”型有标假设复句的前呼型假设句和后应型疑问句也可以由小句关联体充当。试比较下面四句。

（130）如果你不说，谁会知道？

（131）如果你不说，他不说，谁会知道？

（132）如果你不说，村长怎么会知道，村支部书记又从何得知？

（133）如果你不说，他不说，村长怎么会知道，村支部书记又从何得知？

第一例的前呼型假设句和后应型疑问句都分别由一个小句充当。第二例的前呼型假设句由并列型小句关联体充当，后应型疑问句由一个小句充当。第三例的前呼型假设句由一个小句充当，后应型疑问句由并列型小句关联体充当。第四例的前呼型假设句由并列型小句关联体充当，后应型疑问句也由并列型小句关联体充当。不妨再看个实际用例。

（134）如果抛开别的不谈，只听他这些话，谁能说他心怀异志，谁能说他精神不振，谁又能说他不是位坦荡君子？（二月河《雍正皇帝》）

需要指出的是，不仅是并列型小句关联体，其他类型的小句关联体也能充当“假设—反判”型有标假设复句的前呼型假设句和后应型疑问句，这里就不一一列举了。

另外值得一提的是：不光是复句领域，句群领域也存在类似的现象。

（135）映雪狂乱地扯开小佩，一把抓住乐梅。“如果我骗你，到时候我如何为这些话负责？如何给你一个活生生的起轩？”她摇晃着女儿。“你醒醒啊！我求你清醒理智地面对这一刻吧！”乐梅仍麻木地瞪着母亲，好似失去了理解与思考的能力。（琼瑶《鬼丈夫》）

（136）朱介上前一步，满脸带笑，露出嘴里闪光的金牙，向刘思扬伸出手来。“我祝贺刘先生恢复自由。”刘思扬陡然离开沙发，站了起来，推开朱介的手，质问道：“你们释放多少人？”“首批嘛……”朱介搓着两手说：“人数问题，政府正在磋商，刘先生情况特殊，自当优先考虑。”“你们就放我一个？”刘思扬大声说：“你们明令释放全国政治犯，结果只放我一个！渣滓洞，白公馆，中美合作所集中营关的共产党员和爱国民主人士，你们为什么不释放，国民党统治区多少集中营，囚禁了多少革命者，你们为什么不释放？张学良、杨虎城，关到现在，十几年了，你们为什么不释放？如果你们有和谈的诚意，为什么不立刻释放全部政治犯？还在‘磋商’什么？”（罗广斌、杨益言《红岩》）

上述两例中的画线部分都是句群，都是以连续反问的方式对假设前提予以回应。前例中，映雪这样说旨在告诉乐梅自己是不会骗她的。后例中，刘思扬这样说的目的在于证明国民党没有和谈的诚意。也就是说，这两个句群都具有证伪性，其功能类似于证伪式“假设－反判”型有标假设复句。

5.4 “前呼型假设句＋后应型疑问句”类有标假设复句的简省形式及紧缩形式

“前呼型假设句＋后应型疑问句”类有标假设复句有时出于某种语用需求会

简化省略掉一些成分，这样一来剩下的部分就是我们所说的简省形式，如表 5-2 所示。

表 5-2　“前呼型假设句＋后应型疑问句”类有标假设复句原形及简省形式

“前呼型假设句＋后应型疑问句”类有标假设复句原形	“前呼型假设句＋后应型疑问句”类有标假设复句的简省形式
a．如果让你选择，你是愿意去美国留学还是愿意去英国留学？	a_1．如果让你选择，你是愿意去美国留学还是愿意去英国？
	a_2．如果让你选择，你是愿意去美国留学还是愿意去……？
	a_3．如果让你选择，你是愿意去美国留学还是……？
	a_4．如果让你选择，你是愿意去……？
	a_5．如果让你选择，你是……？
	a_6．如果让你选择，你……？
	a_7．如果让你选择，……？
	a_8．如果让你选择呢？
	a_9．如果……，你是愿意去美国留学还是愿意去英国留学？
	a_{10}．如果……，你是愿意去美国留学还是愿意去英国……？
	a_{11}．如果……，你是愿意去美国留学还是愿意去……？
	a_{12}．如果……，你是愿意去美国留学还是……？
	a_{13}．如果……，你是愿意去……？
	a_{14}．如果……，你是……？
	a_{15}．如果……，你……？
	a_{16}．如果……？
	…………
b．如果我不按照你说的做，难道你会杀了我不成？	b_1．如果我不按照你说的做，难道你会……？
	b_2．如果我不按照你说的做，难道你……？
	b_3．如果我不按照你说的做，难道……？
	b_4．如果我不按照你说的做，……？
	b_5．如果我不按照你说的做呢？
	b_6．如果……，难道你会杀了我不成？
	b_7．如果……，难道你会……？
	b_8．如果……，难道你……？
	b_9．如果……，难道……？
	b_{10}．如果……？
	…………

前面我们说过，“前呼型假设句＋后应型疑问句”类有标假设复句可以分为

“假设－求解”型有标假设复句和“假设－反判”型有标假设复句。如上表所示，a 组例子是“假设－求解”型有标假设复句及其相应的简省形式，b 组例子是“假设－反判”型有标假设复句及其相应的简省形式。不难看出，就简省的内容而言，不管是“假设－求解”型有标假设复句还是“假设－反判”型有标假设复句，其简省形式都大致可以分为三类：第一类为前呼型假设句不变，后应型疑问句有所简省，a_1 至 a_8、b_1 至 b_5 都属于此类。第二类为后应型疑问句不变，前呼型假设句有所简省，a_9 和 b_6 就是如此。第三类为前呼型假设句与后应型疑问句都有所简省，a_{10} 至 a_{16}、b_7 至 b_{10} 就是这样。语言实际生活中，说话人会根据不同的语用需求采取不同的简省形式。

“前呼型假设句＋后应型疑问句”类有标假设复句的紧缩形式则是指前呼型假设句与后应型疑问句合而为一，二者之间原有的音距消失，如表 5-3 所示。

表 5-3　“前呼型假设句＋后应型疑问句”类有标假设复句原形及紧缩形式

“前呼型假设句＋后应型疑问句”类有标假设复句原形	“前呼型假设句＋后应型疑问句”类有标假设复句的紧缩形式
a．如果让你选择，你是愿意去美国留学还是愿意去英国留学？	a'．如果让你选择你是愿意去美国留学还是愿意去英国留学？
b．如果我不按照你说的做，难道你会杀了我不成？	b'．如果我不按照你说的做难道你会杀了我不成？

观察可知，a 是“假设－求解”型有标假设复句，a'是 a 的紧缩形式；b 是“假设—反判”型有标假设复句，b'是 b 的紧缩形式。

鉴于“前呼型假设句＋后应型疑问句”类有标假设复句可以分为“假设—求解”型有标假设复句和“假设—反判”型有标假设复句两类，因此，下文的讨论也围绕两个方面展开：一是“假设—求解”型有标假设复句的简省形式及紧缩形式，二是“假设—反判”型有标假设复句的简省形式及紧缩形式。

5.4.1　“假设—求解”型有标假设复句的简省形式及紧缩形式

从上面的讨论我们可以得知，“假设—求解”型有标假设复句的简省形式是多种多样的。人们往往会根据不同的语用场合，针对不同的语用需求，采取相应的简省形式。需要说明的是，绝大多数简省形式都带有某种临时性。也就是说并没有形成某种较为稳固的句型，只是说话人根据当时的说话场景临时省略某些成分。不过也有例外，上文例举的 a_8 就是如此。对于 a_8 这样的简省形式，邢福义（2001a）认为，对话中，语流中，如果结果分句的意思上文已经出现，假设分句“如果……”可以单独用来提问，但要求带“呢”，即采取“如果……呢”的形式。李晟宇（2005）认为，假设“VP_0 呢？”简省前的原句式是两个分句：“如果……，……？”假设“VP_0 呢？”是省略后一个分句产生的。学者们对这一现象的关注，充分表明了它的研究价值，也极大地激发了我们的研究兴趣。因此，本小节我们将重点考察 a_8 这样比较定型的简省形式。由于这种简省形式与“假设－求解”型有标假设复句的紧缩形式具有某种相似性，所以我们不妨将二者作一比较。出于论说的方便，我们把 a_8 这样的简省形式称为“假设－求解”型有标假设复句的定型化简省形式。

必须指出，尽管从语表形式来看，“假设－求解”型有标假设复句的定型化简省形式与紧缩形式比较相似，但事实上二者是不同的。

前者包含两个方面的内容：一是“缩”，即前呼型假设句和后应型疑问句之间的音读距离紧缩，从而导致二者之间的停顿消失，书面上表现为二者之间不再使用逗号之类的标点符号。二是“略”，指的是后应型疑问句除了疑问语气外，其余部分都被省略了。如：要是他来了，那可怎么办？→要是他来了呢？

后者主要是指前呼型假设句和后应型疑问句之间由于音距的消失，致使二者合而为一。邢福义（2001a）认为“紧缩”可以分为两种情况：一是原形凝合，二是有所缩略。“假设－求解”型有标假设复句的紧缩形式中，属于原形凝合的如：要是他来了，那可怎么办？→要是他来了那可怎么办？属于有所缩略的如：要是他来了，那可怎么办？→要是他来了怎么办？不难看出，“假设－求解”型有标假设复句定型化简省形式中所省略的部分与紧缩形式中所省略的部分是不一样的。前者是后应型疑问句除了疑问语气外，其余全都被省略了；而后者省略掉的只是后应型疑问句的非核心部分。不妨再看下面几个例子。

（137）如果他愿意接受你们提出的任何条件呢？

（138）如果他不愿意接受你们提出的任何条件呢？

（139）如果他愿意接受你们提出的任何条件怎么办呢？

（140）如果他不愿意接受你们提出的任何条件怎么办呢？

第一、二例属于“假设－求解”型有标假设复句的定型化简省形式，第三、四例属于“假设－求解”型有标假设复句的紧缩形式。不管是定型化简省形式还是紧缩形式，都可以还原成一般形式。

（141）如果他愿意接受你们提出的任何条件呢？→
如果他愿意接受你们提出的任何条件，怎么办？

（142）如果他不愿意接受你们提出的任何条件呢？→
如果他不愿意接受你们提出的任何条件，怎么办？

（143）如果他愿意接受你们提出的任何条件怎么办呢？→
如果他愿意接受你们提出的任何条件，怎么办？

（144）如果他不愿意接受你们提出的任何条件怎么办呢？→
如果他不愿意接受你们提出的任何条件，怎么办？

由此可见，“假设－求解”型有标假设复句的定型化简省形式还原成一般形式必须添加后应型疑问句，然后还原前呼型假设句和后应型疑问句之间的音距。“假设－求解”型有标假设复句的紧缩形式还原成一般形式则往往只须还原前呼型假设句和后应型疑问句之间的音距即可。语言实际生活中，人们也不时使用“假设－求解”型有标假设复句的定型化简省形式以及紧缩形式。

（145）蕙娘却不理这一段，只神态认真地问：“马先生，如果我不愿去见皇上呢？”（高阳《正德外记》）

（146）如果一定要问，非说不可呢？（高阳《慈禧全传》）

（147）皇叔，你说贼人藏在我的府中，如果搜不出来怎么办？（单田芳《白眉大侠》）

（148）爸爸要较量我了，好，好，比就比吧，如果我赢了爸爸给我什么？（梁羽生《塞外奇侠传》）

如上所示，前面两例中的画线部分属于“假设－求解”型有标假设复句的定型化简省形式，后面两例中的画线部分属于“假设－求解”型有标假设复句的紧缩形式。如果将前面两例的画线部分与后面两例的画线部分作一比较，可以发现，在是否带“呢”这个疑问语气助词问题上，“假设－求解”型有标假设复句的定型化简省形式与紧缩形式有所不同。一般情况下，前者是必须而且只能带“呢”，换而言之，不能不带“呢”，也不能携带除“呢”之外的其他疑问语气助词。有关“呢”，李晟宇（2005）认为，疑问句省略成呢字简省问时，句末的疑问语气词“呢”常常是在简省的过程中添加上去的，而不是原句子遗留下来的。不过有时也会存在以下情况。

（149）甲：我们手头有他急需的东西，他一定会来的。

乙：如果他不来呢？

甲：如果他不来？那他不是自断后路吗？

（150）如果那“玄阴汇元经”中，没有解救手法哩？（武林樵子《龙翔凤鸣》）

前例中，画线部分没有带“呢”，属于回声问现象。后例中，句末携带的疑问语气助词不是“呢”，而是“哩”。据《现代汉语词典》，“哩”属方言用法，同普通话中的“呢”。以福州方言为例，《福州方言词典》中提到，【哩】li^{55}，助词，用在疑问句的末尾，表示疑问的语气；另【哩】li^{33}，助词，用在句末，表示疑问语气。由此可见，特殊情况下，“假设－求解”型有标假设复句的定型化简省形式也可能句末没有疑问语气助词“呢”，或者携带其他疑问语气助词，如“哩”。

不过无论如何，有一点是可以肯定的，那就是“假设－求解”型有标假设复句的定型化简省形式肯定会携带疑问语气，书面上表现为句末的疑问号。诚如邢福义（1996）所说的那样，语气的表达是因，语气助词的使用是果。一个句子，如果没有语气助词，照样有语气；之所以使用语气助词，是为了在配合语气表明特定意旨的同时，使语气表达的信息量得以加强。当然，对于“假设－求解”型有标假设复句的定型化简省形式而言，绝大多数情况下，“呢”的使用更像是必要条件。上面所说的特殊情况，总是会受到特殊条件的制约，而且在用法或者使用领域上与一般情况有所不同。比如，携带“呢”的“假设－求解”型有标假设复句的定型化简省形式既可以是说话人自己问自己，也可以是说话人问听话人；而不携带“呢”的“假设－求解”型有标假设复句的定型化简省形式却只能是说话人自己问自己。

接下来我们再看看能出现在疑问句末尾的“吗”“啊”“吧”是否能出现在“假设－求解”型有标假设复句的定型化简省形式中。

（151）如果他不来呢？

（152）如果他不来吗？（－）

（153）如果他不来啊？（－）

（154）如果他不来吧？（－）

由上可知，“吗”“啊”“吧”都很难出现在“假设－求解”型有标假设复句的定型化简省形式中。可见，“假设－求解”型有标假设复句的定型化简省形式对疑问语气助词的限制性比较强。

与此相对，“假设—求解”型有标假设复句的紧缩形式对疑问语气助词则没有这么多限制。具体表现为：第一，带不带“呢”比较自由。第二，不仅是“呢”，其他疑问语气助词也可以出现在“假设—求解”型有标假设复句的紧缩形式中。

（155）如果早作安排，您是否认为可以挽回败局？→
如果早作安排您是否认为可以挽回败局？

（156）如果早作安排，您是否认为可以挽回败局呢？→
如果早作安排您是否认为可以挽回败局呢？

（157）如果早作安排，您认为可以挽回败局吗？→
如果早作安排您认为可以挽回败局吗？

（158）如果早作安排，您认为可以挽回败局啊？→
如果早作安排您认为可以挽回败局啊？

（159）如果早作安排，您认为可以挽回败局吧？→
如果早作安排您认为可以挽回败局吧？

上述五组例子，每组第一例是“假设－求解”型有标假设复句的一般形式，每组第二例是“假设－求解”型有标假设复句的紧缩形式。观察可知，“假设－求解”型有标假设复句的紧缩形式带不带“呢”、还是带其他疑问语气助词，取决于“假设－求解”型有标假设复句的一般形式。换言之，一般形式的句末特征决定了紧缩形式的句末特征。

但如果是“假设－求解”型有标假设复句的定型化简省形式，情况又不一样了。

（160）如果早作安排，您是否认为可以挽回败局？
（161）如果早作安排，您是否认为可以挽回败局呢？
（162）如果早作安排，您认为可以挽回败局吗？
（163）如果早作安排，您认为可以挽回败局啊？
（164）如果早作安排，您认为可以挽回败局吧？
} 如果早作安排呢？

看得出来，不管“假设－求解”型有标假设复句的一般形式带不带“呢”，也不管它是带其他疑问语气助词，都不会影响“假设－求解”型有标假设复句定型化简省形式的句末特征。这也就是说，一般形式的句末特征并不能决定定型化简省形式的句末特征。

下面我们要思考的是，为什么“假设－求解”型有标假设复句的一般形式可以转换成定型化简省形式和紧缩形式？

先看“假设－求解”型有标假设复句的一般形式转换成定型化简省形式的情况。

（165）如果一定要做，安排谁做？
（166）如果一定要做，做什么？
（167）如果一定要做，什么时候做？
（168）如果一定要做，在哪里做？
（169）如果一定要做，做多少？
（170）如果一定要做，怎么做？
（171）如果一定要做，做到什么程度？
（172）如果一定要做，你愿不愿意加盟？
（173）如果一定要做，……？
} 如果一定要做呢？

上述“假设－求解”型有标假设复句的一般形式中，前呼型假设句都是“如果一定要做”，后应型疑问句各不相同，分别询问的是“做”的主体、客体、时间、地点、数量、方式方法、程度以及听话人的意愿等。在一定的语言环境下，这些“假设—求解”型有标假设复句的一般形式都可以转换为定型化简省形式——如果一定要做呢？究其原因，大致可以归纳为以下几个方面：第一，诚如邢福义（2002）所言，汉语语法结构在总体面貌上呈现出语义兼容和结构趋简的特点。语义兼容指的是，就语义蕴含而言，汉语语法结构往往具有兼容性。即：在同样一个结构之中，包容了这样那样的多种意义。结构趋简指的是，就语表形式的总体走向而言，汉语语法结构具有趋简性。即：尽管语言运用中全量形式和简化形式可以并存，但只要有可能，人们往往会选择简化形式。“假设－求解”型有标假设复句的一般形式和定型化简省形式之间也存在着这样的特点，如上所示，从左到右体现了结构趋简性，从右到左体现了语义兼容性。第二，句式本身的特点为实现这种转换提供了现实基础。在“假设－求解”型有标假设复句的一般形式中，前呼型假设句具有“后启”功能，它总是暗示、启发、引导人们思考其后会有什么样的后应型疑问句与之关联。正因为这样，所以在一定的语境条件下，尽管“假设－求解”型有标假设复句的定型化简省形式没有后应型疑问句，但它同样可以表达一般形式所要表达的意思。第三，含蓄、灵活的语用需求是这种转换得以实现的助推剂。有时候，说话人觉得某些话语不便明说，于是采用这种定型化简省形式，让听话人意会自己将会问什么，从而既达到了语言交际的目的，又避免了不必要的尴尬。

再来看看“假设－求解”型有标假设复句的一般形式转换成紧缩形式的情况。

（174）如果我很喜欢他，怎么办？→
如果我很喜欢他怎么办？

（175）如果我很喜欢他，可他却是仇人的儿子，怎么办？→
如果我很喜欢他可他却是仇人的儿子怎么办？

（176）如果我很喜欢他，可他却是仇人的儿子，因此家里肯定会竭力反对，怎么办？→
如果我很喜欢他可他却是仇人的儿子因此家里肯定会竭力反对怎么办？

（177）如果我很喜欢他，可他却是仇人的儿子，因此家里肯定会竭力反对，那我到底是维护亲情，还是维护爱情呢？→
如果我很喜欢他可他却是仇人的儿子因此家里肯定会竭力反对那我到底是维护亲情还是维护爱情呢？

上述四组例子，每组的第一例是“假设－求解”型有标假设复句的一般形式，每组的第二例是相对应的紧缩形式。观察可知，从第一组到第四组，随着“假设－求解”型有标假设复句一般形式中小句数目的增多，转换成相应的紧缩形式的难度越来越大，可能性越来越小。这又是怎么回事呢？认真思考之后，我们认为：一方面如上所说，汉语语法结构具有形式上的趋简性；但另一方面也要注意语义表达的明晰性。如果形式上的趋简严重影响了语义上的明晰，那就很难实现这种转换，人们一般也不会采用这种紧缩形式。另外，从人的生理角度来考虑，紧缩之后，由于音距消失，小句与小句之间的停顿也不复存在，让一个人一口气说这么长的话也是件不容易的事。所以，除非在特定条件下，否则像第三组第二例、第四组第二例这样的紧缩形式很难成立。邢福义（2001a）提到，紧缩句一般是单重的，但偶尔也有多重的。从“一般”与“偶尔”的对立可以获知，小句数目太多、层次关系太复杂的复句，是不太容易转换成紧缩形式的，“假设－求解”型有标假设复句也不例外。

5.4.2 “假设－反判”型有标假设复句的简省形式及紧缩形式

上节我们探讨了“假设－求解”型有标假设复句的简省形式及紧缩形式，接下来我们看看“假设－反判”型有标假设复句的简省形式及紧缩形式有何具体表现。不难理解，不管是“假设－求解”型有标假设复句还是“假设－反判”型有标假设复句，其简省及紧缩的原理应该都是一致的。因此，对于“假设－反判”型有标假设复句简省及紧缩的动因，这里不再赘述。下面要重点探讨的是：以四类“假设－反判”型有标假设复句为代表，考察它们简省及紧缩时将受到何种条件的制约。先看几组例子。

（178）甲：怎么啦，你？谁得罪你了？绷着个脸干啥呢？

乙：你自己心里清楚！哼，别以为我什么都不知道。

甲：你这话是什么意思？我做错什么了，你又知道什么？

乙：我知道什么？我知道你把我的事告诉了他！

甲：不要冤枉我，我没有告诉他！

乙：别装可怜了，这事我只告诉过你！<u>如果你不告诉他，他怎么可能知道？</u>

（179）甲：这样看着我干什么？

乙：没干什么？只是不明白你心地怎么这么善良！

甲：又怎么啦，你？没头没脑地，人都被你说糊涂了。

乙：唉，真是个呆子！我是说他往日这样欺负你，你干嘛还这样帮他，竟然把答案都告诉他！

甲：哦，就这事啊。没什么，冤家宜解不宜结嘛。

乙：我果然没猜错，他有多大能耐我还不清楚！<u>如果你不告诉他，他怎么可能知道？</u>

（180）甲：我这几天老是坐立不安，想着万一他知道了，可怎么收场啊。

乙：别自己吓自己！<u>如果你不告诉他，他怎么可能知道？</u>

（181）甲：我还是不敢跟他说。

乙：这有什么不敢的？爱他就大胆说出来，都 21 世纪了！他是个情感白痴，你不说，他拿你当妹妹看！

甲：我是想说，可一看到他，什么都说不出来了。

乙：唉，真是可怜！<u>如果你不告诉他，干嘛不叫别人替你传个口信呢？</u>

以上四例中的画线部分就是我们前面讨论过的四类“假设—反判”型有标假设复句，即：证伪式“假设－反判”型有标假设复句、强致使式“假设－反判”型有标假设复句、强条件式“假设－反判”型有标假设复句、劝谏式“假设－反判”型有标假设复句。在上文这样的语言环境中，我们来看看它们各自可以采用的简省形式，如表 5-4 所示。

表 5-4　四类“假设—反判”型有标假设复句的原形及简省形式

类型	原形	简省形式
证伪式“假设－反判”型有标假设复句	a.如果你不告诉他，他怎么可能知道？	a_1.如果你不告诉他，他怎么……？
		a_2.如果你不……，他怎么可能知道？
		a_3.如果你不……，他怎么……？
		…………
强致使式“假设－反判”型有标假设复句	b.如果你不告诉他，他怎么可能知道？	b_1.如果你不告诉他，他怎么……？
		b_2.如果你不……，他怎么可能知道？
		b_3.如果你不……，他怎么……？
		…………
强条件式“假设－反判”型有标假设复句	c.如果你不告诉他，他怎么可能知道？	c_1.如果你不告诉他，他怎么……？
		c_2.如果你不告诉他呢？
		c_3.如果你不……，他怎么可能知道？
		c_4.如果你不……，他怎么……？
		…………
劝谏式“假设－反判”型有标假设复句	d.如果你不告诉他，干嘛不叫别人替你传个口信呢？	d_1.如果你不告诉他，干嘛……？
		d_2.如果你不……，干嘛不叫别人替你传个口信呢？
		d_3.如果你不……，干嘛……？
		…………

如上所示，在特定的语言环境中，根据特定的语用需求，a 可以替换成 a_1、a_2、a_3……，b 可以替换成 b_1、b_2、b_3……，c 可以替换成 c_1、c_2、c_3、c_4……，d 可以替换成 d_1、d_2、d_3……。前面我们说过，不管是“假设－求解”型有标假设复句还是“假设－反判”型有标假设复句，就简省的内容而言，都可以分为三类。第一类是前呼型假设句不变，后应型疑问句有所简省。第二类是后应型疑问句不变，前呼型假设句有所简省。第三类是前呼型假设句与后应型疑问句都有所简省。从上表可知，a_1、b_1、c_1、c_2 、d_1 属于第一类，a_2、b_2、c_3、d_2 属于第二类，a_3、b_3、c_4、d_3 属于第三类。这也就是说，从简省内容的类型来看，以上四例“假设－反判”型有标假设复句是基本一致的。同时，我们也发现，若从简省形式的定型与否来看，强条件式“假设－反判”型有标假设复句 c 与其他三例有所不同。表现在它可以替换成定型化简省形式——c_2，而其他三例则不能。不过这并不意味着所有证伪式“假设－反判”型有标假设复句、强致使式“假设－反判”型有标假设复句以及劝谏式“假设－反判”型有标假设复句都不能替换成定型化简省

形式。有以下两个原因。

其一，即使是同一类型的“假设－反判”型有标假设复句，也有可能由于所处语言环境的不同而不同。

（182）白太太不大喜悦：“不过，我就不相信她要带运好给我们看看会有困难，她一定是自私自利，怕运好见了你，就不再认她做母亲，孩子，你一向直肠直肚的，人家说一两句好话，你就以为她是个好人，其实，世界上哪有真正的好人，而且你还是她的情敌，她有什么理由会对你好，你自己应该会想的。”“妈，我也不是傻瓜，不会把好人当坏人，坏人当好人。艾莉是不是好人，我也可以看得出的。现在她在高家的情形并不很好，自从她小产之后，高夫人就不太喜欢她了，既然高夫人不喜欢她，她在高家，还有什么地位？所以，她一定是有着困难，并非为了妒忌我。”白莲解释说：“既然，她把运好养得这样好，就证明她不是一个坏人。如果她不好，又怎会厚待运好？”（岑凯伦《合家欢》）

此例中，白太太认为艾莉不好，是个坏人。白莲不同意她妈妈的观点，故对此予以反驳。与 a 相同的是，例句中的画线部分也是证伪式“假设－反判”型有标假设复句。但与 a 不同的是，这里的证伪式“假设－反判”型有标假设复句可以替换成定型化简省形式。这是为何？仔细观察便可得知，其中很重要的一点就在于所处的语言环境不同。具体说来，白莲先从正面论证艾莉不是坏人，是好人（见方框部分），然后再从反面证明如果艾莉不好，就不会厚待运好（见画线部分）。简而言之，这里的“假设－反判”型有标假设复句处在“正－反对举”的语言环境中。那么，这一现象是否带有一定的普遍性呢？也就是说，是否其他证伪式“假设－反判”型有标假设复句处在这样的语言环境中也可以替换成定型化简省形式呢？

（183）甲：看着我干什么？我又没推你的车子！

乙：你没有？撒个谎都这么没水平，这里就你一个人，我的车子又移动了位置。

甲：你什么意思？

乙：还装！再简单不过的道理啦。你推它，它当然会动。如果你不推它，难道它自己会动？

（184）甲：别冤枉我，我真的没有抄同桌的试卷。

乙：唉，看来不拿证据出来你是不会承认了。既然这样，我们一起来看看监视器录了些什么东西吧。瞧，这是你抄同桌试卷的镜头。监视器不会冤枉你吧，你抄了，它就录下来。如果你没有抄，怎么会有这样的镜头呢？

以上两例中的画线部分都是证伪式“假设－反判”型有标假设复句，都处于“正－反对举”的语言环境中，检验可知，二者都可以替换成定型化简省形式。如此说来，这一现象确非偶然，而是带有一定的规律性。接下来我们要思考的是，如果证伪式“假设－反判”型有标假设复句处于“反－正对举”的语言环境，又会如何呢？

（185）甲：你凭什么说我不关心你？

乙：还要我解释吗？再简单不过的道理了。就因为你不关心我，所以我吃了没吃你根本搞不清楚。如果你关心我，会这样吗？

观察可知，处于“反—正对举”语言环境中的证伪式“假设—反判”型有标假设复句也可以替换成定型化简省形式。

不妨再看看劝谏式“假设－反判”型有标假设复句是否也能在“正—反对举”或者“反—正对举”的语言环境中替换成定型化简省形式。

（186）甲：你说我还要不要跟他谈谈？

乙：他若听你的，你当然应该跟他谈谈。如果他不听你的，那还有什么好谈的？

（187）甲：你说我还要不要跟他谈谈？

乙：他若不听你的，你当然没必要跟他谈了。如果他听你的，干嘛不跟他谈谈呢？

这两例中的画线部分都是劝谏式“假设－反判”型有标假设复句，其中前例处于“正－反对举”的语言环境中，后例处于“反－正对举”的语言环境里。看得出来，这两个劝谏式“假设－反判”型有标假设复句都可以替换成定型化简省形式。

其二，就算是同一“假设－反判”型有标假设复句，也有可能在某种语言环境中不能替换成定型化简省形式，而在另一语言环境中却可以替换成定型化简省形式。拿强致使式“假设－反判”型有标假设复句 b 来说，在上文中它不可以替换成定型化简省形式，可是如果在下面这样的语言环境中，情况就不一样了。

（188）甲：有什么事吗？

乙：没事，只是想问你句话，你是不是把答案告诉他了？

甲：唉，什么都瞒不过你，你真是神机妙算啊。

乙：什么神机妙算啊，他这人我还不清楚？你告诉他他当然知道了。如果你不告诉他，他怎么可能知道？

同样是强致使式“假设－反判”型有标假设复句，语表形式也一样，可是这里却可以替换成定型化简省形式。这是为什么？原因还是在于它们所处的语言环境不同。具体一点讲，这里的强致使式“假设－反判”型有标假设复句之所以能替换成定型化简省形式，主要归功于其前已经从正面表达过这层意思（见方框部分）。由此可见，这种“正－反对举”的语言环境确实是强致使式“假设－反判”型有标假设复句得以替换成定型化简省形式的一个非常重要的条件。我们不妨再另看几例。

（189）甲：你为什么帮我？

乙：笑话！你是我女儿，我不帮你我帮谁？如果你不是我女儿，我会帮你？

（190）甲：干嘛谢我？

乙：你这个人啊，还要继续当无名英雄吗？传达室的老伯已经把事情真相一五一十地告诉我啦。就是因为你及时赶到，办公室才没着火。如果你没有及时赶到，办公室还会有吗？

上述两例中的强致使式“假设－反判”型有标假设复句都处在“正－反对举”的语言环境中，都能替换成相应的定型化简省形式。不仅如此，处于“反－正对举”语言环境中的强致使式“假设－反判”型有标假设复句也能替换成定型化简省形式。

（191）甲：你为什么不帮我？

乙：笑话！你又不是我女儿，我当然不会帮你！如果你是我女儿，我会不帮你？

（192）甲：怎么都把罪堆到我一个人头上？

乙：那当然啦！就是因为你没及时赶到，办公室才着火的。如果你及时赶到，办公室怎么会着火呢？

由以上分析我们可以得到如下几点认识。

第一，相对而言，“假设－反判”型有标假设复句替换成非定型化简省形式比较自由，而替换成定型化简省形式不太自由。表现在后者对语言环境的依赖性更大，要受到更严格的句域管控机制的规约。或许正因如此，语言实际生活中，我们很少见到“假设－反判”型有标假设复句的定型化简省形式，却不时碰到“假设－反判”型有标假设复句的非定型化简省形式。

（193）如果，我还有武功，岂会如此安分地坐着……？（卧龙生《飞花逐月》）

（194）如果陷身阵中，岂不是只有死路一条……？（李莫野《风神再现》）

有时，从书面上看，还会遇到“假设－反判”型有标假设复句有这样的非定型化简省形式：

（195）如果我们都把自己的小家庭看得重于一切，那么党和人民的事业岂不……（《长江日报》1986 年 8 月 24 日）

从书面形式上看，这里的非定型化简省形式句末没有疑问号，不过这并不影响反问语气的表达。

可能有人会问，既然“假设－反判”型有标假设复句的定型化简省形式很少见，那为什么还要研究它？对于这个问题，王希杰先生曾经说过的一段话能给予较好的回答。“从更高的层次上面来看待我们的语言，我们不但要看到它的已经呈现在我们面前的那个部分，作为我们的经验的事实的那个部分，还应当看到现在还没有呈现出来的潜在的隐藏在深处的那个部分，即潜性的语言。它也是我们的宝贵的财富。有待我们加以积极地开发利用。”（王希杰，2000）再说，很少见并不是完全没有。

（196）如果是个响当当、硬邦邦的市委书记，那当然好说。如果不是呢？那岂不是自己把自己送进了老虎口里？（张平《十面埋伏》）

例句中的画线部分就是“假设－反判”型有标假设复句的定型化简省形式。联系上下文环境不难看出，其简省过程应该是下面这种形式。

（197）如果不是，那岂不是自己把自己送进了老虎口里？→
如果不是呢？

巧合的是，这里的简省也是在“正－反对举”的语言环境中完成的，其作用在于言简意赅地表达了当事人焦急、矛盾的心情。为了更加对比鲜明地突出自己的矛盾心情，当事人又在定型化简省形式之后将省略的内容补充了出来。

第二，四类“假设－反判”型有标假设复句都可以在特定语用需求的驱动下根据当时的语言环境简省相应的内容，但如果从是否能替换成定型化简省形式这个角度来看，它们之间又有内部差异。总的说来，强条件式“假设－反判”型有标假设复句要比证伪式“假设－反判”型有标假设复句、劝谏式“假设－反判”型有标假设复句、强致使式“假设－反判”型有标假设复句更容易替换成定型化简省形式。具体表现为：后三类“假设－反判”型有标假设复句往往要在对举性语言环境中才有可能替换成定型化简省形式，而强条件式“假设－反判”型有标假设复句则无此强制性要求。换而言之，后三类“假设－反判”型有标假设复句所受到的句域管控的规约要比强条件式“假设－反判”型有标假设复句所受到的规约更严格。

第三，从简省内容来看，“假设－求解”型有标假设复句与“假设－反判”型有标假设复句都可以作不同程度的简省。但“假设－求解”型有标假设复句替换成定型化简省形式的自由度明显高于“假设－反判”型有标假设复句。因此，我们如果细心观察便可发现：语言生活中，“假设－求解”型有标假设复句的定型化简省形式大大多于“假设－反判”型有标假设复句的定型化简省形式。另外，由于二者的定型化简省形式从表面上看比较相似，所以要注意区分。试比较下面两例。

（198）甲：明天我结婚，你跟小王一起来喝酒啊。
乙：我是肯定会来的。可是小王……
甲：小王怎么啦？

乙：如果他不来呢？

甲：他不来，你就劝他来嘛。

（199）甲：去，叫小王来见我。

乙：他好像不太想来。

甲：这可由不得他。他想来也得来，不想来也得来！

乙：别这么霸道吧。如果不来呢？难道你能杀了他？

前后两例中的画线部分，从语表形式来看没有区别。但联系上下文予以考察，便可知道，前例中的画线部分属于“假设－求解”型有标假设复句的定型化简省形式，其简省过程描述如下。

（200）如果他不来，怎么办？→

如果他不来呢？

后例的画线部分则属于“假设－反判”型有标假设复句的定型化简省形式，其简省过程表示如下。

（201）如果他不来，难道你能杀了他？→

如果他不来呢？

看得出来，前例中乙这么说旨在向甲寻求解决办法，而后例中乙这么说则暗示了他的毫不示弱，带有打抱不平的味道。

接下来看看“假设－反判”型有标假设复句的紧缩形式。首先必须强调的是，就紧缩的原理和方式而言，“假设－反判”型有标假设复句与“假设－求解”型有标假设复句没有本质区别，如表 5-5 所示。

表 5-5　“假设—求解”型和“假设—反判”型的原形及紧缩形式

	原形	紧缩形式	
		原形凝合	有所缩略
“假设－求解”型有标假设复句	如果你是法官，那你又将如何处理这种目无法纪的行为？	如果你是法官那你又将如何处理这种目无法纪的行为？	如果你是法官又将如何处理这种目无法纪的行为？
“假设－反判”型有标假设复句	如果你是法官，难道你会容忍这种目无法纪的行为？	如果你是法官难道你会容忍这种目无法纪的行为？	如果你是法官难道会容忍这种目无法纪的行为？

如表 5-5 所示，只要不影响语意表达，不管是“假设—求解”型有标假设复句还是“假设—反判”型有标假设复句，都可以说成相应的紧缩形式。而且，二者紧缩的方式也一样，要么是通过音距消失达到原形凝合的目的，要么是在音距消失的基础上有所缩略。语言实际生活中，有时也会碰到“假设—反判”型有标假设复句的紧缩形式。

（202）她这些年来缩在自己房里，身边的人如果不怕她还了得？（张爱玲

《怨女》）

例句中的画线部分属于“假设－反判”型有标假设复句的紧缩形式，如果将其还原，便是如下形式。

（203）身边的人如果不怕她，那还了得？

同时必须指出的是，一方面，在汉语结构趋简、语义兼容的大背景下，“假设－反判”型有标假设复句可以根据特定的语用需求进行不同程度的紧缩。一般说来，当说话人急于向对方表达某种意思的时候，他很有可能采用紧缩形式。另一方面，紧缩不能影响语意表达的准确性、明晰性、完整性，否则就会妨碍交际意图的实现。至于什么时候能紧缩，什么时候又不能紧缩，说话人一般都能灵活自如地掌握这个尺度。这是为什么呢？简而言之，这是因为大家都遵循了一条重要的语用原则——“辞达而已”。两千多年之前，孔子（前 551－前 479）就说过：“辞达而已矣。”（《论语·卫灵公》）意思是说，言辞足以达意就够了。所谓“辞达而已”，实际上就是自古至今汉人所遵循的一条语用原则（邢福义，2002）。时隔四年，邢福义（2006）在《国学精魂与现代语学》一文中对“辞达而已”的语用原则作出进一步的引申与阐发。确如邢先生所言，语言实际生活中，人们总是自觉或不自觉地运用这一原则，从而使语言交际得以顺利进行。

5.5　小　　结

本章围绕以下三个方面展开研究。

第一，考察了“假设－求解”型有标假设复句。具体内容涉及：“假设－求解”型有标假设复句中前呼型假设句的主导制约性、“假设－求解”型有标假设复句中后应型疑问句的承前启后性、“假设－求解”型有标假设复句中的求解对象、“假设－求解”型有标假设复句中的求解方式及内容。

第二，考察了“假设－反判”型有标假设复句。重点探讨了四类“假设－反判”型有标假设复句：证伪式“假设－反判”型有标假设复句、强致使式“假设－反判”型有标假设复句、强条件式“假设—反判”型有标假设复句、劝谏式“假设－反判”型有标假设复句。

第三，考察了“前呼型假设句＋后应型疑问句”类有标假设复句的简省形式及紧缩形式。其中包括：“假设－求解”型有标假设复句的简省形式及紧缩形式、“假设－反判”型有标假设复句的简省形式及紧缩形式。不仅考察了简省形式及紧缩形式的具体表现，而且考究了简省及紧缩的深层动因和所受到的条件制约。

第6章 “如果说p的话，q”类有标假设复句检视

6.1 导 言

《现代汉语虚词词典》这样说：“‘如果’，连词，表示假设。多用于前一分句。常跟‘的话’连用。”（侯学超，1998）其实，除了“如果……的话，……”这一类有标假设复句之外，还有一类有标假设复句也值得我们去关注，那就是“如果说p的话，q”。相关的研究有两类，一类是针对“如果说”的，另一类是针对“的话”的。前一类研究如下。

邢福义（1986）认为，“‘如果说p，那么q’是假设句式的一种。‘那么’有时不出现，但可以补上”。整个句式所表示的是说法上的假设和结论，它总是以某种说法为假定的前提，引出有关联的某个结论，分句与分句之间具有比较性或解注性。解注性的“如果说p，那么q”不具备转折的逻辑基础，因此不能加上转折词“却”。表示类同性的比较的，也不能加“却”，只有表示相对性的比较的才能加上“却”。

黄爱华（1995）认为，“如果说……那么……”这种复句并不表示假设关系。尽管它与假设关系的“如果……那么……”似有相同之处，但就其特点和作用来说，二者有根本的区别，它在逻辑上不表达充分条件假言判断，从事理上说，前后分句也没有因果推论关系。

周自厚（2001）认为“如果”句式和“如果说”句式都属于假设复句，但二者之间有很大的不同：其一，“如果说”句式的前分句（主要看前分句）是已然事实，或说写者主观认定的事实；“如果”句式的前后分句则是假设，真正的假设。其二，“如果”句式和“如果说”句式，一般不能互相转换。即“如果”句式不能转换为“如果说”句式；“如果说”句式也不能转换为“如果”句式。其三，似乎也有“两可”情况。即有的“如果”句式可以转换为“如果说”句式，有的“如果说”句式可以转换为“如果”句式。其四，同一句话，在用“如果”或者“如果说”都可以的情况下，用“如果”还是用“如果说”，其表达作用是不同的。其五，“如果”可以省略；“如果说”则不能。其六，“如果”句式可以只用前分句，不用后分句；“如果说”句式则不能。其七，“如果”句式前后分句可以倒置；“如果说”句式则不能。

李晋霞和刘云（2003）从“说”的传信义出发尝试解释“如果”句式与“如

果说”句式之间的差异。主要考察了以下内容：“如果”句式与“如果说”句式之间的差异；“如果说”中“说”的传信义；表示传信义的“说”的来源及对其传信义的进一步验证；“如果说”的功能扩展；由“说”的传信义引发的“如果说”句式的特殊修辞效果。他们认为，自然语流中，“如果”句式与“如果说”句式在推理类型上有所侧重，前者重在表示逻辑推理，后者重在表示隐喻推理；“如果说”中的“说”是标志言者对所述内容的真实性持弱信任态度的传信标记；这一传信标记的“说”很有可能来自表示间接引语的“说”。

董秀芳（2004）认为，“如果说”与“如果”的语义基本相同，但是，“如果说”所假设的命题多与主观评判有关，也就是说，引进的是一种说法，一种认知，而“如果”则可以用来假设某种事实的出现。

李晋霞（2005）阐述了假设标记“如果说”和话题标记“如果说”之间的区别与联系。既注意到它们之间的使用差异：词汇意义不同，后附成分的形式类不尽相同，停顿不同，倒置不同；又注意到假设标记“如果说”演变为话题标记“如果说”的语义发展过程及形式途径。该文提到，话题范畴与假设条件范畴之间具有紧密联系，二者在形式标记上也通常呈现出一致性。她随机调查了《人民日报》（1995－2003）中的“如果说”，发现 2062 个“如果说”中，可以视为话题标记的只有 21 个，其他的都是假设标记。因此，李晋霞认为，“如果说”用作话题标记在现代汉语里并不突出，充当假设关系词语仍是其主流用法。

后一类针对“的话”的研究如下。

邢福义（2001a）认为“的话”是一个表示假设语气的助词，总是用在假设分句末尾，标明分句与分句之间具有假设和结果的关系。

江蓝生（2004）认为“的话”是个跨层次非短语结构，是“说 NP/VP 的话”短语话题化的产物，它的词汇化是在话语层面的两种句法位置上完成的：①在“说 NP/VP 的话”动宾短语中，当修饰语 NP/VP 是中心语“话”的内容，二者具有同一性时，原短语结构的语义重心前移，“说 NP/VP 的话”近似于“说 NP/VP”；②“NP/VP 的话”短语摆脱“说……话”框架中动词“说”的制约，前移至句首做话题主语，“的话”被重新分析为后附的助词。该文指出“话”的泛化指代性以及由此形成的“话”与修饰语的同一性是“的话”词汇化的诱因，而省略和移位是“的话”词汇化的特殊机制。为了区别“的话”的各种语法功能，文中拟称假设条件分句后的“的话”为假设助词，称其他话题成分后面的助词“的话”为“话题标记”，称以上两种用法之外纯表停顿语气的“的话”为停顿助词。值得注意的是，该文认为，话题标记与假设助词的通用性和一致性是“的话”由话题句扩展到假设句的根本原因。假设分句与话题有同质关系。另外，他还指出，由于假设范畴与话题范畴的同质性，“说”义动词也经常用于假设范畴。汉语中凡是有设定义的连词后面都可以加上“说”，比如“如果说，假使说……”等。

从以上研究可以看出，不管是“如果说”还是“的话”，各学者都结合自己的研究实践，提出了自己的看法，可谓是仁者见仁，智者见智。问题的焦点在于“如果说”和“的话”所引领的复句到底能不能表示假设关系。我们认为，要想知道它们所引领的复句是否表示假设关系，首先就必须明确什么是假设关系。而要明确什么是假设关系，就必须清楚什么是关系。我们这里的关系指的是复句中分句与分句之间抽象的“逻辑－语法”关系（邢福义，1996）。根据这一定义，我们可以知道，不管是何种复句关系，它总是既与逻辑有关，但又不是纯粹的逻辑问题。诚如邢福义（1996）所言，复句问题尽管与逻辑问题联系紧密，但它同时也是语法问题。也许可以说，复句问题是“逻辑－语法”问题。那什么是假设关系呢？我们的理解是，如果某个复句的前呼句和后应句之间存在这么一种关系：主观假定→结果，那么这种关系就是假设关系。不难看出，假设关系具有两个主要特点：一是主观假定性，二是假设生发性。所谓主观假定性指的是，前呼句总是表明说话人的一种主观假定，不管前呼句里所说事情是不是事实，都被主观地假定为存在。假设生发性则是指前呼句里的主观假定总是能够引发后应句所说的结果。结果部分要么表达说话人的某种（些）判断，要么表达说话人的某种（些）祈求，要么表达说话人的某种（些）感慨，要么表达说话人的某种（些）疑惑。据此看来，“如果说 p 的话，q”类复句所表达的应该是假设关系，因为前呼句和后应句之间存在上面所说的“主观假定→结果”这样的关系。因此，我们把“如果说 p 的话，q”类复句称为有标假设复句。

6.2 句式构成之检视

这一节我们从以下几个方面展开：首先，考察“如果说 p 的话，q”类有标假设复句的前呼句。其次，考察“如果说 p 的话，q”类有标假设复句的后应句。最后，考察“如果说 p 的话，q”类有标假设复句中前呼句和后应句之间的形式关联。

6.2.1 “如果说 p 的话，q”类有标假设复句的前呼句

先来看“如果说”，诚如江蓝生（2004）所言，汉语中凡是有设定义的连词后面都可以加上“说”。因此，除了“如果说”之外，还可以有“假如说、倘若说……”等。

（1）假如说，重武器与轻武器是以射程远近为其区别的标准之一的话，那么，无需费大力就打出几千里的曲艺，究竟是重还是轻呢？（《长江日报》1982 年 3 月 20 日）

（2）倘若说精神有放假的话，那么书店就是最好的处所。（《人民日报》1992 年 1 月 20 日）

对于“如果说”这类词语，董秀芳（2004）指出，现代汉语中一批“X 说”已成为词或正在形成为词，即处于词汇化的过程中。在成词的“X 说”中，有些“说”还带有原来言说义的痕迹，而有些“X 说”中的“说”的语义已基本丧失。发生词汇化的“X 说”主要是二音节和三音节的，但也有一部分多音节的“X 说”正在凝固化为习语。这种语义演变是由具体的言说义向更为抽象的认知域的转移所造成的语义虚化和主观化的结果。

我们认为，从理论上说，不含“说”的前呼前置式假设关系标记后面应该都可以加上“说”，不过语言实际生活中，加不加“说”存在选择上的偏向性。我们以华中师范大学语言与语言教育研究中心开发的“汉语复句语料库”（the Corpus of Chinese Compound Sentences，简称 CCCS）为考察对象，统计了以下几组关系标记的使用情况，如表 6-1 所示。

表 6-1　汉语复句语料库中几组假设关系标记的使用情况

假设关系标记	如果说/如果	假如说/假如	倘若说/倘若	要是说/要是	若是说/若是	万一说/万一	设若说/设若	果然说/果然
次数	4302/85562	7/356	27/2774	0/1027	0/384	0/260	0/71	0/2
百分比	5.03%	1.97%	0.97%	0%	0%	0%	0%	0%

不难看出，就绝对数量而言，“如果说”大大多于其他“X 说”类关系标记。就频次而言，“如果说”占“如果”的比例也高于其他“X 说”占“X”的比例。

需要说明的是，CCCS 中的有标复句全都来自《人民日报》和《长江日报》，属于报刊语料性质。那么，以上几组关系标记在文学作品中的使用情况又是怎样的呢？为此，笔者自制了一个语料库，里面的有标复句全来自文学作品，将这个语料库称为“文学性有标复句语料库”（the corpus of marked compound sentences from literature，简称 CMCSL）。下面我们来看看以上几组关系标记在 CMCSL 中的使用情况（表 6-2）。

表 6-2　文学性有标复句语料库中几组假设关系标记的使用情况

假设关系标记	如果说/如果	假如说/假如	倘若说/倘若	要是说/要是	若是说/若是	万一说/万一	设若说/设若	果然说/果然
次数	241/17122	5/491	18/3735	0/2348	0/1440	0/812	0/220	0/3
百分比	1.41%	1.02%	0.48%	0%	0%	0%	0%	0%

那么，这些“X 说”类关系标记中，又有多少与“的话”间隔性连用呢？首先以 CCCS 为考察对象，据我们的统计，4302 例“如果说”中，有 1346 例“如

果说”与“的话”间隔性连用，比例为31.29%。7例“假如说”中，有3例“假如说”与“的话”间隔性连用，比例为42.86%。27例“倘若说”中，有3例“倘若说”与“的话”间隔性连用，比例为11.11%。再以CMCSL为考察对象，据我们的统计，241例“如果说”中，有37例“如果说”和“的话”间隔性连用，比例为15.35%。5例“假如说”和18例“倘若说”中都没有与“的话”间隔性连用的情况。

接下来我们看看“如果说”与“的话”间隔性连用有何具体特点。观察可知，“如果说”总是位于所处小句的首端，而“的话”则恰好相反，总是位于所处小句的末端，“如果说”与“的话”首尾呼应，使得整个“如果说……的话”部分浑然一体，构成一个“结构环”。我们也顺理成章地把“如果说”和“的话”合称为“关系环”，因为它们就像“环”一样把其他成分包围在里面，从而形成一个整体。

（3）①如果说种族主义者的目的是使我们总是处于无知和不称职状态的话，②那么我们就应该以在现有的有限环境中提高我们的学习成绩来迎接挑战。（《人民日报》1992年2月12日）

（4）①如果说精英文化的评判尺度是雅致，②要求具有纯粹的审美价值的话，③那么大众文化的好坏标准就是能否雅俗共赏，④好的大众文化不仅要有审美的价值，⑤而且还要能够被市场接受，⑥被大众所喜闻乐见。（《人民日报》1995年11月10日）

如上所示，前例中“如果说”居于①小句之首，“的话”居于①小句之尾；后例中“如果说”居于①小句之首，“的话”居于②小句之尾。“如果说”与“的话”首尾呼应，构成关系环。

有趣的是，很多情况下，“如果说”不仅居于句首，而且其后还有停顿，书面上表现为其后有逗号，这样一来，“如果说”居于首端的特性更加凸显。

（5）如果说，中国是条巨龙的话，山西正处于巨龙的腹部。（《人民日报》1996年2月8日）

（6）如果说，“一五”时期中央政府能够直接管理几百个大型国营企业的生产活动，而且可以管得比较好的话，那么以后沿用这套办法管理几万个、几十万个企业，则是力不从心的了，而且不可能了。（《人民日报》1992年12月21日）

据统计，在CCCS中，这种情况总共有905例，占“如果说”使用总数的21.04%。在CMCSL中，这种情况总共有82例，占“如果说”使用总数的34.02%。

有时候，“如果说”和“的话”所引领的前呼句会后置。

（7）我们首先学会了解放膝盖，如果说 DISCO 是一种解放的话。（《长江日报》1998年4月24日）

再来看看关系环内“p”的情况。

（8）如果说，田野上的变化是以标语牌为标志的话，那么，村子里面的变化首先就体现在老宅上。（苏应元《小河静静流》）

（9）如果说《哭祖庙》在抗日战争中，被汉剧大王吴天保唱红了，从而激发了广大观众的爱国热情的话，那么，京剧《哭祖庙》的重上舞台，大放光彩，这在抗战胜利四十周年之际，同样也可激起广大观众的爱国主义精神的！（《长江日报》1985 年 8 月 27 日）

不难看出，前例中的“p”是小句，而后例中的“p”是小句关联体。“p”如果是小句关联体，则它既可以是无标小句关联体，也可以是有标小句关联体。

（10）如果说关于《我的路》、关于刘晓庆的婚姻与家庭，关于她“走穴”偷税问题等，她都可以力排众议，发表一篇“独立宣言”的话，那么，将一名影迷打得眼青脸肿这件事却无论怎么辩，在道德与社会舆论的“法庭”上都是难以胜诉的。（《长江日报》1989 年 11 月 1 日）

（11）如果说，在科技领域，因为某项技术或措施的可行性尚未确定时需要进行试验，而不能急于推广的话，那么，在精神文明建设中，诸如“示范柜”所“示”的服务态度和经营作风，是不必待“试验”后才推广的。（《长江日报》1982 年 10 月 26 日）

前例中的画线部分是无标小句关联体，后例中的画线部分是有标小句关联体，关系标记“因为”标示了因果关系。

6.2.2 “如果说 p 的话，q”类有标假设复句的后应句

很多情况下，“如果说 p 的话，q”类有标假设复句中的“q”都会有关系标记引领。

（12）如果说“保健”已经成为国际化的一个投以密切关注的问题的话，那么对儿童的保健恐怕比如何一种营养品的推广来得重要。（董懿娜《未落定的尘埃》）

（13）如果说死人会说话的话，那声音一定就是这样的了。（张贤亮《男人的一半是女人》）

（14）如果说是真理的话，真理就仅仅在这里！（张贤亮《男人的一半是女人》）

如上所示，前例的“那么”，中间一例的“那”，后例的“就”都是后应型关系标记。除此之外，“那么”“则”“便”等后应型关系标记也可以用来引领“q”。看得出来，这些后应型关系标记都是合一性后应型关系标记，因为它们与前呼句中的“如果说”及“的话”只构成了一种关系，那就是假设关系。这些合一性后应型关系标记之间也可以连用。

（15）如果说《高山流水》是以“情”传神，《水乡的春天》用“景”取胜的话，那么交响组曲《长江画页》则是寓情于景，情景交融的佳作。（《长

江日报》1985年2月26日）

此例中的合一性后应型关系标记“那么”与“则”间隔性连用。

有时“q”中还会出现复合性后应型关系标记。

（16）如果说，创作中的精品力作比较欠缺的话，那么，理论批评中的精品力作就更欠缺了。（《人民日报》1997年5月8日）

（17）如果说她对苏拉有什么好感以及表现出那一丝温情的话，也是因为他和萧遥有些相像，欣然把他当作萧遥的幻影罢了。（郁秀《花季雨季》）

（18）如果说奕劻的办法和他有什么不同的话，那就是奕劻在李莲英那里花了更多的银子，而奕劻的女儿即著名的四格格也比荣禄太太更机灵。（爱新觉罗・溥仪《我的前半生》）

（19）如果说，编导者通过这部影片，将以灿烂的星光去照亮那一代青年人的朴实形象的话，倒不如说，那一代青年人，他们就是闪烁着共产主义思想光芒的灿烂星光。（《人民日报》1980年6月18日）

上面四例，第一例中的“更”是后应型递进关系标记；第二例中的“也”在此是后应型让步关系标记，而“因为”则是后应型因果关系标记；第三例中的“那就是”是后应型并列关系标记，表示解注关系；第四例中的“倒不如说”是后应型推断关系标记，表示择优推断关系。这些关系标记所引领的“q”和“如果说”“的话”所引领的“p”构成的关系不止一种，也就是除了假设关系之外，还复合了其他关系。因此，这些后应型关系标记都是复合性后应型关系标记。

少数情况下，“q”没有关系标记引领。

（20）如果说是叛变的话，请问审判长，蒋委员长怎么能安全地回到南京呢？（刘凤舞《民国春秋》）

（21）如果说大学与学院有所不同的话，恐怕主要在于学校的性质和科类设置多少这一点上。（《人民日报》1985年4月28日）

与“p”相似的是，“q”既可以是小句，也可以是小句关联体。

（22）如果说，达尔文是在以科学的理论给我们上课的话，那位捡硬币的朋友则是在用行动做示范。（《人民日报》1996年6月21日）

（23）如果说，反对个人迷信有个“矛头”的话，那么，这个矛头是指向利用个人迷信去达到某种目的的人，是指向这种反马克思主义的观点，指向这种愚弄群众的社会现象。（《人民日报》1980年9月19日）

如上所示，前例中的“q”是小句，后例中的“q”是并列型小句关联体。

从语气类型来看，“q”既可以是陈述句，也可以是感叹句；既可以是祈使句，也可以是疑问句。

（24）如果说死人会说话的话，那声音一定就是这样的了。（张贤亮《男人的一半是女人》）

（25）如果说是真理的话，真理就仅仅在这里！（张贤亮《男人的一半是女人》）

（26）如果说我们对法国在某些问题的观点理解得不错的话，我们也希望法国领导人能同样了解苏联的观点。（《人民日报》1983 年 9 月 12 日）

（27）如果说她待你很公平的话，又怎么会利用你一时的气话而让你把全部家庭财产都放弃了呢？（陈国军《我和刘晓庆——不得不说的故事》）

以上四例中，第一例的“q”是陈述句，第二例的“q”是感叹句，第三例的“q”是祈使句，第四例的“q”是疑问句。值得一提的是，“如果说 p 的话，q”类有标假设复句中，“q”绝大多数是陈述句，有少数是感叹句和疑问句，祈使句最少。据我们对 CCCS 的统计，1346 例“如果说 p 的话，q”类有标假设复句中，“q”是感叹句的只有 20 例，是疑问句的只有 34 例。祈使句最少，只有 1 例。

“q”如果是疑问句，那它既可以是是非问，也可以是选择问，还可以是特指问。

（28）如果说，把健全完整的消费保护意识作为“上帝”们成熟与否的一个重要标志的话，那么，偌大的市场就仅仅一个“知假买假”的王海懂得自我保护吗？（《长江日报》1997 年 3 月 13 日）

（29）如果说作家们前几年在认真观察、分析生活的复杂矛盾方面所获颇丰的话，那么，是否可以说其中有些同志却在所看到的诸多不利因素和阴暗面面前，又表现了某种暂时的惶惑和气馁？（《长江日报》1983 年 2 月 5 日）

（30）如果说我们是白痴的话，他们是什么呢？（《长江日报》1997 年 5 月 2 日）

这三例中，前例的“q”是是非问，中间一例的“q”是选择问，后例的“q”是特指问。有时，“q”也以反问的方式出现。

（31）如果说我做的一点事情算奉献的话，这些难道不是奉献吗？（《长江日报》1996 年 5 月 17 日）

（32）如果说，在演奏古典音乐时，所力图体现的那种当时人的感情色彩和艺术气息，可以就称为古典性的话，在人们的丰富多彩的文化生活里，不是也需要这样一个组成部分的存在吗？（《人民日报》1987 年 1 月 7 日）

6.2.3　“如果说 p 的话，q”类有标假设复句的构成情况

如上所说，从关系标记来看，“如果说 p 的话，q”类有标假设复句中，前呼句中的“如果说”和“的话”既可以单用，也可以与后面的“那么”“那”“就”“则”等合一性后应型关系标记合用，还可以与“是因为”“那就是”“也”“更”等复合性后应型关系标记合用。具体详情见上，这里不再赘述。下面我们重点讲讲“如果说 p 的话，q”类有标假设复句的构成情况。从理论上讲，任何一类有标

复句，其基本构成方式都可以分为以下四种：

有标复句＝小句＋小句

有标复句＝小句＋小句关联体

有标复句＝小句关联体＋小句

有标复句＝小句关联体＋小句关联体

“如果说 p 的话，q”类有标假设复句也不例外。请看以下四例。

（33）①如果说，我对这座城市有什么不能很好理解的话，②恐怕就是这座城市里的人们对天气预报的那种恋情式、宗教式的兴趣了。（阿成《哈尔滨人》）

（34）①如果说，第八届提高阵容大型化和发展速度只是一种发展趋势的话，②那么本届比赛中高大队员已普遍掌握快攻中传球、运球、投篮、切入等快速技术，③并达到炉火纯青、运用自如的程度。（《长江日报》1982 年 9 月 5 日）

（35）①如果说韩爱萍发挥较好，②能过上述两关的话，③在进前四名后，与多次全国及世界冠军（去年、今年被评为世界第一号种子选手）的上海名将张爱玲交锋则是最严峻、艰苦的考验。（《长江日报》1983 年 9 月 12 日）

（36）①如果说两三年前，一些低劣做作毫无个性的模仿表演还有些羞态，②大多扭捏于酒楼茶座录像暗室间的话，③那么眼下，他们则大大咧咧地踩着电波撞进屏槛，④很有几分骄矜之气了。（《长江日报》1989 年 7 月 8 日）

为了更清楚地看到上述四例的构成情况，特将其相应的框式简图绘制如下，如图 6-1 至图 6-4 所示。

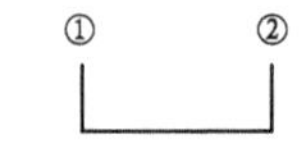

图 6-1　例（33）的框式简图

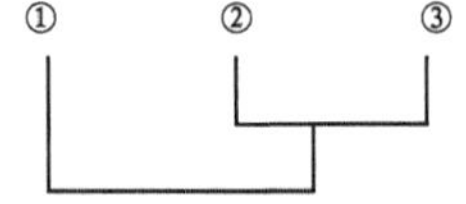

图 6-2　例（34）的框式简图

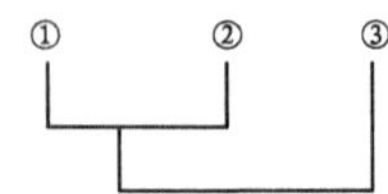

图 6-3　例（35）的框式简图

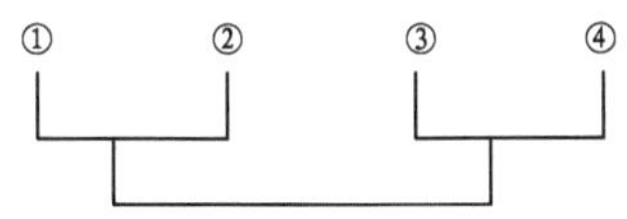

图6-4 例（36）的框式简图

从框式简图可以看出，例（33）至例（36）分别对应着第一种基本构成方式至第四种基本构成方式。

6.3 语里关系之检视

以上我们考察了“如果说 p 的话，q”类有标假设复句的句式构成情况，接下来我们看看它的语里关系情况。正如前面第3章所言，语里关系可以分为两种，一种是单纯型语里关系，另一种是复合型语里关系。前者如以下两句。

（37）如果说整个大队的农田是一个正方形的话，那么，这个大正方形则是由无数个旋方形组合的。（《长江日报》1992年2月8日）

（38）如果说这四个“大”指的是言论自由的话，那么，言论自由在宪法上是早有明文规定的。（《人民日报》1980年9月16日）

上述两例中，“p”和“q”之间只有一种关系，即假设关系。不过值得注意的是，“如果说p的话，q”类有标假设复句中，很多情况下“p”和“q”之间除了假设关系之外，还复合了其他复句关系。

（39）如果说对夸大式的广告消费者们可以爱理不理、一笑了之的话，那么，不少带有虚假信息的广告不能不引起人们的警惕和重视。（《长江日报》1996年12月26日）

（40）如果说球迷们对裁判存在一定程度逆反心理的话，这也是中国足协长期以来在裁判管理工作方面的不尽如人意使然。（《长江日报》1995年11月1日）

前例中，“p”和“q”之间除了假设关系之外，还有并列关系下的子类——对照关系。后例中，“p”和“q”之间除了假设关系之外，还有让步关系和因果关系。前例中的语里关系就是我们所说的“双合型”语里关系，即在一种复句关系的基础上再复合另一种复句关系。后例中的语里关系就是我们所说的“三合型”语里关系，即在一种复句关系的基础上再复合两种其他的复句关系。

6.3.1 “双合型”语里关系

我们考察了 CCCS 中两句式、三句式、四句式的“如果说 p 的话，q”类有标假设复句，其中“双合型”语里关系大致有以下八种。

第一种："假设＋平列"型。

（41）如果说，方丹有优点也有缺点的话，那么，我正是这样一个人。（《人民日报》1991 年 5 月 29 日）

（42）如果说一滴水可以映出太阳的光辉的话，那么一天的时间也往往能够展示出历史的跨度。（《长江日报》1985 年 3 月 11 日）

不妨把上述两例中的平列关系解析出来，请看下面两句。

（43）方丹有优点也有缺点，我也正是这样一个人。（平列关系）

（44）一滴水可以映出太阳的光辉，一天的时间也往往能够展示出历史的跨度。（平列关系）

第二种："假设＋对照"型。

（45）如果说《晨雾》是以写实为主的话，那么徐协桥笔下的竹就是以虚为主了。（《长江日报》1997 年 7 月 11 日）

（46）如果说《海燕》是显示演奏者"力与美"的表现力的话，那么，《林冲夜奔》则显露出她"深与情"的艺术境界。（《长江日报》1997 年 1 月 17 日）

如果将这两例中的对照关系解析出来，则为以下句子。

（47）《晨雾》是以写实为主，徐协桥笔下的竹则是以虚为主。（对照关系）

（48）《海燕》显示演奏者"力与美"的表现力，《林冲夜奔》则显露出她"深与情"的艺术境界。（对照关系）

第三种："假设＋解注"型。

（49）如果说武汉比沿海确有差距的话，恐怕很重要的一条是观念转换。（《长江日报》1992 年 4 月 12 日）

（50）她的患病如果说有一点好处的话，那就是让她的天空广阔起来。（《长江日报》1998 年 11 月 30 日）

若将这两例中的解注关系解析出来，则为以下句子。

（51）武汉比沿海确有差距，很重要的一条是观念转换。（解注关系）

（52）她的患病有一点好处，那就是让她的天空广阔起来。（解注关系）

第四种："假设＋递进"型。

（53）如果说，创作中的精品力作比较欠缺的话，那么，理论批评中的精品力作就更欠缺了。（《人民日报》1997 年 5 月 8 日）

（54）如果说常人身上的劣根性尚有危害的话，那么名流身上的劣根性其危害就更大了。（《长江日报》1995 年 12 月 11 日）

如果将这两例中的递进关系解析出来，则为以下两句。

（55）创作中的精品力作比较欠缺，理论批评中的精品力作更欠缺。（递进关系）

（56）常人身上的劣根性尚有危害，名流身上的劣根性其危害就更大了。（递进关系）

第五种：“假设＋让步”型。

（57）如果说大圣保罗现代化的高楼不是数以万计的话，至少也有好几千幢。（《长江日报》1987年6月18日）

（58）如果说，过年给老吴家带来的是凄惨的“死别”的话，老吴至少是带着幸福和满足离开这个世界的。（《长江日报》1993年2月18日）

若将上述两例中的让步关系解析出来，则为以下两句。

（59）即使大圣保罗现代化的高楼不是数以万计，至少也有好几千幢。（让步关系）

（60）就算过年给老吴家带来的是凄惨的“死别”，老吴至少是带着幸福和满足离开这个世界的。（让步关系）

第六种：“假设＋推断”型。

（61）如果说，编导者通过这部影片，将以灿烂的星光去照亮那一代青年人的朴实形象的话，倒不如说，那一代青年人，他们就是闪烁着共产主义思想光芒的灿烂星光。（《人民日报》1980年6月18日）

若将上例中的择优推断关系解析出来，则为以下句子。

（62）与其说编导者通过这部影片，将以灿烂的星光去照亮那一代青年人的朴实形象的话，倒不如说，那一代青年人，他们就是闪烁着共产主义思想光芒的灿烂星光。（择优推断关系）

第七种：“假设＋因果”型。

（63）如果说连环画还未充分发挥出它的潜在魅力的话，那主要是由于文字创作往往跟不上美术家的绘画才能。（《长江日报》1994年5月18日）

（64）如果说，这句话能够成立的话，那么是因为女人的弱点在这种环境里得到了充分的暴露。（《长江日报》1994年5月7日）

若将上述两例中的因果关系解析出来，则为以下两句。

（65）连环画之所以还未充分发挥出它的潜在魅力，主要是由于文字创作往往跟不上美术家的绘画才能。（因果关系）

（66）这句话之所以能够成立，是因为女人的弱点在这种环境里得到了充分的暴露。（因果关系）

第八种：“假设＋转折”型。

（67）如果说设立人文课程的初衷更多的是想完善学生的知识结构的话，那么学生们对它的期待却远非如此。（《人民日报》1995年12月11日）

（68）如果说大量的人员回归尚未严重扩大失业队伍的话，那么住房和安置资金短缺却确实困扰着俄罗斯社会。（《长江日报》1994年6月24日）

若将以上两例中的转折关系解析出来，则为以下两句。

（69）设立人文课程的初衷更多的是想完善学生的知识结构，但学生们对它的期待却远非如此。（转折关系）

（70）大量的人员回归尚未严重扩大失业队伍，但住房和安置资金短缺却确实困扰着俄罗斯社会。（转折关系）

根据我们的统计，CCCS 里两句式、三句式、四句式的“如果说 p 的话，q”类有标假设复句共有 1007 个。其中，为单纯型语里关系的有 128 个，为双合型语里关系的有 877 个。具体情况是：“假设＋平列”型 18 个，“假设＋对照”型 606 个，“假设＋解注”型 129 个，“假设＋递进”型 61 个，“假设＋让步”型 17 个，“假设＋推断”型 1 个，“假设＋因果”型 15 个，“假设＋转折”型 30 个。

6.3.2 “三合型”语里关系

如前所说，CCCS 里两句式、三句式、四句式的“如果说 p 的话，q”类有标假设复句有 1007 个，可是“三合型”语里关系的“如果说 p 的话，q”类有标假设复句却只有 2 个。

（71）如果说球迷们对裁判存在一定程度逆反心理的话，这也是中国足协长期以来在裁判管理工作方面的不尽人意使然。（《长江日报》1995 年 11 月 1 日）

（72）如果说，人类历史上真有文化冲突现象的话，其原因也是某些人的文化霸权心态和狭隘自大心态所致。（《人民日报》1996 年 7 月 19 日）

上述两例中，“p”和“q”之间除了假设关系之外，还有让步关系和因果关系。如果将两例中的让步关系和因果关系解析出来，则为以下几句。

（73）就算是球迷们对裁判存在一定程度逆反心理，这也是中国足协长期以来在裁判管理工作方面的不尽人意使然。（让步关系）

球迷们之所以对裁判存在一定程度逆反心理，这也是中国足协长期以来在裁判管理工作方面的不尽人意使然。（因果关系）

（74）即使人类历史上真有文化冲突现象，那也是某些人的文化霸权心态和狭隘自大心态所致。（让步关系）

人类历史上之所以有文化冲突现象，其原因是某些人的文化霸权心态和狭隘自大心态所致。（因果关系）

至此，我们可以绘制如下表格反映 CCCS 中“如果说 p 的话，q”类有标假设复句语里关系的分布状况（表 6-3）。

表 6-3 汉语复句语料库中“如果说 p 的话，q”类有标假设复句语里关系状况

	假设关系	假设＋平列	假设＋对照	假设＋解注	假设＋递进	假设＋让步	假设＋推断	假设＋因果	假设＋转折	假设+让步+因果
数量	128	18	606	129	61	17	1	15	30	2
比例	12.71%	1.79%	60.18%	12.81%	6.06%	1.69%	0.10%	1.49%	2.98%	0.20%

从上表不难看出，CCCS 中“如果说 p 的话，q”类有标假设复句以复合型语里关系为主，使用数量为 879 例，约占总数的 87.29%；与之相对，单纯型语里关系只有 128 例，约占总数的 12.71%。在复合型语里关系中，又以“双合型”语里关系为主，使用数量为 877 例，约占总数的 87.09%；三合型语里关系只有 2 例，约占总数的 0.20%。“双合型”语里关系中，又以“假设＋对照”型为主，使用数量为 606 例，占总数的 60.18%；其次是“假设+解注”型，使用数量为 129 例，占总数的 12.81%；最少的是“假设+推断”型，只有 1 例，约占总数的 0.10%。

综上所述，CCCS 中“如果说 p 的话，q”类有标假设复句语里关系分布规律如下：第一，复合型语里关系>单纯型语里关系。第二，双合型语里关系>三合型语里关系。第三，假设+对照>假设+解注>假设+递进>假设+转折>假设+平列>假设+让步>假设+因果>假设+推断。这些分布规律进一步证明复句句式在语义关系上具有多样性（邢福义，1996）。

6.4　语用价值之检视

6.4.1　投射出说话人的一种“兴式”言语策略

吕叔湘（1999）对这一句式的特点是这样概括的：“‘如果[说]……[的话]’，说明一种事实或作出一种判断。前一小句衬托后面的小句，加以对比。‘如果……’小句不能后置。”我们认为，说话人使用这一句式，更主要的是基于一种“兴式”言语策略。“赋、比、兴”本是《诗经》的艺术表现手法，我们借“兴”的特征——“先言他物以引起所咏之辞也”来界定这种言语策略，即句式的前半部分充当后半部分的引子，其作用是引出后半部分。至于引出的方式，大致可以分为“对比型”“探因型”“解释型”“推理型”这四种。

6.4.1.1　“对比型”引出方式

所谓“对比型”是指句式的前半部分以“对比”的方式引出后半部分，前后部分互相比较，说话人意在通过比较突出后半部分与前半部分的不同。构成条件有两个：一是前后部分具有“相关性”，二是前后部分具有“相异性”。所谓“相关性”是指前后部分所讨论的人、物、事件等都具有某种内在的联系，处于某一个统一体之中，统一达到极限便是讨论同一个人、同一个物、同一个事件；“相异性”则是指前后部分所讨论的人、物、事件等因时空的不同（或因其本身属性的不同）而存在某种差异。如果前后部分不具有“相关性”，那这种“对比型”句式就失去了存在的基础，如果前后部分不具有“相异性”，那它就失去了存在的价值。

（75）如果说，濮阳整训的成功是化若作为一个优秀的军事指挥家，为六纵改进战斗作风、提高战斗力作出的重要贡献的话，那化若在稍后对豫东战役的总结，则是他作为一个军事理论家，为六纵留下的一笔宝贵财富。（《人民日报》1996 年 9 月 2 日）

（76）如果说，过去一段时间，当人们在集贸市场、大街小巷都可买到粮食，国有粮店显得可有可无的话，那么，近两个月出现的粮食市价骤涨，就显出了国有粮店的重要性。（《人民日报》1994 年 1 月 15 日）

（77）如果说，他当初要引进、开发五十铃是逼上梁山的话，那么，如今兼并、合并三个厂倒是自找麻烦。（《人民日报》1990 年 11 月 8 日）

前例所讨论的是人——在不同历史跨度里有不同表现的“化若”，在“濮阳整训”中他是一个“优秀的军事指挥家”，而“稍后对豫东战役的总结”则体现了他“军事理论家”的风范。中间一例所讨论的是物——在不同历史时间里体现出不同地位的“国有粮店”，“过去一段时间”里，“国有粮店显得可有可无”，可“近两个月”来，“显出了国有粮店的重要性”。后例所讨论的是事件——“引进、开发五十铃”和“兼并、合并三个厂”，第一个事件是他迫于无奈，即“逼上梁山”，第二个事件是他“自找麻烦”。这些例子有个共同的特征就是所讨论的人、物、事件处于历时平面上，也就是它们之间有一个时间跨度，体现在句法形式上有明显的时间标记。

所讨论的人、物、事件除了在历时平面上有不同的展现之外，还可以在共时平面上展现它们的不同，如以下三句。

（78）如果说，中国队个人技术为好的话，德国队的整体水平最强。（《人民日报》1995 年 11 月 28 日）

（79）如果说《无梦生涯》《无花季节》这两部作品主要从社会历史的角度切入生活的话，那么《狼述》《芦荡深处》等则从人的隐秘的内心和复杂的人性切入生活，提出了一个如何认识人的复杂性的问题。（《人民日报》1996 年 5 月 2 日）

（80）如果说“弦外之音”还颇令人思忖的话，那么卡里莫夫总统的答记者问则显得直截了当。（《人民日报》1996 年 10 月 7 日）

前例在共时平面将“中国队”与“德国队”各自的强项进行比较，得出前者“个人技术为好”，后者“整体水平最强”的结论。中间一例在共时平面将“《无梦生涯》《无花季节》”和“《狼述》《芦荡深处》”各自的艺术手法进行对比，比较的结果是前者“主要从社会历史的角度切入生活”，而后者“则从人的隐秘的内心和复杂的人性切入生活，提出了一个如何认识人的复杂性的问题”。后例在共时平面将会场内外透出的“弦外之音”与“卡里莫夫总统的答记者问”作比较，觉得前者“还颇令人思忖”，而后者“则显得直截了当”。可以看出，上述例子的相似之点在于它们都把比较建立在共时平面上。

有时为了凸显后半部分与前半部分很不一样，在句法形式上会出现“却”类词，从而具有较浓的转折意味，使得对比更加鲜明。

（81）如果说，这一些异域风光，在一般作者的国外游记之类作品中，尚可以领略得到的话，那么反映海内外商业贸易领域中的活动、交往的那种种心态、情感方面的作品，却是较为罕见。（《人民日报》1991 年 1 月 11 日）

（82）如果说第二次世界大战带给欧洲的是贫穷和毁灭的话，美国本土却安然无恙。（《人民日报》1990 年 8 月 2 日）

有时候，后半部分相对前半部分而言，有程度等级上的提升或者降低，譬如以下三例。

（83）如果说，当年育种专家胡道芬作为首获国家万元奖励者而令国人瞠目的话，今年珠海以百万元重奖对本地经济发展有突出贡献的科技人员之举则令世人震惊了。（《人民日报》1992 年 9 月 15 日）

（84）如果说报纸在反映群众呼声、为读者服务方面需要加强和改进的话，那么对实行舆论监督更不能削弱。（《人民日报》1992 年 10 月 27 日）

（85）如果说 1995 年岁末在巴西举行的第二届世界短池游泳锦标赛是亚特兰大奥运会前对各国泳坛实力一次重大检阅的话，即将于本月 10 日开赛的世界杯短池赛北京站比赛仅是一次小测验。（《人民日报》1996 年 1 月 6 日）

前例的前半部分所说的是“胡道芬”的获奖“令国人瞠目”，而后半部分所说的是“珠海”的重奖“令世人震惊”，由“国人瞠目”到“世人震惊”，范围更宽了，影响力也更大了，程度等级有较大的提升。中间一例在后半部分出现了表示程度等级提升的标记“更”，表明“实行舆论监督”是报纸应该关注的重点。最后一例与前两例有点不同，前两例都是后半部分相对前半部分而言有程度等级的提升，而最后一例却是后半部分相对前半部分而言有程度等级的降低，表现为：“一次重大检阅”→“一次小测验”。

为了把道理说得更清楚、更形象，有时候借助“比喻”的手法，如以下两句。

（86）如果说更新观念是“过河”的话，正确的思维方法就是“桥”。（《人民日报》1994 年 8 月 19 日）

（87）如果说作品的文类在横向上构成了稳定的“点”的话，那么，作品的

时序又在纵向上构成了流动的“线”。(《人民日报》1996 年 9 月 6 日)

前例通过“比喻”手法，形象地说明了“更新观念”和“正确的思维方法”之间的关系：要想更新观念必须有正确的思维方法。后例更是形象地把“作品的文类”和“作品的时序”之间的关系比作“点”和“线”之间的关系。

诚如邢福义（2001a）所言：“有的，相对的事情分处两端，彼此对立；有的，相对的事情处于不同等级，彼此有差距。不过，有对立、有差距都能形成矛盾，因而都具备转折的逻辑基础。”所以，上述那些没有显性标记“却”类词语的“对比型”句式，事实上都可以在其后半部分加上“却”类词语。这样一来就把后半部分相对于前半部分的不同从隐性层面提到了显性层面，并且强化了这种不同，使听话人的注意力更加集中于后半部分。

6.4.1.2 “探因型”引出方式

所谓“探因型”，顾名思义就是根据已经存在的现象或者结果探索事件发生的原因。这种句式的前半部分表示“果”，后半部分表示“因”，其语序可以表示为“果→因”。这种语序使得这种句式比较容易转换成“之所以 p，（是因为）q”句式而基本语义不变。

（88）如果说目前真的存在“道德滑坡”的话，其肇因不在于新兴的市场经济，而是长期以来对传统文化资源的摧残。(《人民日报》1994 年 12 月 27 日）→

目前<u>之所以</u>存在“道德滑坡”，其肇因不在于新兴的市场经济，而是长期以来对传统文化资源的摧残。

（89）如果说过去我在自己平凡的工作岗位上作出了一点成绩的话，正是受到了这种精神的熏陶。(《人民日报》1997 年 2 月 24 日 2 版次）→

过去我<u>之所以</u>在自己平凡的工作岗位上作出了一点成绩，正是<u>因为</u>受到了这种精神的熏陶。

前例中“存在‘道德滑坡’”是“果”，“长期以来对传统文化资源的摧残”是“因”；后例中“过去我在自己平凡的工作岗位上作出了一点成绩”是“果”，“受到了这种精神的熏陶”是“因”。二者的语序都是“果→因”，都可以转换成“之所以 p，（是因为）q”句式而基本语义不变。但是，转换前后尽管基本语义没变，可如果我们从语用价值方面进行考察，会发现转换前与转换后还是有区别的：首先，转换前的句式主观性更强，转换后的句式客观性更强。其次，转换前的句式反映出说话人的委婉、谦虚、礼貌，而转换后的句式反映出说话人的客观公正。

6.4.1.3 “解释型”引出方式

所谓“解释型”就是指把简单的东西说得更详细点，把抽象的东西说得更具体点，把不明不白的东西说得更明白点，总之就是这种句式的后半部分对前半部分予以一定程度的诠释。如果说“探因型”的句式解决的是“为什么”的问题，那“解释型”的句式解决的是“是什么”的问题。

（90）如果说有变动的话，只能是使具体政策更加完善，使改革开放措施更正确，更富有成果。(《人民日报》1991 年 2 月 13 日)

（91）如果说一个人爱的最高境界是爱别人的话，那么，刘连江对战士的爱就是这种最高境界的生动体现。(《人民日报》1995 年 7 月 24 日)

（92）正如加拿大总督勒布朗所说，如果说加拿大这个移民国家有什么特色的话，那就是人帮助人的互助精神，先来的移民帮助后来移民，黑人帮助白人和白人帮助黑人，这样的故事数不胜数。(《人民日报》1996 年 10 月 8 日)

前例的前半部分只是简单地说“有变动”，为了让听话人明白是什么样的变动，后半部分详细地说明“是使具体政策更加完善，使改革开放措施更正确，更富有成果”。中间一例的前半部分说的是“爱的最高境界是爱别人”，说话人怕听话人不明白，于是便举了一个现实生活中的例子，即“刘连江对战士的爱”，这样就将比较抽象的“爱的最高境界”具体化了。后例的前半部分说的“什么特色”让我们不明不白，一看后半部分才明白原来就是“人帮助人的互助精神，先来的移民帮助后来移民，黑人帮助白人和白人帮助黑人”。这种在句式的前半部分用“什么”“哪里”等显性标记设置悬念，后半部分再进行解释的例子比较常见，其原因可能是这样更容易引起对方的好奇，从而集中注意力听后面的解释。

这种“解释型”的句式一般都可以转换成“如果 p，(那么) q”句式，但是转换前后语用价值不同，我们先来看两个例子。

（93）如果说当前闽台贸易有什么障碍的话，那么最大障碍是未实现“三通”，不能直接双向交流。(《人民日报》1993 年 3 月 26 日) →
如果当前闽台贸易有什么障碍，那么最大障碍是未实现“三通”，不能直接双向交流。

（94）如果说她的油画有某种女性意识的话，那便是率直地叙说自我。(《人民日报》1995 年 9 月 26 日) →
如果她的油画有某种女性意识，那便是率直地叙说自我。

前例的前半部分给人的感觉是说话人转引别人的话，说不定“闽台贸易”确实“有什么障碍”，因此偏“实”；而转换之后的句式，其前半部分给人的感觉是说话人作出一种假设：“闽台贸易有什么障碍”，因此偏“虚”。另外一个不同就是：转换之前的句式是“据后释前”，即用后半部分解释前半部分，具体表现为用“未实现‘三通’，不能直接双向交流”来解释“当前闽台贸易”存在的“障碍”；而转换之后的句式是“据前推后”，即根据前半部分推理出后半部分，具体表现为根据"闽台贸易有什么障碍"推理出"最大障碍是未实现'三通'，不能直接双向交流"。后例转换前后的情况可以依理类推，这里不再赘述。因此，"解释型"句式转换成"如果 p，（那么）q"句式所导致的语用价值的不同体现在两个方面：其一，转换前，其前半部分偏"实"，转换后，其前半部分偏"虚"。其二，转换前的句式是"据后释前"，转换后的句式是"据前推后"。

6.4.1.4 "推理型"引出方式

所谓"推理型"就是句式的后半部分是根据前半部分推理出来的，这种句式比较容易转换成"如果 p，（那么）q"句式，基本意义不变。究其原因，很有可能是它们在"推理"这一点上具有共性。

（95）如果说，诗也叫高尚的话，那么，看到死者激发生者，生者安慰死者的，完全是写出来和没写出来的诗。（《人民日报》1990 年 2 月 9 日）→

如果，诗也叫高尚，那么，看到死者激发生者，生者安慰死者的，完全是写出来和没写出来的诗。

（96）如果说，我们这种体制、机制不能适应传统产业的话，那么，对高新技术产业和产品，它就更不能适应。（《人民日报》1991 年 6 月 3 日）→

如果，我们这种体制、机制不能适应传统产业，那么，对高新技术产业和产品，它就更不能适应。

前例中，说话人运用的是一种等价推理，即"诗＝高尚"，而"看到死者激发生者，生者安慰死者的＝高尚"，因此"看到死者激发生者，生者安慰死者的＝诗"，即"看到死者激发生者，生者安慰死者的，完全是写出来和没写出来的诗"。这种推理特征使得它向"如果 p，（那么）q"句式转换时不费多大周折。后例中，说话人的推理前提是"能适应低要求的不一定能适应高要求，而不能适应低要求的肯定不能适应高要求"，而"我们这种体制、机制不能适应传统产业（低要求）"，所以"对高新技术产业和产品（高要求），它就更不能适应"。同样，它也比较容易转换成"如果 p，（那么）q"句式。

总之，不管是哪种引出方式，它们都反映了说话人的一种言语交际策略，即"欲说甲人，则先说与甲人相关的乙人，欲说甲物，则先说与甲物相关的乙物，欲说甲事，则先说与甲事相关的乙事"，我们把它称为"兴式"言语策略。在"如果说 p 的话，q"句式中，这种言语策略体现在说话人真正要说的、真正关注的是"q"，即句式的后半部分，说话人的言语交际意图是通过后半部分表现出来的；而前半部分只是作为一条引线，它的作用就在于为后半部分铺平道路，从而使后半部分的出现更加自然，更加具有说服力。因此，说话人运用"如果说 p 的话，q"这种句式，既能达到自己的交际目的，又能使听话人心悦诚服。

6.4.2　说话人对“关系环”内“p”的态度

如前文所说，“如果说”与“的话”构成一个“关系环”，“关系环”内的“p”按照其自身性质可以分为两种：第一种是说话人自己对客体的一种主观认识，第二种是说话人以外的人对客体的一种主观认识。

如果“关系环”内的“p”是说话人自己对客体的一种主观认识，那说话人一般情况下对它持肯定态度。

（97）如果说《高山流水》是以“情”传神，《水乡的春天》用“景”取胜的话，那么交响组曲《长江画页》则是寓情于景，情景交融的佳作。（《长江日报》1985 年 2 月 26 日）

（98）如果说，十一届三中全会以来的实践，彻底破除了离开生产力来空谈社会主义的历史唯心主义的话，那么，十三大又进一步对这种历史唯心主义从理论上进行了彻底的清算。（《长江日报》1987 年 11 月 3 日）

前后两例的画线部分都是说话人对客体的一种主观认识，看得出来，说话人对这两处“p”持肯定态度。

如果“关系环”内的“p”是说话人以外的人对客体的一种主观认识，那多数情况下说话人对其持肯定态度，但有时也对其持怀疑甚至否定态度。

（99）如果说那时也有国际秩序的话，那么它的最突出的特点和最深刻的印记，就是贩卖黑奴和抢占并奴役殖民地。（《人民日报》1991 年 9 月 19 日）

（100）如果说他有什么错的话，那只能说他不该助人为乐。（《人民日报》1995 年 11 月 10 日）

先看前例，一般说来，“国际秩序”给我们的感觉是国与国之间一种“公正、民主、平等”的关系，可“那时”最突出的特征“就是贩卖黑奴和抢占并奴役殖民地”，因此事实上并不存在我们所想象的“国际秩序”。所以说话人对“那时也有国际秩序”的说法是持怀疑态度的，不过这里说话人采取退一步说话的策略，即先姑且承认“那时也有国际秩序”，然后引出“它的最突出的特点和最深刻的印记，就是贩卖黑奴和抢占并奴役殖民地”这样的结论，而这个结论与我们所理解的“国际秩序”相去甚远，从而也就论证了那时是不存在真正的“国际秩序”的。再来看后例，通过观察可以得知，说话人同样使用了反证法，即先姑且承认“他有什么错”，然后引出了“他不该助人为乐”这样荒谬的结论，从而论证了前提的不成立，也就是说“他”事实上没什么错。因此，说话人对“他有什么错”的说法持否定态度。

6.5 小　　结

本章从句式构成、语里关系和语用价值三个方面考察“如果说 p 的话，q”类有标假设复句。

句式构成部分，既考察了“如果说 p 的话，q”类有标假设复句的前呼句，也考察了其后应句，还考察了整个句式的构成情况，并指出它的四种基本构成方式。

语里关系部分，以 CCCS 里两句式、三句式、四句式的“如果说 p 的话，q”类有标假设复句为考察对象，重点讨论了八类“双合型”语里关系和一类“三合型”语里关系，并得到了相关的统计数据。

语用价值部分，认为“如果说 p 的话，q”类有标假设复句投射了说话人的一种“兴式”言语策略，至于说话人对“关系环”内“p”的态度，则需具体情况具体分析，不能一概而论。因为有时说话人对其持肯定态度，有时又持怀疑甚至否定态度。

第7章 结 语

7.1 研究价值

本书的研究价值体现在三个方面：一是理论价值，二是实践价值，三是方法论价值。

7.1.1 理论价值

其一，理论验证方面。如前所说，本书以小句中枢说理论、句管控理论、“两个三角”理论为指导思想，同时吸取了潜显理论的思想精髓，运用了类型学理论的相关概念。一方面，正是由于有了这些科学理论的指导，我们的研究才能顺利完成。另一方面，选取这些理论指导我们研究的过程，同时也是检验这些理论的过程。研究实践告诉我们，这些理论完全可以用来指导我们对有标假设复句的研究。特别值得一提的是，由小句中枢说理论、句管控理论、“两个三角”理论构成的小句中枢理论体系犹如一根红线，贯穿全文。不管是宏观的考察还是微观的辨察，都闪烁着这些理论的思想精髓。如果从哲学的高度来观察小句中枢理论体系，不难发现：它既体现了“实践观”的思想，又体现了“辩证法”的思想；既体现了“历史观”的思想，也体现了“价值观”的思想。比如小句中枢说理论所强调的“入句考察”以及句管控理论所强调的“必须结合具体的句法语义环境观察语言现象并总结归纳句法语义管控机制”就体现了“实践观”，“两个三角”的理论所强调的“动态的、多层次的立体考察”则反映了“辩证法”的思想，“大三角”理论中对“古”角的考察体现了历史的观点，“小三角”理论中对“值”角的考察则体现了“价值观”。

其二，理论创建方面。任何新事物的出现，都不会凭空产生，理论创建也是如此。我们提出的小句关联理论，究其根本，就是一种对小句中枢说理论的传承与发展，是小句中枢说理论在复句领域的理论分支。不管是小句句法关联，还是小句语义关联，抑或是小句表里关联，其中的很多思想都直接或者间接地来源于小句中枢说理论。可以说，小句关联理论就是用小句中枢说理论指导新的研究实践而产生的。

7.1.2　实践价值

本用结合，实践性较强是本书一个较为鲜明的特点。由于项目研究需要，我们精心组织了一个研究团队，其中，既有语言学方面的人才，也有计算机方面的人才。正是有了一个这样的研究团队，有了良好的研究环境，所以很多思想能较快地在实践中得到验证。比如假设关系标记及其他关系标记句法语义属性的界定，又如假设关系标记及其他关系标记的形式化以及自动识别，再如有标假设复句及其他有标复句语表序列的自动提取，没有哪一项没经过实践的检验。就是这样“提出思想→实践验证→提出更新的思想→更新的实践验证……”，循环往复，乃至无穷，才能推动复句信息工程不断地迈向前方。

7.1.3　方法论价值

本书在方法论方面的价值主要体现在：上面所说的七点启示，即“科学研究既需要理论意识，更需要实践意识；既要争取成功，又要允许失败；既要有独立意识，又要有团队精神；要把本体研究与应用研究结合起来；要处理好‘点’和‘面’的辩证关系；既需要‘显性’意识，又需要‘潜性’意识；既要有创新精神，又要有求实思想”，全都可以用于其他有标复句的研究。

7.2　基本结论

其一，有标假设复句是一类很值得研究的有标复句。不管是口语还是书面语，不管是正式场合还是非正式场合，不管是文学作品还是非文学作品，有标假设复句几乎无处不在、无时不在。值得一提的是，尽管很多学者的研究对象事实上属于我们所说的有标假设复句，但很少有人这样去称谓它，对它作出界定的更是少之又少。因此，有必要了解我们所说的有标假设复句指的是什么。我们从以下三个方面理解有标假设复句：①有标假设复句必须是复句。②有标假设复句必须是假设复句。③有标假设复句必须有关系标记标示第一层假设关系。

其二，尽管对假设关系范畴的界定，学界一直没有完全一致的看法，但我们认为，语言中存在假设关系范畴应该是一个客观事实。人们既可以用“无标”的方式表达这个范畴，也可以用“有标”的方式表达这个范畴。用“有标”的方式表达假设关系范畴的那些形式标记，就是我们所说的假设关系标记。就现代汉语而言，围绕“假设关系标记”展开的研究，成果不少。其中既有单组假设关系标记的考察，也有两组以上的假设关系标记的对比研究，还有假设关系标记的跨类考察、假设关系标记的方言考察以及假设关系标记的跨语言比较研究。前人的研究给了我们不少启迪，不过我们也注意到，一方面，假设关系标记跨方言、跨语言的比较研究已经迈出关键的一步；另一方面，大多数比较研究都还属于“一对一”的个案研究。有鉴于此，我们设想在已有成果的基础上，拓展自己的研究视域。具体做法是以“前呼－后应”“前置－后置”“强式－弱式”为观测视角，从多个方面立体考察关系标记，从而归纳出八个类型参项。然后再用这八个类型参项去观察普通话、汉语方言、少数民族语言中的假设关系标记。我们认为，这样做至少有以下三点意义。第一，从语言信息化角度来看，其意义非比寻常。诚如陆俭明（2006）所言，重视词语的特征研究与描写，这可能是自然语言处理中基于规则的方法和基于统计的方法的“结合”点之所在，可能是一条光明大道。我们认为，关系标记是有标复句重要的“指示灯”，因此，有标复句信息化工程的顺利进行，离不开关系标记句法语义特征的准确界定。以有标假设复句为例，要想自动识别其层次关系，就必须准确界定包括假设关系标记在内的所有关系标记。这一步既直接影响关系标记的自动识别，又直接影响语表序列的自动提取；既影响表里关联模态的构建，又影响语表序列的聚类。第二，从对外汉语教学角度来看，也有着重大意义。外国人学习汉语，难点很多，关系标记的正确理解与使用就是其中之一。倘若我们不帮他们总结归纳关系标记的属性特征，他们就很难得到规律性的认识，因而常常在理解时犯糊涂，使用时犯错误。有鉴于此，我们必须把关系标记之间前呼后应的关系和他们讲清楚，把关系标记可能占据的句法位置和他们说明白。第三，从类型学角度来看，研究前景也看好。我国有丰富的语言资源，这为类型学研究创造了得天独厚的条件。以假设关系标记的研究为例，一旦我们全面、准确地对各语言中假设关系标记的数量、属性予以界定，则其类型特征与个性特征也会得以凸现。当然，这是一项长期而艰巨的任务，并非一朝一夕可以完成，但有了这样一个研究框架，就总有一天会实现这个目标。

其三，有标假设复句的产生形成，有其内在的哲学动因。马克思主义哲学认为，物质世界是普遍联系的，世界上的各种事物或现象，都处于普遍联系之中，没有什么事物是孤立存在的。联系的普遍性及其多样性特征，反映到语言实际生活中，表现为各种类型句式的广泛存在。其中，有标假设复句就是典型代表。具体说来，有标假设复句是一种说话人用显性假设关联的方式对物质世界各种各样联系表达自己认识、观点、立场、态度、情感、疑惑的手段。通过对有标假设复句语表形式特征、语里关系特征、语用价值特征的考察，我们发现：第一，有标假设复句后应句的涵容性要大于前呼句；第二，有标假设复句语里关系一个很重要的特征就是单纯型语里关系与复合型语里关系并存；第三，有标假设复句强大的语用功能彰显了其使用价值。

其四，有标假设复句在应用领域有很多方面值得研究，我们之所以把层次关系作为首选对象，主要是考虑到：要想准确全面地理解有标假设复句，就必须厘清它的层次关系。而且，一旦计算机能自动识别有标假设复句的层次关系，则其对机器翻译的意义也是不可低估的。任何科学研究都离不开理论的指导，因此，科学实践中人们总是自觉或不自觉地运用某种理论来指导自己的研究工作。几年的研究实践证明：小句关联理论，作为小句中枢说在复句领域的理论分支，既可以用来指导有标复句的本体研究，也可以用来指导有标复句的应用研究，因而在有标复句本体研究与应用研究之间架起了一座桥梁。小句关联理论包含三个方面的内容，即小句句法关联、小句语义关联、小句表里关联。研究实践告诉我们，要想实现有标假设复句层次关系的自动识别，必须解决三个问题：①必须解决有标假设复句语表序列的提取问题；②必须解决有标假设复句表里关联模态的构建问题；③必须解决有标假设复句语表序列的聚类问题。三个问题中，表里关联模态的构建至关重要，为此，我们选择两句式、三句式、四句式有标假设复句作了示例性研究。这样做的意义在于，它验证了方法的可行性，而且更为重要的是，这种方法可以运用到其他有标复句表里关联模态表的构建中去，从而为最终实现有标复句层次关系的自动识别奠定坚实的基础。

其五，从关联特点来看，“前呼型假设句＋后应型疑问句”类有标假设复句可以分为两类，即“假设－求解”型有标假设复句和“假设－反判”型有标假设复句。人类思维认知有个特点，就是总能根据已知的东西去探求未知的东西，我们把这一过程称为“求解”。这一特点反映到语言实际生活中，便是大量“假设－求解”型有标假设复句的存在。一方面，“假设－求解”型有标假设复句中，前呼型假设句对后应型疑问句有一种主导制约性，即发问内容必须针对主观假设而不能偏离它。因此，后应型疑问句必须与前呼型假设句有这样那样的联系，否则就会显得不协调。另一方面，“假设－求解”型有标假设复句中的后应型疑问句具有承前启后性。根据“求解对象”的不同，“假设－求解”型有标假设复句可以分为“自解”式和“他解”式。所谓“自解”式就是说话人向自己求解，寻求某种答案；“他解”式则是指说话人向受话人求解，寻求某种答案。根据求解方式及内容的不同，“假设－求解”型有标假设复句可以分为称代性求解和确认性求解。所谓“称代性求解”是指说话人针对某个疑点发问，并希望自己或者受话人针对这个疑点予以回答，具体阐述其指代内容。“确认性求解”则是指说话人希望受话人（有时候是说话人自己）对某种想法、提议或者有待抉择的事情予以判断、确认，从而达到释疑的目的。“假设－反判”型有标假设复句的典型特征是后应句用反问的方式对前呼型假设句作出某种判断。若将“假设－反判”型有标假设复句与“假设－求解”型有标假设复句作一比较，就会发现：第一，“假设－反判”型有标假设复句的后应型疑问句采用反问的方式，而“假设－求解”型有标假设复句的后应型疑问句采用非反问的方式。第二，“假设－反判”型有标假设复句的后应型疑问句是针对前呼型假设句作出的某种判断，而“假设－求解”型有标假设复句的后应型疑问句是针对前呼型假设句提出的某种疑问。第三，“假设－反判”型有标假设复句不要求作答，而“假设－求解”型有标假设复句要求（或者希望）作答。当然，想知道某个句子到底是“假设－反判”型有标假设复句还是“假设－求解”型有标假设复句，往往要结合具体的语境进行考察，才有可能作出准确的判断。这是因为，有时同一个句子在一种情况下是“假设－反判”型有标假设复句，但在另一种情况下却是“假设－求解”型有标假设复句。“前呼型假设句＋后应型疑问句”类有标假设复句有时出于某种语用需求会简化省略掉一些成分，这样一来剩下的部分就是我们所说的简省形式。但“前呼型假设句＋后应型疑问句”类有标假设复句的紧缩形式是指前呼型假设句与后应型疑问句合而为一，二者之间原有的音距消失。简省也好，紧缩也罢，都反映了汉语结构趋简、语义兼容的规律，都遵循了“辞达而已”的语用原则。

其六，通过对“如果说p的话，q”类有标假设复句的个案考察可以得知，“如果说”总是位于所处小句的首端，而“的话”则恰好相反，总是位于所处小句的末端，“如果说”和“的话”首尾呼应，使得整个“如果说……的话”部分浑然一体，构成一个“结构环”。我们也顺理成章地把“如果说”和“的话”合称为“关系环”，因为它们就像“环”一样把其他成分包围在里面，从而形成一个整体。根据我们的统计，CCCS中两句式、三句式、四句式的“如果说p的话，q”类有标假设复句以复合型语里关系为主，占总数的87.29%。在复合型语里关系中，又以“双合型”语里关系为主，占总数的87.09%。“双合型”语里关系中，又以“假设＋对照”型为主，占总数的60.18%。这一情况进一步证明复句句式在语义关系上具有多样性。《现代汉语八百词》对这一句式的特点是这样概括的：“‘如果[说]……[的话]’，说明一种事实或作出一种判断。前一小句衬托后面的小句，加以对比。‘如果……’小句不能后置。”（吕叔湘，2004）我们认为，说话人使用这一句式，更主要的是基于一种“兴式”言语策略。“赋、比、兴”本是《诗经》的艺术表现手法，我们借“兴”的特征——“先言他物以引起所咏之辞也”来界定这种言语策略，即句式的前半部分充当后半部分的引子，其作用是引出后半部分。至于引出的方式，大致可以分为“对比型”“探因型”“解释型”“推理型”这四种。至于说话人对“关系环”内“p”的态度，则需具体情况具体分析，不能一概而论。如果“关系环”内的“p”是一种说话人自己对客体的主观认识，那说话人一般情况下对它持肯定态度。如果“关系环”内的“p”是一种说话人以外的人对客体的主观认识，那多数情况下说话人对其持肯定态度，但有时也对其持怀疑甚至否定态度。

7.3 几点启示

第一，科学研究既需要理论意识，更需要实践意识。

我们认为，科学研究中的理论意识表现在两个方面：其一，运用理论的意识。

也就是说，人们在从事科学研究时，要精心选择某种或某些理论作为指导，从而使研究工作进展得更顺利。具体到本书，不管是对有标假设复句的宏观考察，还是对有标假设复句的微观辨察，都始终以小句中枢说理论、句管控理论和“两个三角”的理论为指导思想，同时还吸取了潜显理论的思想精髓，运用了类型学理论的相关概念。正是在这些科学理论的指导下，有标假设复句的研究工作才能够有条不紊地开展。其二，创建理论的意识。也就是说，人们在从事科学研究时，要勇于和善于从科学实践中总结归纳出规律性的认识，进而上升到理论的高度，用来指导新的实践。研究实践告诉我们，小句关联理论，是小句中枢说理论在复句领域的延伸与拓展，它不仅能指导有标复句的本体研究，而且能指导有标复句的应用研究。通过对有标假设复句层次关系的研究，我们完全有理由相信，这一理论同样可以用来指导其他有标复句层次关系的研究。

科学研究中的实践意识则是指：不管以何种理论作为指导思想，都必须接受实践的检验，因为实践是检验真理的唯一标准。中国的语言理论，诚如邢福义（2005）所说的那样，途径有两条：一条是从国外引进，经过消化、吸收、提高后用来指导我们的语言研究；另一条是从本土产生，也就是扎根于丰富的汉语言事实以及大量的少数民族语言材料，从中提炼出富有中国特色的语言理论，进而指导我们的语言研究。面对这两条途径所产生的不同的语言理论，身为语言研究人员的我们将做何选择？是肯定一方否定另一方，还是辩证地看待二者之间的关系？哲学常识使我们懂得，任何事物在起点和终点之间，都会有一段或长或短的发展历程，由此产生不同的发展阶段，语言研究在中国的发展历程也是如此。在起始阶段，语言研究犹如一个新生儿，比较弱小，必须大量地吸取“外界的养分”，从而促成自己的茁壮成长，这是无可厚非的，也是必然的。等到它逐渐长大，基本上能够独立御风寒的时候，尽管也需要从外界获取营养，但更重要的恐怕是要考虑如何自我生存了（罗进军、尹蔚，2006）。语言实际生活中，语言研究工作者往往根据研究对象的特点以及自身的喜好选择某种（些）语言理论作为指导思想。我们认为，不管是什么理论，都不可能尽善尽美，都需要在研究实践中做进一步的考察和验证，都需要通过各种各样新的研究实践使其不断地趋于完善。具体而言，我们选择小句中枢说理论、句管控理论和“两个三角”的理论指导我们研究有标假设复句的过程，其实也是在研究实践中验证和发展这些理论的过程。

第二，科学研究既要争取成功，又要允许失败。

搞科学研究，没有谁不希望成功。为此，人们总是孜孜不倦地努力工作，总是小心谨慎地做好每一件事情。所谓“一分耕耘，一分收获”，这些年的研究实践带给我们的不仅有本体研究领域的成果，也有应用研究领域的成果。科研论文的发表也好，应用软件的开发也好，都是有目共睹的事实。

但是在取得成功的同时，也难免会出现苦苦奋斗数月却以失败告终的情况。

在我们对有标假设复句的研究过程中，也不时会遇到这种情况。那么，怎样看待科学研究中的失败呢？许嘉璐（2000b）认为，科学研究是在不断失败－研究－再失败－再研究的循环中前进的。面向信息处理的现代汉语基础研究既然是科学研究活动，就要允许失败，不能设想某一种理论和方法从提出就一路顺风地直达彼岸。从某种角度讲，失败也是一种成功，其中必有合理的因素；造成失败的原因就是财富，可以成为今后的借鉴。我们提出用小句关联理论来指导有标复句层次关系的自动识别，也在研究实践中初步验证了其可行性，但是仍然有很多细节问题需要我们去思考。在以后的研究实践中，肯定会不断地涌现出新的问题，需要我们做更深入细致的考察。

第三，科学研究既要有独立意识，又要有团队精神。

科学研究中的独立意识指的是，要学会独立自主地完成某项科研任务，要立足自身。这样做的好处在于可以充分发挥个人的主观能动性，充分调动个体的积极性。但是，强调独立意识并不是否定团队精神。任何一支研究队伍，都需要各成员的精诚团结。我国学术界曾经有过分工合作、集体攻关的传统，近年来在许多地方已经淡漠了，现在学科的发展又提出了这一问题，需要我们打破“新”的风气，重新养成更新的习惯（许嘉璐，2000b）。具体到我们的研究团队，尽管每个人的主攻方向和具体任务各不相同，但是大家都有一个共同的目标，那就是推动复句信息工程不断地迈向前方。正是有了这种难得的团队精神，所以大家才会心往一处想，劲往一处使。我们认为，这样不仅有利于工程的顺利进行，而且有利于学科的发展。

第四，科学研究要把本体研究与应用研究相结合。

本体研究与应用研究的结合，有待于以下两件事情的完成：其一，如何从本体研究向应用研究转型。转型的关键在于观念的转变，就是说我们要意识到一个事实，以前我们是借助人脑处理语言，现在我们要借助电脑处理语言。这种改变要求我们更加严谨、更加全面地思考语言问题，否则电脑要么就会“钻我们的空子”，要么就会“罢工”。转型的方式有直接与间接之分，所谓直接转型是指那些形式化特征比较明显的本体研究成果，可以直接转化为应用研究的成果；间接转型则是指那些形式化特征不明显的本体研究成果，必须经过加工后才能转化为应用研究的成果。以有标假设复句层次关系的自动识别为例，每一个环节都要考虑到计算机能否理解。比如，关系标记句法语义属性的界定，关系标记的形式化，语表序列的提取，表里关联模态的构建，语表序列的聚类等。其二，如何让应用研究推动本体研究。计算机处理语言的一个显著特征就是数量大、速度快，面对处理结果，我们的态度应该是辩证对待：既信又不全信。之所以信，是因为计算机处理语言具有客观性；之所以不全信，是因为电脑毕竟不是人脑，再加上汉语言是如此的“灵活”，可能处理不充分。因此，我们一方面要充分利用应用研究的成果，使之服务于我们的本体研究；另一方面也要对这些成果进行认真检视，以便进一步提高处理的准确率。比如，在构建表里关联模态表阶段，对计算机自动提取的语表序列我们必须认真校对，因为这会直接影响到有标复句层次关系识别的准确率。

陆俭明（2005）曾结合对外汉语教学的实践指出，不能只是认为汉语本体研究是对外汉语教学的支撑，对外汉语教学有赖于汉语研究成果。事实上，二者是一种互动关系：对外汉语教学需要汉语本体研究的支撑，但同时对外汉语教学是汉语本体研究的试金石，而且对外汉语教学拓展了汉语本体研究。我们认为，不只是对外汉语教学领域，其他任何领域都是如此。就本书而言，每当我们对有标假设复句有了新的规律性认识，我们就会拿到应用研究领域去验证，一旦实践证明可行，就会反过来促进形成更多的规律性认识。这也就是说，不仅本体研究可以推着应用研究向前发展，应用研究也可以推着本体研究向前发展。

第五，科学研究要处理好“点”和“面”的辩证关系。

搞研究，不管是本体研究还是应用研究，都要处理好“点”和“面”之间的关系。基于主客观因素的考虑，进行“点”的考察是必要的。但是我们要注意的是“点”的考察不是我们的终极目的，我们终究是要回到“面”上来的。因此，找准一个“点”，进行某种个案研究，其目的不仅仅是解决一个问题，而是通过这种研究寻找出某种规律，从而带动一批问题的解决。这就是我们常说的“以点带面”。另外，研究者始终要有“面”的视野，不能只见树木不见森林，一旦“点”上的成功探索回到“面”上来之后，要用已有成果帮助解决新“点”所面临的问题，这就是所谓“以面促点”。

比如，本书的选题就有这个方面的考虑。前面说过，有标复句按照关系类型可以分为十二类。但是出于可行性考虑，我们不太可能在某个阶段对这十二类有标复句全面展开研究。最切实际的做法就是抓住其中一个点，摸索其中的规律。一旦实践证明某种方法可行，就可以由点到面地展开。有鉴于此，我们选取有标假设复句作为研究对象，从各个角度对其予以考察。等到时机成熟的时候，再将其中的成功经验推广应用到其他有标复句的研究当中去。

又如，有标假设复句的内部考察也运用了这一方法。我们一般都是选取其中的某一小类作为突破口，全面考究其特点，得出某种（些）规律性认识，再将这种规律性认识放到其他有标假设复句中去验证。

第六，科学研究既需要“显性”意识，又需要“潜性”意识。

根据王希杰先生的潜显理论，在语言的世界中，所谓显性的语言现象就是在我们运用它、研究它之前就已经客观地存在着的东西，它是我们的经验的事实。如果我们把客观地呈现在我们面前的语言称为“显性的语言”，那么那些历史上出现过、存在过但现在已经消失了的语言成分便是潜在的语言，潜在的语言当然也应当包括那些即将出现的语言成分。换句话说，那些已经消失的和即将出现的语言成分便是“潜性的语言”。一个完整的语言概念就应当是：语言（A）＝显性语言（AX）＋潜性语言（AQ）。已往的语言学研究只以显性的语言为研究对象，这当然是正确的。但是现代语言学应当扩大自己的视野，把潜性的语言也包含在自己的研究对象之中（王希杰，2000）。

我们认为，这种思想值得提倡。因此，我们既注意那些“显性”的有标假设复句，也注意那些“潜性”的有标假设复句；既注意“显性”的层次关系模式，也注意“潜性”的层次关系模式。

第七，科学研究既要有创新精神，又要有求实思想。

就理论创新而言，可以分为两种，一种是创新性地运用理论，另一种是创新性地创造理论。前者又可以分为两种情况：首先，如果是从国外引进语言学理论，我们需要考虑的是它能否用来为我们的语言研究事业服务。不经过实践，恐怕无法得知这种理论会不会有“水土不服”的情况。倘若大量的研究实践证明它是可行的，那么对于中国的语言研究而言，这也是一种创新，即首开先河地将某种国外理论运用于中国的语言研究。其次，如果是将本国的语言学理论运用于一个全新的研究领域，我们同样需要在研究实践中验证其可行性。倘若实践证明这种（些）语言学理论可以用来指导该类研究，那么这也是一种创新，即率先在某一全新领域运用验证某种（些）语言学理论。后者则是指从本土产生某种全新的理论，由于这种理论的出现是一个从无到有的过程（相对世界语言学理论），所以我们将这种创新称为“创新性地创造”。对于这种理论，我们既需要考虑它能否用来指导本国的语言研究实践，也需要考虑它能否为世界的语言学理论添砖加瓦。相比较而言，创新性地运用可以作为我们的一种研究手段，而创新性地创造则应成为我们中国语言学者孜孜不倦地追求的一个终极目标。当然，不管是哪一种创新，都是建立在已有研究成果的基础之上的。比如，我们创建的小句关联理论就传承于小句中枢说理论，是小句中枢说理论在复句领域的延伸与拓展。

一个民族也好，一个学科也好，都需要创新，没有创新就没有进步，就没有希望。但是光有创新精神还不行，还必须有求实思想。“求实”者，求真务实也。离开了求真务实的思想，一切创新都犹如空中楼阁。正是基于这种考虑，我们对有标假设复句的研究尽可能地脚踏实地，尽可能地从大量语言事实的观察中发现规律。比如，第 6 章中对“如果说 p 的话，q”类有标假设复句复合型语里关系的考察便是如此，我们从 CCCS 中所有的“如果说 p 的话，q”类有标假设复句中筛选出两句式、三句式、四句式的句子，全面考察它们的语里关系，从而得出结论。

7.4 后续研究

7.4.1 逐步完善有标假设复句表里关联模态表

如前所说，我们已经对两句式、三句式、四句式有标假设复句表里关联模态的构建做了示例性研究。接下来的工作就是：第一，构建一张比较完整的表里关联模态表。第二，选取真实文本中的两句式、三句式、四句式有标假设复句，验证这些表里关联模态的可行性，同时根据新的实践和新的问题，不断完善有标假设复句表里关联模态表。

7.4.2 模拟构建其他有标复句的表里关联模态表

将前面第 4 章提到的构建有标假设复句表里关联模态的方法运用到其他有标复句中去，模拟构建其他有标复句的表里关联模态表。这也是我们的研究初衷之一，即通过有标假设复句“点”的实验，获取成功的做法，以期解决其他有标复句中相关或相似的问题。不过，需要注意的是，有标假设复句与其他有标复句存在共性的同时，也会有着某种个性的差异。因此，方法虽然是相通的，但具体操作时还需考虑细节问题。比如，有的层次模式有标假设复句没有，但是其他有标复句却有可能存在。

参考文献

鲍明炜、王均. 2002. 南通地区方言研究. 南京: 江苏教育出版社.

北京大学中国语言文学系语言学教研室. 1995. 汉语方言词汇. 北京: 语文出版社.

曹跃香. 2005. “万一”和“一旦”. 语文学刊, (9): 34-36.

陈国庆. 2002. 克木语研究. 北京: 民族出版社.

陈国庆. 2005. 克蔑语研究. 北京: 民族出版社.

陈康、巫达. 1998. 彝语语法. 北京: 中央民族大学出版社.

陈康、许进来. 2001. 台湾赛德克语. 北京: 华文出版社.

陈满华. 1995. 安仁方言. 北京: 北京语言学院出版社.

陈晓锦. 2003. 马来西亚的三个汉语方言. 北京: 中国社会科学出版社.

陈颖. 2001. 现代汉语假设分句末尾的“吧”和“呢”. 四川师范大学学报(哲学社会科学版), (1): 108-112.

陈玉东. 2005. 汉语韵律层级中小句的中枢地位和调节作用. 汉语学报, (2): 70-75.

陈宗振、雷选春. 1985. 西部裕固语简志. 北京: 民族出版社.

储泽祥. 2004. 小句是汉语语法基本的动态单位. 汉语学报, (2): 48-55.

崔振华. 1998. 益阳方言研究. 长沙: 湖南教育出版社.

D. O. 朝克. 1995. 鄂温克语研究. 北京: 民族出版社.

戴庆厦. 1997. 多角度、多方法是深化少数民族语言研究的必由之路——“中国少数民族语言研究理论方法研讨会”总结发言. 语言与翻译, (1): 10-12.

戴庆厦. 2002. 关于汉藏语语法比较研究的一些理论方法问题. 中央民族大学学报(哲学社会科学版), (2): 5-10.

戴庆厦. 2003. 汉语言研究与少数民族语言结合的一些理论方法问题. 满语研究, (1): 73-78.

戴庆厦. 2005a. 再论汉语非汉语研究相结合的必要性. 语言与翻译, (3): 8-13.

戴庆厦. 2005b. 浪速语研究. 北京: 民族出版社.

戴庆厦. 2006a. “十五”期间我国少数民族语言研究评述. 云南民族大学学报(哲学社会科学版), (1): 137-141.

戴庆厦. 2006b. 语法比较的几点思考. 语言与翻译, (1): 3-7.

戴庆厦、崔志超. 1985. 阿昌语简志. 北京: 民族出版社.

戴庆厦、徐悉艰. 1992. 景颇语语法. 北京: 中央民族学院出版社.

邓思颖. 2005. 从生成语法学观点看“小句中枢说”. 汉语学报, (1): 56-63.

丁加勇. 2004. 小句视点下的汉语配价问题. 汉语学报, (2): 69-74.

董秀芳. 2004. 词汇化与新的词汇单位的形成. 汉语的词库与词法. 北京: 北京大学出版社.

范晓. 2005. 关于构建汉语语法体系问题——“小句中枢”问题讨论的思考, 汉语学报, (2): 53-61.

冯爱珍. 1998. 福州方言词典. 南京: 江苏教育出版社.
盖兴之. 1986. 基诺语简志. 北京: 民族出版社.
高尔锵. 1985. 塔吉克语简志. 北京: 民族出版社.
高慎贵. 1996. 新泰方言志. 北京: 语文出版社.
高永奇. 2003. 莽语研究. 北京: 民族出版社.
高永奇. 2004. 布兴语研究. 北京: 民族出版社.
高再兰. 2006. “如果”句中的对比手法. 修辞学习, (2): 31-34.
韩陈其. 2001. 汉语羡余现象研究. 济南: 齐鲁书社.
何锋兵. 2004. 选择复句和假设复句关联词交叉现象略谈. 昭通师范高等专科学校学报, 26(1): 17-20.
何锋兵. 2005. 中古汉语假设复句及假设连词专题研究. 南京: 南京师范大学硕士学位论文.
何耿镛. 1993. 客家方言语法研究. 厦门: 厦门大学出版社.
和即仁、姜竹仪. 1985. 纳西语简志. 北京: 民族出版社.
侯精一、温端政. 1993. 山西方言调查研究报告. 太原: 山西高校联合出版社.
侯学超. 1998. 现代汉语虚词词典. 北京: 北京大学出版社.
胡素华. 2002. 彝语结构助词研究. 北京: 民族出版社.
胡增益. 1986. 鄂伦春语简志. 北京: 民族出版社.
胡振华. 1986. 柯尔克孜语简志. 北京: 民族出版社.
黄爱华. 1995. 对“如果说……那么……”的几点分析. 连云港教育学院学报, (1): 55-56.
黄伯荣. 1996. 汉语方言语法类编. 青岛: 青岛出版社.
黄亚虹. 1984. “如果……那么……”只能是充分条件假言判断的语言形式. 江汉论坛, (7): 41-43.
黄忠廉. 2005. 小句中枢全译说. 汉语学报, (2): 62-69.
江荻. 2005. 义都语研究. 北京: 民族出版社.
江蓝生. 2004. 跨层非短语结构“的话”的词汇化. 中国语文, (5): 387-400.
江蓝生. 2006. 语言国情调查的价值和意义. 语言科学, (1): 46-48.
邝岚. 2004. 论“如果”和“如果说”. 暨南大学华文学院学报, (4): 50-57.
李大勤. 2002. 格曼话研究. 北京: 民族出版社.
李芳杰. 2001. 小句中枢说与句型研究和教学. 世界汉语教学, (3): 69-77.
李晋霞. 2005. 论话题标记“如果说”. 汉语学习, (1): 28-32.
李晋霞、刘云. 2003. 从“如果”与“如果说”的差异看“说”的传信义. 语言科学, (3): 59-70.
李谱英. 1977. 现代汉语连词选释(三). 广西师范大学学报(哲学社会科学版), (6): 37-40.
李泉. 1993. “要是 S 就 V 了”句式语义语用分析. 中国人民大学学报, (4): 83-87.
李荣. 2002. 现代汉语方言大词典. 南京: 江苏教育出版社.
李晟宇. 2005. 呢字简省疑问句的内制外联. 语言文字应用, (S1): 165-167.
李世奇. 2005. 日语的假定表达. 赤峰学院学报(汉文哲学社会科学版), (1): 13-14.
李小凡. 1998. 苏州方言语法研究. 北京: 北京大学出版社.
李英哲. 2005. “小句中枢说”在句法研究上的重要意义. 汉语学报, (1): 52-55.
李永燧、王尔松. 1986. 哈尼语简志. 北京: 民族出版社.
李宇明. 1997. 汉语语法“本位”论评——兼评邢福义“小句中枢说”. 世界汉语教学, (1): 17-24.

李宇明. 2003. 信息时代的中国语言问题. 语言文字应用, (1): 2-9.
李云兵. 2005. 布赓语研究. 北京: 民族出版社.
连佳. 2006. 中古汉语假设复句关联词研究. 济南: 山东大学硕士学位论文.
廖美珍. 2005a. “目的原则”与目的分析(上)——语用研究新途径探索. 修辞学习, (3): 1-10.
廖美珍. 2005b. “目的原则”与目的分析(下)——语用话语分析新途径. 修辞学习, (4): 5-11.
林莲云. 1985. 撒拉语简志. 北京: 民族出版社.
林伦伦. 1996. 澄海方言研究. 汕头: 汕头大学出版社.
林涛. 2003. 中亚东干语研究. 香港: 香港教育出版社.
凌立. 2004. 汉藏假设复句的比较与翻译. 康定民族师范高等专科学校学报, (1): 54-57.
刘丹青. 2003. 语序类型学与介词理论. 北京: 商务印书馆.
刘桂芳、沈庶英. 1993. 试谈“如果……, 那么……”句式的属性. 松辽学刊(社会科学版), (1): 43-46.
刘街生. 2004. 从汉语的同位组构看小句中枢理论. 汉语学报, (2): 63-68.
刘萍. 2002. 论汉语中的委婉表达句. 宜春学院学报, (5): 52-54.
刘潜. 2004. 汉语假设复句的演变. 长春: 吉林大学硕士学位论文.
刘照雄. 1981. 东乡语简志. 北京: 民族出版社.
龙耀宏. 2003. 侗语研究. 贵阳: 贵州民族出版社.
陆俭明. 2000. 跨入新世纪后我国汉语应用研究的三个主要方面. 中国语文, (6): 516-524.
陆俭明. 2005. 对外汉语教学与汉语本体研究的关系.语言文字应用, 2005(1): 58-62.
陆俭明. 2006. 要重视特征的研究与描写. 长江学术, (1): 80-86.
陆镜光. 2006. 论小句在汉语语法中的地位. 汉语学报, (3): 2-14.
陆绍尊. 1986. 错那门巴语简志. 北京: 民族出版社.
陆绍尊. 2001. 普米语方言研究. 北京: 民族出版社.
吕叔湘. 1992. 通过对比研究语法. 语言教学与研究, (2): 4-18.
吕叔湘. 1999. 现代汉语八百词(增订本), 北京: 商务印书馆.
罗进军、尹蔚. 2006. 2005 年的语言理论研究. 汉语学报, (4): 91-94.
罗昕如. 2004. 湖南方言中的“在 N”. 汉语学报, (1): 66-73.
马国凡、邢向东、马叔骏. 1997. 内蒙古汉语方言志. 呼和浩特: 内蒙古教育出版社.
马静、吴永焕. 2003. 临沂方言志. 济南: 齐鲁书社.
马明艳. 2005. “要不是”句式的三维考察. 宁夏大学学报(人文社会科学版), (6): 15-18.
毛宗武. 2004. 瑶族勉语方言研究. 北京: 民族出版社.
孟和达来. 1999. 蒙古语族甘青语言的假定式附加成分与突厥语族语言的比较. 西北民族学院学报(哲学社会科学版), (1): 3-5.
宁光普. 1985. 命令式表示假定条件例解. 中国俄语教学, (2): 59.
欧阳觉亚. 1985. 珞巴族语言简志. 北京: 民族出版社.
欧阳觉亚. 1998. 村语. 上海: 上海远东出版社.
欧阳觉亚、程方、喻翠容. 1984. 京语简志. 北京: 民族出版社.
彭兰玉. 2005. 衡阳方言语法研究. 北京: 中国社会科学出版社.

彭泽润. 1999. 衡山方言研究. 长沙: 湖南教育出版社.
蒲泉、郝雪. 1996. 议维吾尔语条件和假设复句的划界. 语言与翻译, (4): 37-38.
齐光先. 1993. 现代俄语中动词假定式表示的谓语. 外语教学, (4): 25-31.
齐光先. 1994. 现代俄语中动词假定式表示的谓语(续). 外语教学, (2): 27-34.
钱乃荣. 2003. 北部吴语研究. 上海: 上海大学出版社.
钱曾怡. 2001. 山东方言研究. 济南: 齐鲁书社.
任祖耀. 2000. 马克思主义政治经济学原理. 重庆: 重庆大学出版社.
邵敬敏. 1996. 现代汉语疑问句研究. 上海: 华东师范大学出版社.
邵敬敏、胡宗哲. 1996. 复句研究的一个新突破——评《现代汉语复句新解》. 语文研究, (2): 17-20.
斯钦朝克图. 1999. 康家语. 上海: 上海远东出版社.
宋恩泉. 2005. 汶上方言志. 济南: 齐鲁书社.
孙宏开、刘光坤. 2005. 阿侬语研究. 北京: 民族出版社.
童肇勤. 2005. "要是……呢"疑问句的语用分析. 语言文字应用, (1): 144-146.
王辅世. 1985. 苗语简志. 北京: 民族出版社.
王克仲. 1990. 意合法对假设义类词形成的作用. 中国语文, (6): 439-447.
王鹏翔. 2005. 晋语志延片方言的"嚜"类语气词. 延安大学学报(社会科学版), (6): 113-116.
王绍臣. 2003. 马克思主义哲学原理. 北京: 高等教育出版社.
王希杰. 2000. 论修辞学中的基本概念: 显性和潜性//何伟棠主编. 王希杰修辞学论集. 广州: 广东高等教育出版社.
王志敬. 1994. 藏语拉萨口语语法. 北京: 中央民族大学出版社.
王忠良. 1996. 假设关系句式及其逻辑分析. 延边大学学报(社会科学版), (4): 107-111.
温锁林. 2004. 从词性标注看小句的中枢地位. 汉语学报, (1): 52-60.
吴宏伟. 1999. 图瓦语. 上海: 上海远东出版社.
伍人义. 1995. 浅谈"如果……那么……"句的内部结构差异. 汉语学习, (4): 27-28.
伍云姬. 1996. 湖南方言的动态助词. 长沙: 湖南师范大学出版社.
项梦冰. 1994. 新泉方言的"时". 韶关大学学报(社会科学版), (1): 35-47.
项梦冰. 1997. 连城客家话语法研究. 北京: 语文出版社.
辛志. 1986. 关于双重假定推理的几个问题. 理论探讨, (4): 62-66.
邢福义. 1984. "要不是 p 就 q"句式及其修辞作用. 语文教学与研究, (1): 4-12.
邢福义. 1986. 转折词和"如果说 p, 那么 q"句式. 语文建设, (3): 26-27.
邢福义. 1990. 现代汉语语法研究的两个"三角". 云梦学刊, (1): 78-84.
邢福义. 1991. 现代汉语语法问题的两个"三角"的研究——80 年以来中国大陆现代汉语研究的发展. 语言教学与研究, (3): 21-37.
邢福义. 1994. 现代汉语语法研究的"小三角"和"三平面". 华中师范大学学报, (2): 97-103.
邢福义. 1995. 小句中枢说. 中国语文, (6): 420-428.
邢福义. 1996. 汉语语法学. 长春: 东北师范大学出版社.
邢福义. 1998. 汉语小句中枢语法系统论略. 华中师范大学学报, (1): 3-5.

邢福义. 2000a. 小句中枢说的方言实证. 方言, (4): 289-298.
邢福义. 2000b. 语法研究中“两个三角”的验证. 华中师范大学学报, (5): 38-45.
邢福义. 2001a. 汉语复句研究. 北京: 商务印书馆.
邢福义. 2001b. 说“句管控”. 方言, (2): 97-106.
邢福义. 2002. 汉语语法三百问. 北京: 商务印书馆.
邢福义. 2004. 研究观测点的一种选择——写在“小句中枢”问题讨论之前 •汉语学报, (1): 47-51.
邢福义. 2005. 语言学科发展三互补. 汉语学报, (2): 2-7.
邢福义. 2006. 国学精魂与现代语学. 光明日报 8 月 8 日.
邢福义、刘培玉、曾常年等. 2004. 汉语句法机制验察. 北京: 生活 • 读书 • 新知三联书店.
邢向东. 2002. 神木方言研究. 北京: 中华书局.
邢欣. 2005. 从 X-阶标理论对小句的分析看小句中枢说. 汉语学报, (4): 58-64.
熊学亮. 2002. 假说的语用研究. 暨南大学华文学院学报, (3): 69-74.
徐杰. 2005. 词组与小句之间的差异及其蕴含的理论意义. 汉语学报, (3): 51-64.
徐李洁. 2004. 英汉条件句: if 与“如果”和“如果说”. 外国语(上海外国语大学学报), (3): 44-50.
徐烈炯、邵敬敏. 1998. 上海方言语法研究. 上海: 华东师范大学出版社.
徐琳、赵衍荪. 1984. 白语简志. 北京: 民族出版社.
徐琳、木玉璋、盖兴之. 1986. 傈僳语简志. 北京: 民族出版社.
徐世璇. 1998. 毕苏语. 上海: 上海远东出版社.
徐悉艰、徐桂珍. 1984. 景颇族语言简志(载瓦语). 北京: 民族出版社.
徐阳春. 2001. “如果 A, 就 B”句式考察. 继续教育研究, (6): 94-96.
许宝华、宫田一郎. 1999. 汉语方言大词典. 北京: 中华书局.
许嘉璐. 2000a. 21 世纪——中国应用语言学成熟、腾飞的时代. 语言文字应用, (1): 3-5.
许嘉璐. 2000b. 现状和设想——试论中文信息处理与现代汉语研究. 中国语文, (6): 490-496.
许嘉璐. 2001. 承担起把语言学发展成为“先行科学”的重任——给华中师范大学语言学系学生的两封信. 中国大学教学, (4): 9-11.
宣德五、金祥元、赵习. 1985. 朝鲜语简志. 北京: 民族出版社.
姚双云. 2005. 小句中枢理论的应用与复句信息工程. 汉语学报, (4): 71-79.
尹蔚, 罗进军. 2007. 从“是 p, 还是 q”有标选择复句看合用型关系词的自动识别. 中南大学学报(社会科学版), (6): 740-743.
喻家楼、蒯泽林. 1992. 谈英语“假定词”. 合肥工业大学学报(社会科学版), (2): 143-146.
苑中树. 1994. 黎语语法纲要. 北京: 中央民族大学出版社.
詹卫东. 2005. 以“计算”的眼光看汉语语法研究的“本位”问题. 汉语学报, (1): 64-73.
张安生. 2006. 同心方言研究. 北京: 中华书局.
张斌. 2001. 现代汉语虚词词典. 北京: 商务印书馆.
张定京. 2003. 现代哈萨克语虚词. 北京: 民族出版社.
张济民. 1993. 仡佬语研究. 贵阳: 贵州民族出版社.
张炼强. 1990. 试说以“时”或“的时候”煞尾的假设从句. 中国语文, (3): 174-179.
张廷兴、王祚厚、李贵友. 1999. 沂水方言志. 北京: 语文出版社.

张晓勤. 1999. 宁远平话研究. 长沙: 湖南教育出版社.
张彦. 2006. 句中语气词的分布. 玉林师范学院学报, (1): 46-50.
赵杰. 1989. 现代满语研究. 北京: 民族出版社.
赵京战. 1994. 关于假设义类词的一些问题. 中国语文, (4): 305-308.
郑贵友. 2004. “小句中枢说”与汉语的篇章分析. 汉语学报, (1): 61-65.
中国社会科学院语言研究所词典编辑室. 2016. 现代汉语词典(第 7 版). 北京: 商务印书馆.
舟丹. 1958. “如果”新例. 中国语文, (5): 250.
周一民. 1998. 北京口语语法(词法卷), 北京: 语文出版社.
周植志、颜其香. 1984. 佤语简志. 北京: 民族出版社.
周自厚. 2001. “如果”句式与“如果说”句式. 天津成人高等学校联合学报, 3(1): 45-48.
左里. 1987. 动词假定式. 中国俄语教学, (1): 62-65.

后　　记

学术生涯非常重要的一本专著即将出版，此时的心情，完全可以用“感慨万千”来形容。一路走来，有太多的人值得自己感谢，他们无私给予我关爱，让我一辈子都难以忘怀。

首先要郑重感谢恩师邢福义先生。第一次见到先生，是在 2002 年。那一年，先生去湖南师范大学文学院主持首届汉语言文字学专业的博士论文答辩，我因为刚考上湖南师大的硕士研究生，所以能有幸“旁听”。论文答辩完之后，院方盛情邀请先生给语言专业的师生做一个关于如何做学问的讲座。由于听讲座的人太多，我只能站在靠门口的位置，听先生谈学问之道。讲座时间不短，三个多小时，但是大家都听得津津有味。还有不少人在那里飞快地写着、记着，生怕漏掉先生的金玉良言。那时的我，对语言研究充满期待，也充满疑惑，不知道怎样才能跨进这扇大门。听完先生的讲座之后，我恍然大悟：“处处留心皆学问。”也就是从那一刻起，我的心里又多了一个小小的愿望，希望自己能有朝一日去华中师范大学，再次聆听先生的教诲。

2004 年，我提前攻博，顺利地来到了语言所。而且，承蒙先生错爱，忝列“邢门”。我现在还清楚地记得第一次拜见先生的情形：我如坐针毡地坐在那里，真可谓“战战惶惶，汗出如浆”。先生面带微笑，轻轻地递给我一块纸巾，示意我不要紧张，先擦擦汗。先生如此和蔼，我紧张的心也渐渐归于平静。第一次谈话，先生送给我两句话：为人，要堂堂正正；为学，要干干净净。

博士三年，先生反复教导我们培养两种能力。一种是研究眼力，另一种是研究功力。研究眼力主要是指：观察要细心，感受要敏锐，这样才能时时刻刻发现“猎物”。而研究功力的培养则涉及更多的因素，既要博览群书，取他人之长；又要独立思考，有自己的风格。因此，先生一方面要求我们广泛阅读中外语言学界的经典力作，认真揣摩他们的理论观点，细心体悟他们的思想精髓。另一方面训练我们独立思考的能力，敢于质疑，敢于创新。

先生时常教导我们：“做学问，既要有朴学精神，又要有现代意识；既要有敏锐的观察力，又要有较强的科研进攻意识；既要尊重前人的科研成果，又要在此基础上有所发展。”先生还反复强调，做学问重要，做人更重要，要谦虚、厚道、忠诚、老实。要想成为一个优秀的学者，既要有厚实的基础、惊人的毅力，又要有灵敏的悟性、有效的方法以及良好的学风，要注重它们的总体发挥。要通过“有所不学”打造自我优势，从而让自己学有所成、学有所长、学有所专。

快节奏的现代生活，让漂泊在外的游子都想给自己的心找一个归宿，那就是“家”，因为只有“家”，才是真正让人“安心”的地方。先生领军的华师语言学团队，就给了万千学子这份“家”的感觉。

人说读孔如沐春风，其实，与先生接触过的人，肯定也会有这种感觉。没有板着脸孔的训斥，只有春风化雨的浸润；没有“危言”耸听的授业，只有促膝而谈的交心。学问，就这样源源不断地从先生的那一端传到了弟子的这一端，我们的精神世界因此而更加富足，人生羽翼因此而更加丰满。

“经师易求，人师难得”，我虽生性愚鲁，但运气不错，遇上了先生这样的“人师”，三生有幸！求学工作至今，每一步都有先生的正确引领和有力扶持，十分感激先生对我学术上的谆谆教诲和生活上的殷切关怀！

衷心感谢汪老师，不管是学业、事业还是日常生活，事无巨细，汪老师总是无微不至地关心着我们。学业上，每次文稿请教，都会得到汪老师的精心修改，大到整体框架，小到字斟句酌，让人感佩不已。工作上，汪老师把宝贵的经验毫无保留地传授给我们，让我们少走了很多弯路。生活上，每次陷入困境，汪老师总会出手相助，让我平安跨过人生的每一道坎儿。

每年各级各类课题，汪老师都会鼓励我们积极申报，认真准备；教导我们如何甄别那些具有理论价值和应用价值的选题，严密论证。所里每一个成功中标的课题，都离不开汪老师的精心指导。汪老师总是积极支持并优先资助我们参加国内和国际重要学术会议，创造一切机会送我们到国内和海外知名高校访学或深造，借以拓宽我们的学术视野，提升我们的学术水平。在科研经费并不是太充裕的情况下，克服一切困难为我们的科研成果出版提供全额资助，让我们心无旁骛、潜心治学。

汪老师要操心的事情太多，无论是学科发展还是基地建设，无论是青年教师的成长还是研究生的培养，汪老师都投入了大量的时间精力。平时看到汪老师，他都是疾行如风，从汪老师回复邮件的时间也可以知道，经常是凌晨一两点他仍在处理单位方方面面的事务。汪老师如此劳累，让我们感动，也让我们内疚。所里的研究生，很多都在心里把汪老师当作自己的父亲看待，因为汪老师时时刻刻关心着他们的学习和生活。媒体上经常有高校“青椒”各种困境的报道，我们语言所的青年教师是幸运的，因为汪老师总是优先考虑我们的各种需求，优先保障我们的各种利益，让我们没有后顾之忧，在宽松的学术氛围中做自己想做的学问。

诚心感谢徐老师，在澳门大学访学期间，聆听了徐老师开设的“语言研究方法论”课程，获益匪浅。不仅如此，每次陪着徐老师在澳门大学校园散步或者一起在校园餐厅吃饭，徐老师总是会用幽默的话语向我传授为人为学之道，我听了之后总有一种豁然开朗的感觉。

真心感谢语言所的各位年轻的同事，谢老师睿智通达，为我指明方向；匡老师功底深厚，帮我释疑解惑；姚师兄博学多才，让我获得诸多教益；俊波兄待人真诚，有如家兄；沈师弟文理皆通，脾气性格极好，总是耐心地帮我解决各种各样的技术难题；邓老师总是第一时间告诉我们学校各种重要通知；朱老师为人谦虚，认真负责，大大小小的忙帮了我不少；刘彬老师年轻有为，总是带给我们最新的学术信息；肖敏老师热心地为我们提供后勤保障；欧阳老师耐心地为我们提供快捷方便的资料查询服务。这样的工作氛围，让人觉得，语言所不仅仅是一个科研单位，更是一个温暖人心、团结协作的大家庭。

生活在邢先生领军的华师语言学这个温馨的大家庭里，时时刻刻都能感受到幸福的存在。同事之间，亲如家人。文学院、外语学院、国交院等兄弟院系语言学专业的诸多师友，他们也给了我不少帮助，这里一并致以最诚挚的谢意。

诚挚感谢我的硕士导师罗昕如老师，罗老师是像妈妈一样的好老师，我从湖南师范大学毕业已经十多年了，罗老师依旧关心着我的一切，无论是学术上的还是生活上的，关怀备至，让人感动。

语言学界很多前辈，以各种方式关心着我的成长，一直鼓励我，指点我，让我有了无穷无尽的动力。我不善言辞，但前辈们的恩情，我一一记在心里。

还要特别感谢我的父母，他们勤劳节俭一辈子，把毕生的心血都花在了我们子女身上，不仅把我们兄弟姐妹抚育成人，而且帮着照顾孙辈。本是到了享福的年纪却如此操劳，做儿女的愧疚不已、感激不尽。

由衷感谢岳父、岳母，在我们刚参加工作的时候，无私给予我们经济援助，让我们没有后顾之忧。无怨无悔地帮我们照顾大女儿，岳母因此瘦了十五斤。二老的恩情，我们永远铭记心中。

感谢哥哥、姐姐，从未计较父母对我的偏爱，总是在我最需要帮助的时候出现。手足之情，让人感怀。特别是我的大姐夫，工作之余帮我们照顾双亲，照顾孩子，尽心尽力。

我的妻子尹蔚，先是与我一起求学于麓山脚下，然后和我一起问道于桂子山上。同为高校教师的她，工作压力不小，可仍旧无微不至地照顾我的生活起居，在她眼里，我似乎不是她的丈夫，而是她的一个很特别的孩子。正是爱人的无私付出，我才能专心致志地工作，才能在学问的道路上继续前行。人世间一切感谢的话语都不足以表达我对她的感激。

还要感谢我那活泼可爱的两个孩子，她们时常在我耳畔用一种特别的语调喊我“爸爸”，让我觉得生活是多么甜蜜，再苦再累也是值得的。

需要感谢的人远不止这些，我只能默默记在心里，衷心谢谢你们出现在我的生命里，衷心谢谢你们一直以来给予我的帮助。

对于生命的意义，不同的人有不同的解读。我的理解是，人活着就是为了使那些关心自己的人和自己所关心的人更幸福地活着。为此，我们就必须好好做人，好好做事！

本项研究已经画上句号，但诚如邢先生所言，句号只意味着过去，却不代表终结。句号放大是个 0，往前又是 0 起点！

罗进军

2018 年 12 月 20 日于华中师大桂子山